건축 이론 이야기 1
A Story of Architectural Theory   vol.1

차윤석

건축이론연구가.
건축과 도시의 질서와 인간의 삶이 어떻게 관계 맺는지
이론과 실천을 넘나들며 바라보아왔다.
부산대학교 도시공학과를 졸업하고 독일로 유학해
베를린공과대학교 건축학과에서 건축과 도시디자인을
공부했으며 이후 약 7년 동안 독일에서 단독주택부터
대형 쇼핑몰, 아부다비 메트로 프로젝트에 이르기까지
다양한 프로젝트를 통해 건축과 도시 스케일의
실무 경험을 쌓으면서 독일 건축사를 취득했다.
한국으로 돌아와 동아대학교 건축학과 교수로
재직하며 다양한 공공건축 작업에 참여했고
인문무크지 '아크'의 고정 필자로 활동하면서
건축과 도시에 대한 비판적 견해를 개진해왔다.
더 나은 도시와 인간의 삶을 이해하는 건축을 위해
여전히 개선해야 할 것들이 많다고 생각하며
한국 건축과 도시를 둘러싼 사회적 맥락과
공공성의 문제를 꾸준히 사유하고 있으며
현재 건축이론연구가로서 집필과 강의에 매진하고 있다.

cus9999@gmail.com

* 이 책에 실린 그림은 모두 저자가 고서에 나온 이미지들을 참고하여 새로 그린 것이다.

A Story of Architectural Theory

건축 이론 이야기 1

차윤석 지음

vol.1

목차

머리말   11

제1장   비트루비우스와 건축십서   27

1. 비트루비우스(Marcus Vitruvius Pollio)에 관하여   29
비트루비우스는 도대체 누구인가?

2. 건축십서(De Architectura)에 관하여   32
건축십서는 어떤 책인가?

3. 건축십서 서문 해설   35
주의! 이 책의 서문은 본문과 관련 없다

4. 건축십서 본문 해설   40
시간 없는 분들을 위한 요약

5. 비트루비우스의 건축이론   47
이 내용만큼은 제대로 알고 넘어가자

5.1. 건축의 기원과 발전과정   48
인간은 어떻게 집을 짓기 시작했을까?

5.2. 건축가의 자질   56
건축가가 되고 싶은가?

5.3. 건축가에게 필요한 교육   59
그러면 공부하자. 그것도 많이

5.4. 건축의 3요소   63
구조, 기능, 미가 전부는 아니다

5.5. 건축의 미학적 기본 개념   69
건축미학은 단순히 아름다움에 관한 이야기가 아니다

	5.5.1. 질서 (Ordinatio, τάξις)	71
	5.5.2. 배치 (Dispositio, διάθεσις)	71
	5.5.3. 미적구성 (Eurythmia)	74
	5.5.4. 조화 (Symmetria)	74
	5.5.5. 장식 (Docor)	77
	5.5.6. 배분 (Distributio, οἰκονομία)	79

5.6. 비트루비우스의 비례이론 — 82
레오나르도 다 빈치는 그냥 그림만 그렸다

6. 건축십서를... — 94
우리는 어떻게 활용해야 할까?

제 2 장 중세 건축이론의 파편화 — 99

1. 황제 유스티니아누스의 건축물 (Περὶ Κτισμάτων) — 103
글로 그림을 그리는 법

2. 어원학 (Etymologiae) — 106
오늘날엔 인터넷, 중세엔 백과사전

3. 생드니 수도원 봉헌에 관한 다른 작은 책 (Libellus Alter de Consecratione Ecclesiae Sancti Dionysii) — 113
보고서는 오늘날만 쓰는 것이 아니다

4. 13세기 스콜라철학과 학문적 전제조건 — 115
중세 사람들은 뭘 공부했을까?

5. 스케치북 (Album de dessins et croquis) — 118
그림책은 아이들만을 위한 것이 아니다

6. 15~16세기 독일의 고딕양식 건설기술지침서   125
역시 기술은
7. 중세는...   127
누가 대신 공부 좀 해줬으면 좋겠다

제 3 장   레온 바티스타 알베르티와 건축론   131

1. 알베르티(Leon Battista Alberti)에 관하여   136
알베르티는 천재?
2. 건축론(De Re Aedificatoria)에 관하여   140
알베르티의 건축론은 표절이다?
3. 건축론(De Re Aedificatoria) 서문 해설   145
주의! 이번엔 서문 똑바로 읽어야 한다
3.1. 건축의 필요성에 관하여   146
누가 건축을 기술과 예술의 조화라고 했나?
3.2. 건축가에 관하여   149
이건 비트루비우스가 옳았다
3.3. 건축의 기원에 관하여   153
이번엔 비트루비우스가 틀렸다
4. 건축론(De Re Aedificatoria) 본문 해설   155
역시 시간 없는 분들을 위한 요약
5. 알베르티의 건축이론   162
적어도 이 내용만큼은 알아야 한다

5.1. 건축에 대한 관점의 전환	163
세상이 바뀌었으니 건축 또한 다르게 바라보아야 한다	
5.2. 건축의 요소	166
가치에 실체를 부여하는 법	
5.3. 건축디자인에 대한 정의	170
원본을 뛰어넘는 것은 정말 어렵다	

6. 알베르티의 이론과 미학   172
어렵긴 하지만 알아야 한다

6.1. 아름다움 (美, Pulchritudo)과 장식(Ornamenta)	180
돌고 돌아 다시 제자리	
6.2. 수(numerus)	185
수가 없으면 아름다움도 없다	
6.3. 관계(finitio)	188
건축에서 관계는 인간관계가 아니다	
6.4. 배치(collocatio)	191
결국은 조화	
6.5. 미학의 확장	192
너무 멀리 간 것 같지만 그래도 중요하다	

7. 건축론은…   195
조심스럽게 해석해야 한다

제 4 장   1400~1500년대의 건축이론   201

1. 건축론 (Trattato d'architettura)   204
건축책인가? 소설책인가?

2. 폴리필루스의 꿈 (Hypnerotomachia Poliphili)   216
꿈은 이루어진다?

3. 신성한 비례 (De Divina Proportione)   222
중요하긴 하지만 뭔가 부족하다

4. 건축에 관한 7권의 책 (I sette libri dell'architettura)   225
전공 책이라면 이 정도는 되어야 한다

5. 건축의 5대 주범양식에 대한 규칙   229
(Regola delli cinque ordini d'architettura)
집착을 하려면 이 정도는 되어야 한다

6. 다시 시작하는 것은....   236
처음보다 더 어렵다

제 5 장   팔라디오와 건축사서   241

1. 주변 인물들이 팔라디오에게 미친 영향에 관하여   243
천재는 타고나는 것일까? 길러지는 것일까?

1.1. 지안 조르지오 트리시노   245
(Gian Giorgio Trissino, 1478-1550)
천재를 알아보는 안목

1.2. 알비제 코르나로(Alvise Cornaro / Luigi Cornaro,   249
  1467, 1475, 1484~1566)
    금수저가 공부에 취미를 가지면?
  1.3. 다니엘레 바르바로 (Daniele Barbaro, 1513~1570)   254
    친구는 역시 중요하다
2. 건축사서(I quattro libri dell'architettura)와   260
팔라디오의 건축이론
  괴테가 칭찬한 책
  2.1. 건축사서 제1권   267
    합리적이긴 한데
  2.2. 건축사서 제2권   282
    빌라 로톤다는 사람을 위한 집이 아니다
  2.3. 건축사서 제3권   294
    기능주의의 서막
  2.4. 건축사서 제4권   296
    여전히 비트루비우스
3. 건축사서는...   300
  오늘날에도 유효하다

머리말

이론은 어렵고 재미없다.
이론은 해석의 문제이다.
실무만 잘하면 되지, 굳이 이론이 필요한가?
이론이 필요한 것은 맞는데, 그거 누가 본다고…

    필자가 이 책을 집필할 당시 많은 이들에게 들었던 귀중한 조언(?)들이다. 완전히 틀린 말이 아님은 인정해야겠다. 그렇다고 완전히 맞는 말도 아니다. 왜냐하면 우리는 아직 우리가 사는 세상에서 발생하는 현상들을 제대로 설명하는 방법을 알지 못하기 때문이다. 그러니 공부가 필요하고, 학교가 필요한 것 아니겠는가? 어쨌거나 분야를 막론하고 지금까지 우리가 알던 이론 중 일부는 맞고, 일부는 틀렸다고 보는 것이 좋겠다. 특히 이런 경향은 건축을 포함한 응용학문 분야에서 더욱 두드러진다. 엄밀하게 이야기하면, 제대로 검증되지 않거나 틀린 이론들이 더 많다. 따라서 특정 사례는 특정 이론으로 설명이 되지만, 그렇지 않은 경우 또한 비일비재하다. 분명 제대로 알고 싶어서 시작한 이론 공부였으나 다양한 이론과 현상들을 접하고 비교하다 보면 오히려 더 복잡해지고 이해하기 힘들어지는 모순을 경험할 때가 많다.

이와 더불어 이론은 계속 변화한다. 특히 사회가 점차 복잡해지면서 자연스럽게 다양한 관점이 도입되고 관점이 바뀌니 당연히 이론도 복잡해지고 변화할 수밖에 없다. 요즘에는 '이론에 대한 이론'인 메타이론까지 등장해 가뜩이나 아픈 머리를 더 괴롭히고 있다. 보통 공부를 한다고 하면 무언가를 제대로 알고 싶어서 하는 것인데, 하면 할수록 맞는지 틀리는지도 모르겠고 점점 더 복잡해지기만 하니 이론의 '이'자만 들어도 정나미가 떨어지는 것은 어찌 보면 당연한 일인지도 모르겠다.

하지만 분야를 막론하고 오래 하다 보면 점차 근본적인 질문에 접근하게 되니, 언젠가는 한 번 정도 그 분야의 이론을 맛보게 된다. 크게 마음을 먹고 두꺼운 이론서 몇 권을 장바구니에 넣는다. 하지만 이 책들은 불과 며칠을 못 넘기고 책장에서 먼지만 뒤집어쓰게 되는 경우가 많다. 읽어도 이해하기 힘들 뿐 아니라, 읽는 것 자체가 힘든 책들도 많기 때문이다. 마음을 다잡고 다시 책을 펼쳐보지만 제대로 이해했다는 확신이 들지 않는다. '언젠가는 다시 잡을 날이 있겠지'라며, 살며시 책장으로 향한다. 그렇게 몇 달이 지나고 몇 년이 지난다. 결국 이런저런 핑계를 마지막으로 작별을 고하게 된다.

그저 웃고 넘길 수도 있겠으나 건축뿐 아니라 공부를 하시는 분들 – 물론, 필자도 포함해서 – 이라면 분명 한두 번 정도는 이런 경험을 했을 것으로 생각한다. 하긴 대부분의 이론서들은 두꺼운 양장본들이니 장식용으로는 크게 나쁘지 않을 듯싶다. 어쨌거나 이런저런 이유로 이론이란 분야가 우리 사회에서 차지하는 비중은 사실 체감할 정도로 와 닿지는 않는다. 오히려 홀대받고 있다는 표현이 더 적절할지도 모르겠다. 무엇 때문에 그럴까?

우선 해당 분야의 이론이 제대로 교육되지 않고 있다는 점이 가장 큰 원인이다. 특히 이론의 경우, 짧은 시간으로 소화하기 힘든 대표적인 과정 중 하나이다. 그러니 제한된 시간 내에 주어진 교과과정을 소화해내는 것을 목표로 하는 교육에서는 자연스럽게 소홀해질 수밖에 없다. 많은 시간이 필요한 가장 기본적인 부분임에도 불구하고 빠르게 넘어가야 주어진 시간 내에 목표를 달성할 수 있다. 안타깝게도 이렇게 제대로 된 기본 없이 기술적인 면에만 집중하는 것은 우리 교육에서 항상 문제점으로 지적되는 부분이다. 또 이론은 전문적인 학문 분야에 속한다는 선입견도 한몫하고 있다. 따라서 좀 더 깊이 있는 이론 공부를 위해서는 상급 과정으로 진학해야 한다. 하지만 4~5년 동안 한 번도 제대로 접하지 않던 분야를 상급 과정에서 갑자기 한두

학기 배운다고 제대로 이해가 될지는 의문이다. 또한 막상 학업을 마치면 실무에서는 현실적으로 이론을 깊이 다룰 시간이 허락되지도 않는다. 산더미같이 쌓인 일들을 처리하는 것도 바쁘니 효율성에 초점이 맞추어지는 것은 자연스러운 일이다. 가뜩이나 바쁜 시간에 원론적인 이야기들을 하는 것은 시간 낭비로 여겨질 수밖에 없다. 이런저런 이유로 우리 사회에서 이론은 항상 뒷전으로 밀리기 일쑤다. 극단적으로 일부에서는 이론의 무용론까지 주장할 정도다.

하지만 과연 이론이 필요 없을까?

이론의 필요성과 역할에 대해서는 다양한 주장과 의견들이 있다. 그중에서 필자가 가장 중요하게 생각하는 이론의 역할은 해당 분야의 정체성과 타당성을 확보해 주며, 그 분야의 가치와 규범을 규정한다는 점이다. 조금 과장을 보태자면, 이론이 없다면 해당 분야의 성립 자체가 힘들다는 말이다. 어떻게 보면 해당 분야의 기본이 되어야 할 이론이 단지 어렵고 재미없으며 실무에 도움 되지 않는다는 이유로 홀대받고 있으니 모순이 아닐 수 없다.

물론 어떤 이론도 완벽할 수는 없으며, 다른 이론이나 실무 분야와의 충돌이 발생하게 된다. 심지어 같은 이론에 대한 시점이나 관점의 차이로 그 자체의 정합성에 의심을 받을 수도 있다. 특히 응용학문 분야의 경우, 시대와 지역 그리고 적용 방법의 편차가 크니, 하나의 이론으로 어떤 현상을 제대로 설명한다는 것은 더더욱 힘든 일이다. 그러나 다른 모든 분야와 마찬가지로 이론 또한 끊임없는 자기 부정과 검증, 실증을 통해 변화하고 발전하게 된다. 게다가 이는 필연적으로 많은 시간을 요구하는 지난한 과정이다. 하지만 새로운 이론이 나온다고 해서 갑자기 세상이 바뀌는 것도 아니니, 투자하는 시간에 비해 가시적인 효과를 기대하는 것은 무리가 있다.

그리고 불행하게도 현실에서 이론은 그 모습을 쉽게 보여주지 않는다. 이는 마치 공기가 눈에 보이지 않는 것과 같은 이치와 같다. 그러나 단지 눈에 보이지 않을 뿐이지 시간의 축적과 함께 지식의 확장, 실무를 통한 경험의 축적, 그리고 인식의 변화를 통해 이론은 수정되고, 사회적 합의가 이루어진다. 또, 이렇게 수정된 이론들은 다시 저변에서 보이지 않게 적용된다. 그리고 또다시 수정과 합의, 적용이라는 과정이 끊임없이 일어난다. 필자는 이 과정을 바로 변화와 발전으로 보고 있다. 건축이론 또한 예외는 아니다.

필자 또한 건축 공부를 위해 유학을 결심했을 때, 처음부터 건축이론에 큰 관심이 있었던 것은 아니었다. 대부분(?)이 그렇듯 필자의 목표도 멋진 건물과 도시를 디자인하는 것이었지, 이론의 중요성을 크게 인식하지는 못했다. 건축이론이나 철학 수업은 단지 학교를 졸업하기 위한 과정이었으며, 시험 합격이 목표였다. 물론 수업 자체가 굉장히 어렵기도 했으며, 현지 학생들조차 헤매는 수업을 유학생이 듣고 이해한다는 것이 결코 쉬운 일은 아니었다. 돌이켜보면 학교에서 공부할 때는 무슨 말인지 몰라서 머릿속이 하얗게 된 경우가 대부분이었던 것으로 기억된다. 어쨌든 시험을 치고 졸업을 해야 하니 울며 겨자 먹기로 달달 외우는 것이 당시로선 최선이었다. 다행히(?) 졸업을 하게 되었고, 다양한 프로젝트를 접하면서 일하는 재미에 빠져들었다. 하지만 거기서 더 앞으로 나아가지 못하고 정체되어 있는 자신을 발견하는 데는 그리 오래 걸리지 않았다. 일이든 공부든 어느 날 갑자기 거대한 벽에 막혀 옴짝달싹할 수 없는 느낌을 받는 것이 비단 필자만의 경험은 아닐 것이다. 몇 년의 시간이 지나는 동안 나름 이런저런 방법을 동원했으나, 해결책은 보이지 않았다. 이 길이 내 길이 아닌가? 라는 회의에 빠져 하릴없이 시간만 보냈던 것으로 기억된다.

그러던 어느 날 우연히 다시 잡은 이론서들은 필자를 계속 괴롭히던 많은 질문을 해결해 주었다. 결국 필자가 기본을 제대로 공부하지 않았던 것이 문제였다. 학교 다닐 때는 시험을 치기 위해 앵무새처럼 외우기만 했지, 실상은 제대로 이해하지 못했던 것이었다. 굳이 변명하자면, 당시 필자의 지식수준으로는 이해하기 힘든 내용이기도 했으며, 실제 건축디자인과의 접점이 크게 보이지도 않았다. 그러니 시간이 없다는 핑계로, 또 굳이 이 정도까지 알 필요는 없다는 자기합리화로 가장 기본이 되어야 할 부분을 소홀하게 대했던 것이다. 결국 필자가 잘 못 알고 있었던 것이고, 잘 못 이해하고 있었던 것이다. 이론과 실천을 분리해서 보았던 필자의 실수였다. 그러니 건축이 제대로 이해되지 않았고, 이해되지 않으니 내가 만들어내는 논리는 어딘가 어설펐다. 얼핏 보면 틀리지는 않은 것 같은데, 그렇다고 옳다는 확신도 들지 않았다. 머릿속이 정리가 안 되니 논리를 만드는 것도 금방 한계에 부딪히게 됐다. 어딘가 막히기 시작하면 어디서부터 시작해야 할지 감이 잡히지 않는다. 결국 이는 실무에 다시 영향을 미치게 된다. 악순환의 시작이다.

마음을 가다듬고 다시 천천히 공부하기 시작했다. 몇 년의 시간이 흘렀다. 전체적인 흐름이 이해되기 시작하고, 지금까지 당연하게 여겼던 부분들도 새롭게 해석되기 시작했다. 물론 필자가 10년 넘게 계속해서 질문을 던졌고, 그러면서 공부와 실무를 통해 다양한 지식과 경험들이 축적되지 않았다면 기대할 수 없었던 결과라고 생각한다. 그때부터 나름의 체계를 만들면서 지금까지 고전들을 시작으로 현대의 건축이론에 이르기까지 천천히 정리해 온 결과의 첫걸음이 바로 이 책이다.

귀국 후, 지금까지 가르쳤던 학생들, 만나왔던 많은 건축 관련 전문가들과 이야기를 나누면서 그들 또한 어느 순간 찾아온

슬럼프를 벗어나지 못하고 답답함을 토로하는 것을 많이 경험했다. 아마 많은 분이 필자가 겪었던 것과 같은 어려움을 경험했을 것이고, 해결하기 위해 나름의 노력을 해 온 것으로 알고 있다. 그리고 교육과 실무에서 현실적으로 이러한 문제를 해결하는 방법에 대해 제대로 논의가 이루어지지 않았다는 점 또한 답답함을 더욱 부추겼을 것이다. 하지만 문제를 제대로 파악하지 않은 채 문제만 해결하려는 시도는 크게 도움이 되지 않는다. 당연히 아무것도 하지 않는 것보다는 나을 수 있으나, 어느 분야든지 반드시 지켜야 할 기본이 있는 법이다. 이 기본을 제대로 지키지 않는다면, 결국 제자리걸음일 뿐이다. 아무리 어려운 철학책을 읽는다고, 아무리 좋은 인문학책을 읽는다고 해도 건축의 문제가 해결되지는 않는다. 물론 깊이 들어가면 모든 학문이 서로 연관되어 있다는 점은 인정한다. 그렇다고 다른 분야의 지식과 방법론을 해당 분야에 직간접적으로 적용하는 것은 결코 쉬운 일이 아니다. 또한 정작 자신의 분야에 대해 제대로 알지 못하면서, 다른 분야에 어설프게 적용시키는 것은 위험한 일이다.

여기에 덧붙여 필자가 주목하는 또 다른 문제는 건축에 대한 개인화된 접근방식이다. 어느 분야든 보편적 이성보다 개인적 경험과 감정으로 접근하게 되면, 그 결과에 대한 책임은 개인적인 문제로 귀결되기 마련이다. 보편타당하며 사회적으로 수용될 수 있는 기준이 있어야 함에도 이에 대한 교육과 학습이 제대로 이루어지지 않고 있으며, 모든 것을 개인의 판단과 능력 문제로 귀결시킨다는 것은 스스로 해당 분야의 존재 이유를 부정하는 것과 마찬가지가 아닌가?

수년 전부터 개인적으로 조금씩 정리하던 내용을 몇몇 학생들과 스터디하고, 함께 토론하면서 그들의 변화를 지켜보았다. 이 과정을 통해 필자는 분명 그들의 건축에 대한 관점이 달라지고 이해의 폭이 달라지는 것을 경험했다. 물론 지극히 개인적인 경험이며 과학적인 관점에서 볼 때, 타당성을 얻기 힘들다고 할 수 있다. 다른 한편으로는 필자가 관찰하고 경험한 결과가 혼자만의 착각일 수도 있다. 그럼에도 불구하고 이런 작은 노력이 누군가에게는 꼭 필요하며 도움이 될 수도 있다는 생각으로 펜을 들었다.

처음에는 이해하기 쉬운 번역서를 만들 생각으로 건축의 고전들을 번역하기 시작했다. 거의 3년에 걸쳐 건축에서 가장 기본이 된다고 판단했던 비트루비우스의 건축십서 De Architectura, 알베르티의 건축론 De re aedificatoria, 그리고 팔라디오의 건축사서 I quattro libri dell'architettura의 중요 부분들에 대한 1차 번역을 마무리했다.

왜 하필 이 세 권을 선택했냐고 묻는 분들이 있을 것 같으니, 미리 간단하게 언급을 해야 할 것 같다. 먼저 비트루비우스의 건축십서 De Architectura는 기원전에 나온 건축사에서 가장 오래된 이론서이다. 마치 원론과도 같은 책으로 이해하면 될 것이다. 건축십서가 건축이론에 미친 영향은 아무리 강조해도 지나치지 않는다. 물론 약 1400년이라는 공백이 있긴 하지만, 기원전부터 19세기까지의 거의 모든 건축이론은 이 책을 기반으로 하고 있다고 해도 과언은 아니다.

알베르티의 건축론De re aedificatoria은 건축십서 이후, 1400년이라는 시간적 공백을 채우면서, 이론적 계보를 이어주는 책이다. 내용보다는 변화된 사회상의 반영과 그에 따른 건축이론의 발전과 변화를 보여주는 중요한 이론서이다.

이어지는 팔라디오의 건축사서I quattro libri dell'architettura는 르네상스 시대의 건축이론서 중 가장 대중화에 성공한 이론서이다. 이 세 권은 거의 동일한 이론적 맥락을 가지고 있으며, 시간의 흐름에 따른 이론적 변화와 발전을 파악하기에 가장 좋은 이론서들이다. 아마 건축이론에 조금이라도 관심이 있는 분들이라면 이 세 권의 이름은 알고 있을 것으로 믿는다. 그리고 제대로 읽은 사람은 드물다는 것도.

어쨌거나 1차 번역 작업이 어느 정도 완료되었을 때, 갑자기 이런 질문이 머릿속을 스쳤다. 과연 나 같으면 이런 책들을 읽고 싶을까? 필자야 – 좋든 싫든 – 이미 과거에 공부했었고, 정리한다고 다시 수십 번을 읽었으니 전체적인 내용과 흐름이 파악

되지만, 그렇지 않은 분들이 읽었을 때는 과연 어떨지 곰곰이 생각해 보았다. 필자의 능력이 부족한 탓도 있을 것이나, 한 권의 책을 이해하기 위해서 또다시 수십 권의 다른 책이 필요하다면, 필자의 목표와는 어긋나는 것이 아닐까, 라는 의문이 들기 시작했다.

다시 생각을 정리하고, 2년이 넘는 시간을 투자해 개별 이론서에서 반드시 이해하고 넘어가야 하는 부분들을 발췌하고 전체적인 흐름과 맥락을 구성했다. 개인적으로 주석 달린 논문이나 책을 그다지 좋아하지 않기 때문에, 가능하면 발췌된 원본의 구절을 해석하고 필자의 견해와 해설을 덧붙이는 방식으로 집필했다. 그리고 이해를 돕기 위해 필요한 부분에는 직접 삽화를 그려 넣고, 가능하면 가볍게 쓰기 위해서 노력했다. 가뜩이나 머리 아픈 이론을 굳이 어렵게 읽어야 할 필요까지는 없다고 생각했기 때문이다. 필자의 가벼움이 불편하신 분들은 가볍게 무시해주시기 바란다. 편하게 읽을 수 있게 쓰려고 노력했다는 점만 알아주면 감사할 따름이다. 물론 이는 어디까지나 필자 개인의 생각이고, 판단은 읽으시는 분들에게 맡겨야 할 것 같다.

앞으로 얼마나 걸릴지는 모르겠으나, 총 세 권의 책을 계획하고 있다. 우선 이번에 출판되는 첫 번째 책에서는 고대 그리스, 로마 건축에서 르네상스까지의 건축이론에 대해 다루고 있다. 나머지 두 권에서는 16세기부터 현대건축이론에 대해 다룰 예정이다. 연대기적 구성은 다른 많은 건축이론서와 거의 같다고 보면 될 것이다. 하지만 내용과 해석, 해설에서는 분명 지금까지 읽었던 책들과 차이가 있을 것이다. 기본적으로는 학계에서 인정되는 내용을 기반으로 했으나, 필자의 개인적인 생각과 해석 또한 많이 들어있다. 이러한 생각과 해석은 단지 다른 관점을 제시해야겠다는 강박관념에 쫓겨 억지로 적은 것은 아니며, 필자 나름의 근거와 오랜 연구와 고찰을 바탕으로 하고 있다. 물론 보시는 분에 따라서는 단순히 주관적 의견으로 치부할 수도 있다. 하지만 주관적 의견임에도 불구하고, 많은 분이 동의할 수 있을 정도의 설득력이 있다면, 분명 그 의견은 쉽게 무시하기 어려울 것으로 생각한다.

이번에 출간하는 첫 번째 책에서는 앞서 언급했던 세 권의 고서, 비트루비우스의 건축십서 De Architectura 가 1장, 알베르티의 건축론 De re aedificatoria 이 3장, 그리고 팔라디오의 건축사서 quattro libri dell'architettura 가 5장에 자리 잡고 있다. 이번 책의 가장 핵심이 되는 부분들이다. 『건축십서』 이후, 알베르티의 건축론이 나오기까지 중세를 포함하여 약 1400년의 공백이 있다. 이 공백은 중세의 문헌들로 2장을 채웠으나, 필자 스스로 만족스럽지 못한 부분이다. 자료 수집에 가장 많은 시간을 들이기도 했고, 미술사나 예술사 등을 참고하여 최대한 공백을 채워보려 했으나 너무나 방대한 자료의 양에 비해 건축이론과의 직접적 관계성은 적은 관계로 고민을 거듭한 끝에 최대한 간단하게 내용을 추려내었다. 4장은 알베르티의 건축론에서 팔라디오의 건축사서까지의 공백을 다룬 부분이다. 불과 120여 년의 공백이나, 알베르티의 건축론 이후 수많은 건축 관련 문헌들이 우후죽순으로 쏟아져 나오던 시기였기 때문에, 이 역시 모든 문헌을 혼자 살펴보고 정리하는 것은 불가능했다. 따라서 4장 또한 필수적인 내용을 중심으로 압축적으로 정리되었다. 굳이 변명하자면, 필자 개인의 힘만으로 모든 자료를 읽고 정리하는 것이 너무나 힘들었으며 건축을 제외한 다른 부분에 대한 필자의 지식이 부족한 탓이니, 이해를 바랄 뿐이다.

이 책을 손에 잡은 분들은 분명 건축과 관련된 분야를 공부하시거나, 관련 직종에 종사하시는 분들일 것으로 예상된다. 혹은 단순히 건축에 관심이 있는 분들일 수도 있고. 필자는 쉽게 정리하려 노력했으나, 이론이란 분야의 특성상 아무리 쉽게 설명해도 소설이나 만화처럼 재미있게 읽기는 어렵다는 것은 잘 알고 있다. 굳이 한마디 덧붙이자면, 너무 세세한 부분까지 이해되지 않는다고 스트레스받지 말고 읽기를 바란다. 이 책에서 필자가 가장 중요하게 생각하는 것은 **건축이론의 계보와 전체적인 흐름을 파악**하는 것이다. 용어나 개별적 표현보다, 전체적인 흐름을 정리한다고 생각하면서 읽다 보면 훨씬 이해가 쉬울 것으로 믿는다. 물론 이는 어디까지나 필자의 관점에서 이론에 대한 이해를 바탕으로 구성된 것으로, 필자가 생각하는 흐름과 읽는 분들이 찾아낸 흐름은 다소 차이가 있을 수도 있다. 하지만 다른 관점으로 읽고 다른 논리적 해석을 내리는 것은 오히려 필자가 바라는 바이다. 필자는 그러한 과정이 발전이라고 믿기 때문이다. 필자는 이 책을 단지 일방적으로 지식을 전달하기 위하여 쓴 것이 아니다. 비판적 시선으로 논리적 흐름을 찾아내어 주기를 바란다.

오랜 기간 심적으로 큰 힘이 되어준 제자들과 친구들, 그리고 여러 건축가들께 깊은 감사의 인사를 전하고 싶다. 또한 원고 검토와 퇴고 과정에 도움을 주신 상지인문학아카데미 관계자분들과 호밀밭 출판사에도 진심으로 감사의 뜻을 전한다. 무엇보다도 이 지루하고 긴 작업을 묵묵히 지켜봐 주고 변함없이 응원해준 가족에게 특별한 감사와 사랑을 마음을 바킨다.

제1장

비트루비우스와
건축십서

제1장 비트루비우스와 건축십서

건축계의 노벨상이라 불리는 프리츠커상 수상자에게는 10만 달러의 상금과 청동메달이 수여된다. 이 청동메달은 '형태는 기능을 따른다Form Follows Function'는 말로 유명한 미국의 건축가 루이스 설리번이 디자인한 것으로, 메달의 뒷면엔 'firmness견고함', 'commodity유용함', 'delight시각적 즐거움'이라는 세 단어가 새겨져 있다. 이 세 단어는 고대 로마의 건축가이자 이론가인 비트루비우스가 건축의 가치로 규정한 'firmitas구조', 'utilitas기능', 'venustas미'를 떠올리게 한다. 이미 2천 년 전에 이 개념을 만들어낸 비트루비우스는 누구이며, 그의 저서 『건축십서』는 어떤 책일까?

학문의 기원을 밝히는 것은 상당히 어려운 일이다. 하나씩 천천히 따지고 올라가다 보면 갑자기 다양한 분야가 뒤섞이게 되는 순간을 마주하게 된다. 어느 순간까지는 잘 거슬러 올라가다가 갑자기 종교가 등장하고, 예술과 결합하고, 과학이 튀어나오는 혼돈을 경험하다 보면 '그래! 모든 학문은 사실 하나야!'라는 차마 웃지 못할 철학적 결론에 도달하는 경험을 하기도 한다.

하지만 건축 분야에서는 누구도 부인 못 할 증거가 되는 무공비급과 같은 책이 한 권 있으니, 이 책이 바로 기원전 1세기경 고대 로마의 건축가이자 기술자였던 비트루비우스Vitruvius가 쓴 건축십서De Architectura이다. 이 책은 건축이론 분야에서 유일하게 남아 있는 가장 오래된 문헌으로 인정되고 있다. 파르테논 신전을 설계했다고 알려진 고대 그리스 건축가 익티노스Iktinos가 자신의 건물에 관한 글을 남겼다고 알려져 있으나, 현재는 전해지지 않고 있다. 할리카르나소스(현재 튀르키예 보드룸)에 있는 영묘Mausoleum를 설계한 피테오스Πυθεός 또한 건축에 관한 글을 썼다고 알려져 있으나, 이 역시 전해지지 않는다. 따라서『건축십서』는 좋든 싫든 자동으로 현존하는 가장 오래된 건축 문헌으로 인정될 수밖에 없다. 운동 경기로 치면 부전승이랄까?

비트루비우스의『건축십서』는 고대건축과 건축의 원리와 규범, 그리고 건축미학의 기반에 대해 언급하고 있다는 점에서 그 중요성이 매우 크다고 평가할 수 있다. 그렇다고 이 책의 내용이 처음부터 끝까지 다 중요하다는 것은 아니며, 순수하게 이론에 관한 부분은 채 3분의 1이 되지 않는다. 아마 그 3분의 1중에서도 오늘날 대부분의 건축학도나 건축가들이 가장 잘 알고 있는 내용은 소위 말하는 건축의 3요소일 것이다. 하지만 건축의 3요소 자체에 대한 언급은 전체 책에서 불과 10줄도 되지 않는다. 무슨 이유에서인지는 모르겠으나 '건축십서'라는 단어만 들으면, 조건반사처럼 튀어나오는 구조Firmitas, 기능Utilitas, 미Venustas라는 개념은 물론 중요한 부분이다. 하지만 이 책에는 건축의 3요소보다 더 중요한 내용이 분명히 더 많이 있다.

이론 부분을 제외한 나머지는 실무자들을 위한 매뉴얼 정도로 생각해도 무방하다. 필자의 의견으로는 가장 핵심적인 이론 부분은 꼼꼼히, 나머지 부분은 대략 훑어도 무방하다고 생각한다. 『건축십서』의 등장 이후 근대건축 이전까지의 건축이론들은 대부분 비트루비우스의 이론을 기반으로 하였기 때문에, 이 책의 영향력에 대해 결코 무시할 수 없으며, 건축십서에 대한 지식 없이는 적어도 19세기 이전까지의 건축이론에 대한 이해를 제대로 할 수 없다고 해도 과언은 아니다.

1. 비트루비우스 Marcus Vitruvius Pollio 에 관하여

비트루비우스는 도대체 누구인가?

일반적으로 책을 읽을 때, 저자에 대한 배경지식은 책을 이해하는 데 도움을 준다. 하지만 안타깝게도 비트루비우스 개인에 대해 알려진 바는 거의 없다. 얼굴은 당연히 모르며, 겨우 알 수 있는 정보라고는 중간 이름 middle name 이 비트루비우스 Vitruvius 라는 정도다. 전체 이름 full name 은 마르쿠스 비트루비우스 폴리오 Marcus Vitruvius Pollio 라고 알려져 있으나, 이 역시 확실하지는 않다. 알려진 바에 따르면, 포르미아 출신 로마의 기사 마무라 Mamurra와 관련하여 신원이 확인되었다고는 하나, 이 역시 확실하지 않기는 마찬가지이다. 사실 이쯤 되면 존재 자체가 의심되기도 하나, 비트루비우스가 『건축십서』를 썼다는 것이 사실이든 아니든 더 중요한 것은 이 책이 분명히 존재한다는 사실이다.

얻을 수 있는 정보가 불분명하니, 비트루비우스의 생애를 재구성하는 것은 상당한 주의를 기울여야 하는 작업이며 다양한 추측이 난무할 수밖에 없다. 하지만 개인적으로 정확한 재구성은 큰 의미도 없으며 불가능하다고 생각되니 여기서는 학계에서 일반적으로 인정되는 내용만 언급하겠다.

비트루비우스는 카이사르 치하에서 로마군에 복무했으며 아마도 공성 병기와 다리를 건설했을 것으로 추정된다. 그 후 기원전 33년경에 은퇴했고, 『건축십서』의 서문에 기술한 대로 아우구스투스 황제의 누이 옥타비아를 통해 재정적 지원을 받았다고 한다. 그 덕분에 나름 연금 수혜자로서 평온한 노년이 보장되었고, 책을 쓸 수 있었다. 일부의 주장이긴 하지만 비트루비우스는 아마도 기원전 70~80년경에 태어난 것으로 추정되고 있으니 출생 연도를 기준으로 계산해 보면, 대략 50세 전후에 은퇴하면서 『건축십서』를 쓰기 시작했을 것이다. 여러 문헌 자료를 종합해 보면 『건축십서』가 쓰인 시기는 대략 기원전 30년에서 10년 사이로 추정된다.

사족이긴 하지만, 책의 제목으로 인해 약간의 오해가 있을 수 있다. 오래전이긴 하지만 필자도 과거에 10권으로 이루어진 『건축십서』한 질을 다 읽고 공부했다는 대단한 분을 만난 적 있다. 물론 그것이 거짓말이었다는 것을 아는 데는 오랜 시간이 걸리지 않았지만.

『건축십서建築十書』의 원제는 De Architectura로 그대로 번역하면 건축에 관하여란 의미이다. 한국판 제목으로 건축십서, 영문판 제목은 Ten Books on Architecture라고 하지만, 이는 오늘날의 단행본 10권을 의미하는 것이 아니다. 여기서 서書, book는 오늘날의 장章, chapter에 해당하며, 건축십서는 총 10장으로 구성된 '한 권'의 단행본을 의미한다. 실제로 『건축십서』가 집필 당시 어떤 형태로 쓰였는지 정확히 알 수는 없으나, 고대의 책들은 주로 파피루스나 양피지에 쓰인 두루마리 형태였으며 하나의 두루마리는 오늘날 책의 장章, chapter에 해당하는 분량의 텍스트로 이루어졌다고 한다. 이것이 이 시기 책들을 번역한 각 장의 제목을 제1권, 제2권 등으로 번역하는 이유다.

어쨌든 책의 제목이 『건축십서』이니 혼란을 피하고자 앞으로 각 장은 책 또는 권으로 지칭하겠다. 건축십서의 개별 책들은 서문과 본문으로 이루어져 있으나, 이들이 어떤 순서로 쓰였는지에 대해서는 명확히 알려진 바 없다. 하지만 서문과 본문의 내용이 특별히 관계가 있는 것도 아니고, 본문의 내용이 반드시 순서대로 읽어야 하는 책도 아니기 때문에 집필 순서가 크게 중요한 문제는 아닌 듯하다.

2. 건축십서^{De Architectura}에 관하여

건축십서는 어떤 책인가?

저자의 생애가 불분명한 탓에 개운치 못한 감이 있긴 하지만, 『건축십서』는 현존하는 가장 오래된 건축에 관한 문헌이며, 건축이론의 출발점으로 간주해도 큰 무리가 없다. 물론 이미 언급한 바와 같이, 순수하게 건축이론과 관련된 부분은 채 3분의 1이 되지 않는다. 이 책에서 비트루비우스는 건축과 구축술, 도시계획, 시계 제작, 공성무기 제작 등 많은 주제를 광범위하게 다루고 있다. 건축이나 도시계획 등이야 당연히 다루어야 할 분야라고 생각되지만, 시계와 무기는 도대체 무슨 관계가 있는지 궁금하기는 하다. 여기서 굳이 건축의 어원을 따지거나 복잡하게 설명할 필요는 없다고 생각된다. 간단하게 설명하면, 원래 고대에 사용하던 건축의 의미가 오늘날 우리가 알고 있는 건축의 의미보다 훨씬 광범위했기 때문이라고 생각하면 쉽게 이해될 것이다.

어쨌거나 『건축십서』는 비트루비우스가 제4권 서문에서 주장한 것처럼 건축의 전체 분야를 나름 체계적으로 정리한 책임은 분명하다. 필자가 '나름 체계적'이라는 말을 사용한 이유는 우선 이 책의 구성이 명확히 이해되지 않기 때문이다. 또한 많은 용어가 모호하거나 일관적이지 않으며, 그리스어와 라틴어를 혼용해서 사용했기 때문이다. 이런 점으로 미루어볼 때, 비트루비우스 자신도 명확한 용어나 개념에 대한 지식이 다소 부족했거나, 확신이 없었던 것으로 추정된다. 물론 일부러 그런 것은 아니겠지만, 이 문제로 인해 후대에 그의 이론을 공부하던 사람들은 커다란 혼란을 겪게 되며, 2천 년이 지난 오늘날까지도 일부 오역이 남게 되었다. 하지만 그럼에도 불구하고 고대 건축이론을 논할 때, 『건축십서』를 나름 체계적인 이론서로 보는 것이 결코 틀렸다고는 할 수 없을 것이다.

그가 스스로 책에서 언급한 내용을 통해 추정할 수 있듯이, 비트루비우스는 당시 성공한 건축가는 아니었던 것으로 생각된다. 이 사실이 아마도 그가 『건축십서』를 집필하게 된 이유와도 어느 정도 관련이 있다고 추정된다. 제2권과 제6권의 서문 내용을 살펴보면, 그는 『건축십서』를 통해 건축의 중요성에 대한 인식을 높이고 사후에 자신을 위한 기념비를 만들고 싶었던 야심찬 계획을 세웠던 것 같다. 하지만 안타깝게도 비트루비우스 자신은 살아생전에 큰 혜택을 받지는 못했다고 알려져 있다.

『건축십서』는 10권으로 나누어져 있으며, 각각에는 서문이 있으나 본문의 내용과는 관련이 없다. 개별 책의 내용을 순서대로 살펴보면 다음과 같이 정리된다.

제1권	서문, 건축가에게 필요한 교육과 자질, 건축의 미학적 기본 개념, 건축의 하위 영역(건물, 시계 제작, 기계공학), 공공건축 및 민간건축, 도시계획
제2권	서문, 건축의 기원, 건축재료
제3권	서문, 신전 건축
제4권	서문, 신전의 유형, 주범 양식, 비례 이론
제5권	서문, 극장 건설을 특별히 고려한 공공건축
제6권	서문, 개인주택
제7권	서문, 건축 자재의 사용, 벽화 및 색채
제8권	서문, 물과 수로 공사
제9권	서문, 과학적 세계관, 시계 제작
제10권	서문, 기계공학과 역학, 기계 및 무기 제작

3. 건축십서 서문 해설

주의! 이 책의 서문은 본문과 관련 없다

우선 서문에 대해 살펴보자. 나중에라도 『건축십서』를 읽을 분들을 위해 하나만 덧붙이자면, 서문은 굳이 읽지 않아도 책의 내용을 이해하는 데 크게 지장이 없다. 오히려 본문의 내용과 억지로 연결하려고 하면 이상한 억측만 생길 수도 있으니 주의하도록 하자. 총 10개의 서문을 정리하면 크게 비트루비우스 개인에 관한 내용, 『건축십서』의 목적에 관한 내용, 일반적인 문제에 관한 내용으로 나눌 수 있다. 서문의 전체적인 내용은 다음과 같이 정리할 수 있다.

비트루비우스 개인에 대해 언급한 부분은 제1권과 제2권의 서문에 잘 드러난다. 제1권 서문에 따르면 비트루비우스는 『건축십서』를 아우구스투스 황제에게 헌정하기 위해 썼다고 밝히고 있다. 우선 자신이 황제로부터 받은 연금에 대한 감사를 표시하고 있다. 제2권 서문에서는 자신을 작고 늙고 병들었다고 겸손하게 표현하고 있으며, 이 책을 아우구스투스 황제에게 바침으로써 자신의 능력을 보여주고 싶어 한다. 이는 아마도 자신의 능력을 보여줌으로써 계약을 성사시키기 위해서이지 않을까 추정되는 대목이다. 그는 여기서 자신의 능력을 보여주고 또한 자신의 정직함과 분별력을 설명하기 위해 고대 그리스 건축가 디노크라테스의 일화에 대해 언급하고 있다. 이 부분은 사실 언급이라기보다는 비난에 가깝기는 하다. 예나 지금이나 건축가들이 건축주에게 자신의 설계에 관해서 설명하는 것은 중요한 일이다. 사실인지 아니면 책을 쓰기 위해서 꾸며낸 이야긴지는 모르겠으나 디노크라테스는 자신의 설계를 알렉산더 대왕에게 설명하는 자리에 몸에 향유를 바르고 사자 가죽으로 왼쪽 어깨만 덮고 곤봉을 들고서 참석했다고 한다. 디노크라테스는 헤라클레스로 분장을 하고 알렉산더 대왕 앞에 모습을 드러낸 것이다. 오늘날로 치면 히어로 코스프레 정도로 이해하면 된다. 아마도 디노크라테스는 스스로 자신의 몸이 멋있다는 것을 알고 있었으며, 이를 이용하고자 했던 것으로 생각된다. 그는 알렉산더 대왕 앞에서 헤라클레스로 분장하고 자신을 드러냄으로써, 자신의 설계가 자신의 몸만큼 멋지다는 것을 은연중에 보여주려 했던 것 같다.

하지만 세상일이 다 마음대로 되겠는가? 디노크라테스 입장에서는 안타까운 일이지만, 알렉산더 대왕은 당시 설계안을 구현할 적절한 대지가 없다는 이유로 거부한 것으로 알려져 있다. 그러나 동서고금을 막론하고 역시 접대의 힘은 막강하다. 그의 노력이 완전히 헛된 것은 아니었으니, 디노크라테스는 후에 알렉산드리아의 건설을 담당하게 된다. 디노크라테스의 행동이 당시의 관행이었는지에 대해서는 명확하지 않다. 그리고 비트루비우스가 이러한 방식으로 건축주의 환심을 사는 것에 개인적인 거부감을 가지고 있었는지 또한 확실치 않다. 하지만 그는 디노크라테스와 같은 방식을 거부하고, 책을 집필하여 과학적인 방식으로 건축주를 설득하는 것이 더 효과적이며 더 옳은 방법이라고 믿었던 것 같다고 추정해 볼 수 있는 대목이다.

또한 서문에서 비트루비우스는 다양한 관점에서 『건축십서』의 목적을 이야기하고 있다. 우선 제1권 서문에서는 자신의 은퇴 후, 아우구스투스 황제에게서 금전적 지원을 받은 것에 대한 감사의 말을 전하고 있다. 그리고 그 후에 본격적인 이야기를 이어간다.

> 왜냐하면 나는 당신(아우구스투스)이 이미 많은 건물을 지었고 지금도 여전히 짓고 있으며 앞으로도 계속 그렇게 할 것임을 알았기 때문입니다. 당신이 공공건축과 민간건축을 정성껏 보살펴서 그 공적의 위대함에 걸맞은 기념비로 후대에 전하고자 한다면 나는 당신이 제대로 살펴볼 수 있도록 명확한 규정을 마련하고자 합니다. 당신이 이미 많은 건물을 만들었고 앞으로 만들 건물의 특성에 대해 이 책에서 필요한 내용을 설명했기 때문에 스스로 판단할 수 있을 것입니다.

하지만 비트루비우스는 집필 당시, 단지 왕이나 돈 많은 일부 귀족만을 위해 쓴 것 같지는 않다. 그는 자신의 책이 더 많은 독자층을 형성할 것이라는 전제하에 집필했을 것으로 생각되며, 서문에는 이러한 의도가 명백히 드러나는 다음과 같은 문장이 있다.

> 그러므로 나는 이 작업(건축십서 집필)이 모든 이들에게 필요할 것이라는 생각으로, 건축과 그 방법에 대해 포괄적으로, 그리고 최대한 주의 깊게 작성해야 한다고 믿었다.

이 구절을 통해 비트루비우스가 이론을 원하는 독자층과 실무를 원하는 두 부류의 독자층을 겨냥했다는 것을 알 수 있다. 이제 우리는 왜 『건축십서』가 절반의 이론과 절반의 실무 매뉴얼로 구성되었는지 이해할 수 있게 된다.

서문에서 마지막으로 다루고 있는 부분은 일반적인 문제들이다. 여기서 일반적인 문제라고 함은 책에서 사용했던 용어 사용의 문제와 다른 여러 부분이며, 이들이 두서없이 섞여 있다.

제5권의 서문에서 비트루비우스는 주제에 대해서 명확하고 간결하게 다루어야 한다고 하지만, 자신이 사용한 용어들이 일상적 언어와는 거리가 있으며 혼란을 초래할 수 있다는 점을 이미 알고 있는 듯한 느낌을 준다. 여기서 그는 용어에 대한 정확한 정의와 적절한 사용의 중요성을 이야기하고 있으나, 정작 본인은 용어의 적절한 사용에 대한 해답을 찾지 못한 것으로 판단된다.

제7권 서문에서 비트루비우스는 독창성을 옹호하고 예술적, 문학적 표절에 반대한다는 의견을 피력한다. 그는 자신의 업적을 돋보이게 할 목적으로 자신이 인용한 문헌의 목록을 제시하지만, 개별 사례에 대해서는 제대로 제시하지 않고 얼버무리고 넘어간다. 이로 인해 그는 스스로 자신의 책에 대한 독창성이 의심을 받도록 하는 실수를 저지르고 말았다.

제8권의 서문에서 비트루비우스는 당시 사람들이 세계를 구성하는 근본 요소라고 믿고 있었던 네 가지 요소, 즉 물, 불, 공기, 흙에 관해서 설명하고, 그중 물의 중요성에 대해 강조하고 있다. 오늘날 과학적 관점에서는 말도 안 되는 주장으로 치부하고 넘어갈 수도 있는 부분이다. 하지만 그렇다고 해서 『건축십서』가 비과학적인 책이라는 주장은 성립하기 어렵다. 인간의 역사에서 과학적 패러다임은 시대에 따라 끊임없이 변해왔으며, 4원소설은 18세기 이전까지 과학의 주요 패러다임이었다. 따라서 2천 년 전의 이러한 설명은 오늘날의 상대성이론이나 양자역학과 같이 지극히 이성적이고 과학적이었다는 점을 간과해서는 안 될 것이다.

제9권의 서문에서 비트루비우스는 수학과 기하학의 중요성을 지적하고 있다. 플라톤과 피타고라스, 아르키메데스 등 당대 학자들의 예를 들면서 수학과 기하학이 얼마나 중요한 것인지에 대해 반복해서 이야기하고 있다. 유명한 아르키메데스의 유레카도 포함해서. 계속 읽다 보면 이 책이 마치 고대 수학과 기하학의 발전과정에 관한 이야기라고 오해할 정도이다. 서문의 마지막 구절에서야 비트루비우스는 본문에서 시계 제작에 관해 설명할 것이라고 언급하고 있다.

제10권 서문에서 비트루비우스는 건설비용 산정과 실제 건설비용 사이의 관계에 대해 언급하고, 비용 견적을 25% 이상 초과하는 건축가는 개인 자산에 대한 책임을 져야 한다고 주장한다. 서문의 이 구절을 통해 당시에도 현장에서는 건설비 관련 문제와 분쟁들이 있었던 것으로 생각되며, 비트루비우스는 이 문제에 대한 현실적인 해답을 제시하려 했던 것으로 보인다.

지금까지 살펴본 서문의 내용은 이미 언급했듯이 본문과는 큰 관련이 없다. 만약 억지로 이 책을 읽어야 하는 분들은 굳이 읽지 않고 넘어가도 무방하나, 서문의 전체적인 내용이 이 정도로 요약된다는 사실 정도만 알면 『건축십서』를 이해하는 데 훨씬 도움이 될 것이다.

4. 건축십서 본문 해설

시간 없는 분들을 위한 요약

이제 본문의 내용에 대해 간략하게 요약하고, 중요한 부분들은 좀 더 자세히 살펴보자. 비트루비우스는 『건축십서』를 체계적으로 집필했다고 주장하지만, 약간의 이론적 부분과 실무적인 측면을 제외하고는 전체 구성이 그다지 체계적이지도 않으며, 순서도 명확하게 이해되지는 않는다. 우선 전체 내용에 대해 대략적으로 살펴보고, 그중 건축이론에 중요한 영향을 미친 부분에 대해 체계적으로 설명하는 것이 이해에 도움이 될 것이다.

제1권 첫 번째 장에서 비트루비우스는 건축가가 갖추어야 할 자질에 대해서 언급한다. 두 번째 장에서 비트루비우스는 건축의 미학적 기본 개념과 그 정의에 관해 설명한다. 세 번째 장에서 드디어 그 유명한 건축의 3요소가 등장한다. 제1권의 처음 세 장은 『건축십서』에서 가장 핵심적인 부분이다. 만약 이 책을 어떠한 이유에서든지 부분적으로 발췌해서 읽어야 한다면, 제1권의 처음 세 장만큼은 반드시 읽고 제대로 이해해야 하는 것이 좋다. 특별히 주의 깊게 살펴보아야 할 부분이니 여기에 대해서는 잠시 후 자세하게 알아보자.

이 외에 건물의 입지를 위한 좋은 땅을 고르는 법이나 성곽의 축조, 방위 등에 대해 언급하고 있다. 내용 자체가 어렵지는 않으나, 당시의 문체와 예를 드는 방식, 그리고 지명이나 인명으로 등장하는 고유명사에 익숙하지 않기 때문에 오늘날 읽기에는 조금 힘든 부분이다. 이 부분은 한 번 훑고 지나가거나 그냥 넘어가도 무방할 것으로 판단되니, 책 읽으면서 굳이 스트레스는 받지 말도록 하자.

제2권 첫 번째 장에서 비트루비우스는 건축의 기원에 대해 설명하고 있다. 그는 건축의 기원을 자연의 위협으로부터 인간을 보호하는 것이라고 보고 있다. 최초의 집으로 알려진 원시 오두막The Primitive Hut은 자연의 형태(제비집, 동굴 등)를 모방한 것이었다. 그 이유에 대해서는 사람들이 천성적으로 자연을 모방하려는 경향이 있었기 때문이라고 주장한다. 나중에 조금 더 설명하겠지만, 특히 원시 오두막은 건축이론에서 건축의 기원을 설명하기 위한 중요한 위치를 차지한다. 물론 최초의 집을 누가 지었는지 밝힌다는 것은 거의 불가능하지만. 비트루비우스는 건축이 최초로 출현한 예술(기술)이자 과학이며 적어도 예술(기술) 중에서 우위를 차지한다고 암묵적으로 주장하고 있다. 참고로 필자가 여기서 예술(기술)이란 표현을 사용한 이유는 당시 예술의 개념이 오늘날과는 달랐기 때문이다. 당시의 예술이란 예술과 기술, 학문, 장인 정신 등을 포함한 종합적인 개념으로 이해되어야 한다. 예술(기술)의 개념에 대해서는 3장 알베르티Leon Batitsta Alberti, 1404~1472 편에 설명되어 있으니 참고 바란다.

또한 건축의 발전, 특히 주거유형의 발전에 대해서도 약간 언급하고 있다. 다양한 주거유형이 발전할 수 있었던 이유에 대해서, 인간이 관찰을 통해 모호하고 불확실한 판단에서 조화에 기반을 둔 명확한 계산과 과학적 설명을 할 수 있게 되었다고 설명한다. 나머지 부분들은 재료와 재료의 특성, 사용법 등에 대한 설명이다. 이 역시 일반적인 내용이며, 오늘날 읽기에는 다소 어색한 부분이 많아 굳이 읽지 않아도 무방하다고 생각된다.

제3권은 신전 건축에 관한 내용이다. 본격적인 내용에 앞서 첫 번째 장에서 우리가 알고 있는 유명한 그림의 이론적 기원이 되는 인체의 비례에 대한 설명이 등장한다. 이 그림은 레오나르도 다 빈치Leonardo da Vinci, 1452~1519가 그린 비트루비우스적 인간 Vitruvian Man, 또는 인체 비례도Canon of Proportions란 제목으로 잘 알려져 있다. 다 빈치가 인체 비례를 발견하고 그린 것으로 알고 있는 분들이 많은데, 이 그림에 대한 이론은 비트루비우스가 만들어내었으며 다 빈치는 이를 그림으로 옮긴 것에 지나지 않는다. 제3권의 가장 핵심적인 내용으로 의인화擬人化, Anthropomorphism와 관련된 부분에 대해서는 다시 자세히 알아보도록 하자. 여기서 비트루비우스는 인체 비례 이론을 기반으로 신전의 구조적 비례와 특히 기둥의 비례에 대해서 강조하고 있다. 기둥의 비례와 양식에 대해서는 이어지는 제4권에서 자세한 설명이 나온다.

제4권은 주범 양식柱範樣式, classical order에 관한 내용이다. 용어가 그다지 입에 착 달라붙지는 않는다. 하지만 많이 쓰고 있는 용어이니 그냥 그대로 쓰거나, 아니면 기둥 양식이란 용어를 사용해도 무방하다고 생각한다. 주범 양식이란 용어의 한자를 그대로 풀이하면, 기둥기둥주; 柱의 규범법범; 範에 대한 양식으로, 당시 신전에서 사용되던 중요한 기둥의 종류와 의미, 각 구성 부분의 치수와 비례에 대해 설명한 내용이다. 서양 건축사 시간에 한 번 정도는 들어봤을 도리스 양식, 이오니아 양식, 코린토스 양식 기둥에 관해 설명하고 있으며, 제1권 두 번째 장에 설명된 건축의 미학적 개념 중 장식Decor과 같이 읽는 것이 이해에 도움이 될 것이다. 나머지 부분은 신전의 출입구, 기둥의 배치, 방위, 원형 신전 등에 대해 기술한 부분이며, 이 역시 필수적인 부분은 아니나 한 번 정도 읽기를 권한다.

제5권의 내용은 포럼Forum, 바실리카Basilica, 공중목욕탕, 극장, 항구, 방파제 같은 기반 시설에 대한 설명이다. 이 중 특히 극장에는 음향을 고려한 기술적 문제와 각 부분의 배치에 대한 설명이 자세히 나와 있으니, 이 부분은 참고삼아 한 번 정도 읽어보는 것도 좋다. 물론 여기서 설명하는 기술적 내용이 현재 사용되는 기술들은 아니다. 하지만 현대 건축에서 활용되는 고도의 음향 장비 없이, 순수하게 기하학과 음악적 조화를 사용하여 설계했다는 것은 분명 놀라운 일이 아닐 수 없다.

제6권은 개인주택, 즉 민간건축에 관한 내용이다. 여기서 다루고 있는 부분은 적절한 설계를 위해 고려해야 할 사항으로 기후에 대한 언급과 시각적 왜곡을 고려한 비례의 조정, 주택 각 부 실들의 기능적 배치와 하부구조(기초) 등에 관한 내용이다. 여기서 특히 흥미로운 사항은 사용자를 고려한 부분이라고 할 수 있다. 농촌주택과 그리스 주택에 관해 설명하는 부분에서는 사용자에 따라 필요한 기능과 장식에 대해 언급하고 있다. 비트루비우스는 여기서 더 논의를 전개하지는 않으나, 특히 장식 – 엄밀히 말하자면 장식의 개념이 아닌, 장식물 – 에 대한 내용은 이후 알베르티로 이어져, 사회적 계급에 따른 장식의 역할로 논의가 확대되는 점은 흥미롭다. 이 부분에 대해서는 알베르티 편을 참고하기 바란다.

제7권에서 비트루비우스는 건축시공의 실무적인 내용에 관하여 이야기하고 있다. 바닥용 자재의 사용 시 주의점과 배합 비율, 석회의 사용과 시공 방법, 벽화 및 색채 등에 대해 설명한다. 전체적인 내용은 대체로 짧게 정리되어 있다. 크게 이론적으로 참고할만한 내용은 아니며, 굳이 흥미로운 내용을 꼽자면 색채에 관해 설명한 부분이다. 색채이론과는 관계가 없으며, 실무적인 측면에서 어떻게 하면 필요한 안료를 얻을 수 있는지에 대해 간단하게 설명하고 있다.

제8권은 물과 수로에 관한 내용이다. 물을 찾는 법을 비롯하여, 지형과 토양에 따른 물의 특성을 시작으로 빗물에 대한 설명, 다양한 물의 특성에 관해 설명하고 있다. 특히 온천에 대한 설명에서 온천이 당시에도 오늘날과 마찬가지로 병을 치유하는데 사용되었다는 점은 흥미롭다. 이 외에도 다양한 지역의 강과 호수 등에 대해 설명하고 있으며, 좋은 물을 판별하는 법에 대해 짧게 언급하고 있다. 제8권의 핵심은 도시로 물을 끌어들이기 위한 시설에 대한 설명이다. 수로 건설에 필요한 공학적 내용과 수도관의 재료와 길이, 무게 등에 대해 설명하고 물을 저장하고 관리하는 방법에 관해 이야기하고 있다. 설명에 따르면 당시에 수도관으로 사용된 중요한 재료는 납과 점토였는데, 납의 유해성에 대해 언급하면서 가능하면 점토 수도관을 사용할 것을 권고한다. 그리고 수로 건설이 불가능할 때, 우물을 파야 한다고 설명하고 있다. 우물을 팔 때 나오는 유해 가스를 피하는 법, 우물의 수질 확보를 위해 천연 필터를 설치하는 방법들은 오늘날에도 충분히 사용할 수 있는 유용한 정보라고 생각된다.

제9권의 주요 내용은 시계 제작이다. 여기서 시계는 오늘날과 같은 무브먼트가 들어간 기계식 시계가 아닌 해시계와 물시계를 의미한다. 당시 시계 제작을 위해 필요한 핵심적인 지식은 천문학이었다. 천체와 행성의 움직임을 설명하기 위해서 수학과 기하학이 필요하다는 것은 서문에서 충분히 이야기하였으며 해와 달, 별자리 등 천체의 움직임을 어떻게 파악하고 해석하여 시계를 만드는지 자세히 설명하고 있다. 이 부분만 잘 읽어도 해시계 정도는 충분히 만들 수 있을 것 같으니, 관심 있는 분들은 한 번 정도 읽어볼 만하다.

제10권에서 비트루비우스는 기계공학과 역학, 그리고 이를 바탕으로 필요한 기계와 무기를 제작하는 방법에 관해 설명하고 있다. 건설에 사용되는 기중기에 필요한 도르래의 원리 등에 대해 설명하면서 기중기 제작에 관한 상세한 설명을 하고 있다.

이 외에도 물을 끌어 올리기 위한 물레방아, 수차, 펌프 등에 대해 이야기한다. 마지막으로 전쟁에 사용되는 투석기 등의 공격용 무기와 방어용 무기에 관해 설명하면서 책을 마무리하고 있다.

5. 비트루비우스의 건축이론

이 내용만큼은 제대로 알고 넘어가자

앞서 『건축십서』의 전반적인 내용에 대해 알아보았다. 이미 언급했듯이, 당시 건축의 개념은 건축물만 다루는 것이 아니라 인간 생활에 필요한 무언가를 만들어내는 것과 관련된 종합적이고 예술적이며 기술적인 개념으로 이해되어야 한다. 물론 공학적, 기술적 원리에 대한 설명은 어차피 그때나 오늘날이나 큰 차이는 없을 것이다. 그냥 당시 건축의 패러다임이 오늘날과는 달랐다고 이해하자.

이제부터 오늘날 우리가 이해하는 건축, 특히 이론과 관련된 부분에 대한 비트루비우스의 설명을 살펴보자. 앞서 잠깐 언급하긴 하였으나, '건축십서'라는 소리만 들으면 조건반사 격으로 튀어나오는 구조Firmitas, 기능Utilitas, 미Venustas보다 더 중요한 부분이니, 다음에 언급하는 부분은 반드시 제대로 살펴보고 흐름을 정리할 필요가 있다. 『건축십서』의 이론적 부분은 건축의 기원과 발전과정, 건축가의 자질과 필요한 교육, 건축의 3요소와 미학적 기본 개념, 그리고 비례 이론으로 압축된다. 나머지는 몰라도 좋으나, 만약 이 부분들을 이해하지 못한다면 『건축십서』를 읽지 않은 것과 같다고 봐도 무방하다. 그러니 필자가 언급한 부분은 반드시 이해하고 넘어가자.

5.1. 건축의 기원과 발전과정

인간은 어떻게 집을 짓기 시작했을까?

『건축십서』 제2권 1장에서 비트루비우스는 건축의 기원과 발전과정에 관해 설명하고 있다. 이 중 처음 세 구절은 중요한 의미를 지니기 때문에 반드시 살펴보아야 한다. 다양한 번역본이 있으며, 조금씩 다르게 번역될 수도 있다. 이 책에서 사용된 모든 원본의 인용 부분은 필자가 라틴어, 독일어, 영어, 이탈리아어 판본 등 다양한 자료를 참고하여 재해석했음을 알려둔다. 다음은 제2권 1장의 첫 번째 구절이다.

> 선사시대의 인간은 야생동물처럼 숲이나 동굴에서 태어나 야생에서 자란 곡물이나 과일 등을 먹으며 생존했다. 어느 날, 나무들이 빽빽이 모여 있는 숲에서 폭풍우로 인해 가지가 서로 부딪히며 마찰로 인해 불이 났고, 그 근처에 있던

사람들은 타오르는 불길에 놀라 도망쳤다. 이후 상황이 진정되자(불길이 가라앉자) 몇몇은 불에 가까이 다가갔으며, 불이 따뜻하고 좋다는 것을 깨달았다, 그들은 (불을 보존하기 위해) 나무를 (잘라) 던져 불이 계속 탈 수 있도록 하였으며, 다른 사람들에게 불의 이점을 몸짓으로 설명했다. (말로 표현하기 어려운) 소리가 호흡으로 나올 때, 다양한 방식으로 그들은 소리를 조합하기 시작했다. 그러다가 자주 사용하는 물건을 (특정 단어들로) 지칭하게 되면서, 마침내 우연히 말을 하게 되었고, 드디어 의사소통이 이루어지기 시작했다.

얼핏 보면 이 구절은 건축과 직접적인 관련이 있어 보이지는 않는다. 마치 신화나 설화의 한 부분처럼 인류의 발전과 불의 발견에 대해 묘사하고 있다. 하지만 여기서 주목할 만한 점은 건축의 기원에 관한 조건의 묘사와 순서이다.

첫 번째 조건은 불의 발견이다. 이미 언급했듯이 『건축십서』는 기원전 30년에서 10년 사이에 쓰인 것으로 추정된다. 오늘날에는 불이 자연현상의 하나로서 여겨지는 것이 상식이지만, 당시 사람들은 불의 기원에 대해 어떻게 생각했을까? 아마도 다양한 신화적 해석이 지배적이었을 것이다. 그리스신화에 나오는 프로메테우스의 이야기가 대표적인 예이다. 하지만 여기서 비트루비우스는 불의 발견을 자연현상으로 설명하고 있다. 그는 신화나 미신이 아닌 과학과 상식에 기반한 설명을 하고 있다. 이러한 설명 방식은 비트루비우스가 서문에서 밝혔듯이 『건축십

불의 발견

서』를 객관적이고 과학적으로 집필하려는 의도를 보여주는 것으로 해석된다.

다음 조건은 불의 발견을 통한 공동체(사회)의 형성이다. 불의 발견, 즉 특정 자연현상이 발생하고, 이를 궁금하게 여긴 사람들이 모여 자연현상을 분석하고 있다. 분석의 결과로 이점을 발견하고, 이를 이용하기 위해 자연현상, 즉 불을 보존하는 방법을 찾아낸다. 그리고 불이 주는 이점을 특정 개인이 독점하는 것이 아니라, 주변 사람들에게 설명하고 있다. 이를 통해 인간은 혼자서 생존하는 것보다 사회를 이루는 것이 더 유리하다는 점을 설명하고 있다. 사회가 형성되었으니, 상호 간의 의사소통이 필요해진다. 언어의 기원과 발생 또한 정확히 밝히기는 힘들며, 다양한 설명이 존재한다. 하지만 당시에도 언어학은 존재하고 있었으며 비트루비우스가 소크라테스나 플라톤의 주장을 참고했는지, 혹은 자신만의 이론이 있었는지는 분명하지 않다. 다만 사회의 형성에 의사소통과 언어가 필수 요소라는 주장은 지극히 합리적인 것으로 해석된다.

이어지는 두 번째 구절을 살펴보자.

> 불이 발견되자 처음으로 공동체가 형성되었다. 인간은 다른 생물과는 달리 태생적으로 몸을 앞으로 숙이지 않고 똑바로 서서 우주와 별을 바라볼 수 있었다. 더 나아가 손과

> 팔다리를 사용하여 자신들이 원하는 일을 할 수 있었다. 이 공동체의 일부 사람들은 나뭇잎으로 오두막을 짓기 시작했고, 어떤 사람들은 산기슭에 동굴을 파기 시작했다. 어떤 사람들은 제비의 둥지를 모방하여 진흙과 덤불로 집을 지어 그 안에 숨을 곳을 마련하기도 했다. 그리고 다른 사람들의 집을 관찰하고, 그들만의 방식으로 새로운 것을 더해 더 나은 집을 만들어내기 시작했다.

두 번째 구절에서 비트루비우스는 인간의 생물학적 특성에 대해 언급한다. 이러한 특성으로 인해, 무언가 만들어내는 일이 가능해졌다는 설명은 굳이 할 필요가 없을 것이다. 공동체(사회)가 형성되었으니, 집단으로 거주할 수 있는 장소와 시설이 필요해졌다. 나뭇잎을 사용하여 오두막을 만드는 일, 동굴을 파는 일, 새의 둥지와 같은 집을 만드는 일, 이러한 행위들은 건축이 자연의 모방에서 시작되었다는 점을 알려준다. 다시 말해, 건축은 순수하게 인간의 생각이나 창의성의 산물이 아닌, 자연을 모방한 결과에서 시작했다는 점이다. 이렇게 시작된 후, 인간은 다시 결과를 관찰하고 새로운 것을 더해 발전한다는 점을 설명하고 있다. 한마디로 창조는 모방에서 시작된다라고 요약할 수 있다.

마지막 세 번째 구절이다.

> 또한 인간은 모방과 학습의 능력을 타고났다. 그들은 자신이 만든 새로운 집을 자랑스러워했고 매일 서로에게 건물

집을 짓는 사람들

을 어떻게 지었는지 보여주었다. 이렇게 그들은 경쟁적으로 창의성을 발휘했고 더 나은 판단을 할 수 있게 되었다. 먼저 그들은 나무로 기둥을 세우고, 그 사이로 나뭇가지를 꽂은 다음 벽을 진흙으로 덮었다. 그들 중 일부는 공기 중에 말린 진흙 덩어리로 벽을 쌓고 나무로 연결한 다음, 갈대와 잎으로 덮어 비바람과 더위를 막았다. 나중에 이 지붕들이 겨울 폭풍우를 견딜 수 없게 되자, 진흙으로 경사진 지붕을 만들고 처마를 통해 빗물이 흘러내리도록 만들었다.

이 구절을 통해 비트루비우스는 건축적 창의성에 관해 설명하고 있다. 자연을 모방해 최초의 집을 만들어내고, 이를 관찰하고 모방하여 다른 집들이 만들어진다. 이 과정에서 제약점과 문제점이 발견되고 이를 해결하기 위해 학습, 생각, 판단을 통해 더 나은 대안을 찾아내는 과정을 '건축적 창의성'으로 규정하고 있다. 필자는 개인적으로 이 구절이 시사하는 바는 절대 가볍지 않다고 생각한다. 왜냐하면 모방과 학습이 이루어지고, 문제를 발견하고 해결하는 창의성이 발현된다는 말의 이면에는 이미 다수의 건축물, 즉 집단적 건축(작은 규모의 도시)이 전제되어 있기 때문이다. 건축이 완성되기 위해서는 집단적 건축이 전제되어야 한다. 집단적 건축이 성립하기 위해서는 집단적 규모에 맞는 일반적인 규칙이 필요하다. 이 전제가 충족된 후, 다시 하위 규모, 건축물의 규모에 맞는 보편타당한 규칙과 변화를 위한 규칙이 도출되어야 한다. 모든 규모의 건축에 일괄적으로 적용될 수 있는 규칙은 없다. 여기에 대해서는 다시 자세히 설명하겠다.

건축의 기원에 대한 비트루비우스의 설명은 후대의 건축가와 이론가들에게 많은 영감을 주었던 것으로 보인다. 특히 1500년대에 출판된 수많은 『건축십서』 해설서에는 어김없이 이 장면을 묘사한 삽화들이 들어있다. 판본에 따라 다소 표현의 차이는 있으나, 불의 발견과 공동체(사회)의 구성, 그리고 원시 오두막을 짓는 모습 등은 공통으로 묘사되어 있다. 50쪽과 53쪽의 삽화, '불의 발견'과 '집을 짓는 사람들'은 발터 리비우스 Walter Rivius 또는 Walter Ryff의 『건축십서 독일어 해설서 Vitruvius Teutsch』에 수록된 것들이다.

참고로 이 삽화는 1547년 출판된 리비우스의 『건축에 관련된 가장 중요하고 필수적인 수학적, 기계적 예술, 진정한 보고서에 관한 지침 Der furnembsten, notwendigsten, der gantzen Architectur angehörigen Mathematischen vnd Mechanischen künst... 이하 건축에 대한 지침』에 수록된 그림과 동일하다. 대부분의 건축이론서에는 이 삽화가 1548년 출판된 『건축십서 독일어 해설서』에 수록되어 있다고 설명되어 있다. 하지만 『건축에 대한 지침』의 내용이 더 광범위한 것으로 보아, 아마도 리비우스는 이를 집필하면서, 비트루비우스에 관련된 내용만 따로 발췌해서 『건축십서 독일어 해설서』를 정리하고 출판했다고 추정된다.

요약하면 비트루비우스는 건축은 불의 발견(자연현상), 공동체(사회)의 구성, 원시 오두막(건축)의 순서로 발전했다고 보고 있다. 이 과정에서 가장 중요한 점은 시작에 관한 설명과 논리의 전개방식이다. 이는 비트루비우스가 『건축십서』 집필에서 과학적 사고방식과 논리에 가치를 두었다는 점을 방증한다. 물론 이 내용을 다소 신화적인 설명으로 이해할 수도 있다. 하지만 곰이 마늘과 쑥을 먹고 사람이 되었다는 신화도 있지 않은가? 건축의 기원과 발전과정에 대해서는 나중에 언급될 알베르티의 의견과 비교해서 살펴보자.

5.2. 건축가의 자질

건축가가 되고 싶은가?

『건축십서』 제1권 1장은 다음과 같이 시작한다.

> 건축가에게는 다양한 과학적 지식과 기본적 지식이 필요하다. 왜냐하면 건축가는 다른 분야에서 만들어진 모든 것들에 대한 평가를 할 수 있어야 하기 때문이다. 건축가에게 필요한 지식은 Fabrica와 Ratiocinatio으로부터 나온다. Fabrica는 지속적이고 반복적이며 (전문적인) 정신적 활동을 기반으로 재료를 사용하여 필요한 형태를 만들어내는 것이다. Ratiocinatio는 (Fabrica를 사용하여) 만들어진 작품에 내재되어 있는 장인 정신과 계획 의도의 관계를 보여주고 이성적으로 명확하게 설명하는 것이다.

번역본에 따라 세부적인 의미가 조금씩 다르게 번역되긴 하나, 공통으로 해당하는 부분을 정리해 보자. 비트루비우스에 따르면 건축가에게는 특정한 자질이 필요하다. 여기서 건축가의 자질이란 머릿속에 떠오르는 건축물의 이미지를 튼튼한 형태로 만들어내고, 형태에 적절한 기능을 부여하는 것이다. 이러한 자질을 갖추기 위해서 건축가에게는 우선 광범위한 지식이 필요하며, 이 지식은 Ratiocinatio와 Fabrica에서 나온다. 라틴어 Ratiocinatio는 추리, 추론, 지식 등으로 번역되고 있으며, 이는 과학적 생각과 이성을 기반으로 하는 지적 작업을 뜻하는 용어이다. 라틴어 Fabrica는 기능, 정교한 기술 등을 의미하는 실천적 작업을 뜻하는 용어이다. 용어의 번역에 대해서는 다양한 의견이 있을 수 있으나, 필자 개인적으로 Raciocinatio는 이론, Fabrica는 실천으로 번역하는 것이 전체적인 문맥을 고려할 때 가장 적절하다고 생각한다.

결국 비트루비우스가 말하고자 하는 것은 이론과 실천의 조화, 즉, 정신적 작업을 기반으로 한 실천적 작업의 일관성에 대한 이야기라고 할 수 있다. 다시 말해, 이론과 실천은 서로 독립적인 개념이 아니라, 서로 연결된 개념이다. 어느 하나도 소홀히 해서는 안 된다는 말이다. 이 대목을 통해 당시에도 이론과 실천의 조화에 대해 중요하게 생각했음을 알 수 있다. 다른 한편으로, 이론과 실천을 명시적으로 언급했다는 점은 이 둘의 조화를 달성하는 것은 어렵고, 여기서 발생하는 괴리로 인해 다양한 문제가 발생한다는 것을 알고 있었기 때문이라는 추정도 가능하다. 어쨌거나 이론과 실천의 조화는 시대를 막론하고 어려우며, 이론과 실천의 괴리는 시대를 막론하고 문제가 되고 있다는 점은 알아두자.

더 나아가, 필자는 개인적으로 이 부분을 조금 더 확대해석해 볼 필요가 있다고 생각한다. 건축가에게 이론과 실천이 필요하다는 주장은 단지 건축가의 자질만 의미하는 것은 아니다. 이는 건축이 학문으로서 가져야 할 가치와 규범에 대한 설명이기도 하다. 특정 분야가 사회적으로 인정받는 학문이 되기 위해서는 단지 전문적, 이론적, 기술적 조건만 필요한 것이 아니다. 학문적 정당성을 확보하기 위해서는 학문이 스스로 지켜야 할 가치가 필요하다. 이러한 가치와 규범을 언급하여 비트루비우스는 건축의 학문적 기반을 다져놓은 것이다. 그리고 이러한 가치와 규범의 필요성을 선언함으로써 『건축십서』는 향후 1500년이 넘는 시간 동안 건축이론 계에서 독보적인 지위를 차지할 수 있었던 것이라고 생각한다. 학문이 스스로 가치를 규정하고 규범을 만들어낸다는 의미는 그 학문의 출발점이 마련되었다는 의미이다. 이는 다시 말해, 향후 건축이란 학문이 어떤 방향으로 흘러가든지 적어도 지켜야 할 최소의 선이 있으며 혹시 잘못된 방향으로 흘러간다고 할지라도 되돌아올 수 있는 출발점을 만들어 놓았다는 의미이다. 비트루비우스가 어떤 의도를 가지고 이 짧은 구절을 적었는지는 정확히 알 길이 없다. 그리고 필자의 해석이 다소 과장되었을 수도 있다. 하지만 적어도 비트루비우스가 건축을 확고한 학문적 기반 위에 올려놓기 위해 많은 고민을 했음은 분명해 보인다.

5.3. 건축가에게 필요한 교육

그러면 공부하자. 그것도 많이

비트루비우스는 건축가에게 필요한 자질을 갖추기 위해서 상당히 세부적인 지식과 교육을 요구하고 있다. 제 1권 1장의 중요한 내용만 요약하자면 다음과 같다.

> 건축가는 글쓰기를 통해 지속적인 기억을 구축할 수 있도록 글쓰기에 능숙해야 한다. 올바르게 디자인하고 원근감을 표현할 수 있으려면 그림을 잘 그려야 하고 기하학을 알아야 한다. 올바른 조명계획을 위해서는 광학에 대한 지식이 필요하다. 비용을 계산하고 비례 관계를 계산하려면 수학이 필요하다. 건축가가 장식과 그 의미를 이해하려면 역사적 지식이 필수이다. 철학을 통해 건축가의 자질이 형성되어야 한다. 공성 무기와 극장 건설에 적용할 수 있는 지식으로 음악에 대한 이해가 필요하다. 기후 친화적이고 건강한 방식으로 건설하기 위해서는 의학 지식이 필요하다. 또한 법과 천문학에 대한 기본 지식도 필요하다.

(좋은) 건축가가 되기 위해서는 오랜 시간 동안 다양한 학문 분야의 훈련이 필요하며, 이러한 광범위한 지식과 훈련을 통해서만이 최고의 건축적 경지summum templum architecturae에 오를 수 있다고 비트루비우스는 주장한다. 여기서 주목할 점은 이러한 교육 내용들이 오늘날 대학 교육의 교과과정보다 더 광범위하다는 것이다. 이 말은 하나의 학문이 제대로 성립하기 위해서는 단지 그 자체의 전문성만으로는 부족하다는 것을 당시에도 이미 알고 있었다는 의미이다. 모든 분야는 어떤 방식으로든지 서로 연관되어 있으며, 따라서 지식의 범위를 하나의 전문분야로 제한시키는 것은 위험하다는 것을 이미 알고 있었다는 의미이며, 비트루비우스는 이미 2천 년 전에 이런 체계적이고 종합적인 프로그램을 주장하면서 건축에 하나의 완결된 학문의 지위를 부여하고자 했다는 것이다. 이 구절을 통해 이제 우리는 건축은 종합예술이라는 주장의 기원이 어디인지도 대충 알 수 있게 된다. 그리고 이 논리에 따르면 모든 전문분야와 학문이 조화를 이루어야 종합예술이 될 수 있으니, 어느 분야가 더 우위에 있다는 둥 싸우지 말고 서로 존중하라는 의미로 받아들여도 괜찮을 법하다.

　참고로 위에서 언급된 학문 분야에 대해 설명이 필요할 것 같다. 비트루비우스가 건축가에게 필요하다고 언급한 지식들이 오늘날 관점에서는 이해하기 힘들 정도로 광범위하기 때문이다. 학문의 분류는 나름 오랜 역사를 가지고 있으나 간단하게 정리하면 다음과 같다. 기원전 380년 경 국가πολιτεία 제7권에서 플라톤은 철학자에게 필요한 학문의 종류를 수학, 천문학, 음악으로 정리했다. 약 200년 후, 로마의 정치인이자 철학자 마르쿠스 테렌티우스 바로Marcus Terentius Varro는 『학문 분과에 관한 아홉 권의 책Disciplinarum libri IX』에서 학문의 분과를 문법, 수사학, 논리학, 대수학, 기하학, 천문학, 음악, 의학, 건축학으로 분류한다. 당시 시대 상황을 고려하면, 이 학문들은 철학자, 즉 학자와 정치가가 갖추어야 할 기본적인 소양으로 이해할 수 있다. 아마도 당시 학자나 전문가에게 이 정도 학문이 필요하다는 것은 사회적 상식이었던 것으로 추정된다. 바로의 분류와 비트루비우스가 언급한 분야는 분명 유사성이 있다. 비록 비트루비우스와 바로의 관계는 불분명하지만, 어느 정도는 영향이 있었다고 추정된다. 이러한 학문적 전통은 중세시대에 이르러 3학Trivium, 문법, 논리, 수사 4과Quadrivium, 산술, 기하, 음악, 천문로 정리되며, 계몽과 근대를 거치면서 다시 압축된다.

하지만 이 구절만 읽고 건축가가 정말 많은 분야에 대해 다 알고 있어야 한다는 오해는 하지 말자. 만약 오늘날 위에서 언급한 분야를 모두 공부하기 위해서는 대학에서 몇 개의 학과를 몇 년 동안 다녀야 할까? 머리가 하얘지기 전에 졸업이나 제대로 할 수 있을까? 비트루비우스 본인도 아마 다 적어놓고는 좀 심했다는 생각이 들었던 것 같다. 이후의 구절에서 그는 위에서 언급한 각 분야에 관해 설명하면서, 학문의 모든 분야가 실제로 연관되어 있고 공통점이 있다는 것을 강조하려 했다고 주장하고 있다.

> 아마도 한 사람이 그토록 많은 학문적 가르침을 흡수하고 기억 속에 간직할 수 있다는 것이 보통 사람들에게는 놀랍게 보일 것이다. 그러나 학문의 모든 분야가 실제로 서로 연관되어 있고 공통점이 있다는 것을 알게 된다면 결국에는 그것이 가능할 수도 있다고 생각을 바꿀 것이다. 백과사전적 교육에서는 모든 분야가 하나의 통일체로 구성되어 있다. 그러므로 어릴 때부터 다양한 학문 분야를 배운 사람들은 모든 학문의 기본 원리가 동일하고 모든 학문 분야가 서로 연결되어 있기에 모든 것을 더 쉽게 이해하게 된다. 그러나 이처럼 건축가가 모든 분야에 대해 다 알아야 한다는 것은 현실적으로 불가능할 것이다.

이후의 구절에서는 (좋은) 건축가가 되기 위해서는 각 전문 분야에 대해 알긴 알아야 하지만, 자연이 사람에게 이 전부를 알 수 있는 재능을 부여하지 않았으니 각 분야의 전문가나 대가가 될 정도의 지식을 요구하는 것은 아니라고 주장하고 있다. 어쨌거나 다양하고 광범위한 지식을 쌓는 것은 분야를 막론하고 도움이 되는 법이니, (좋은) 건축가가 되려면 가능하면 다양한 지식을 쌓기 위해 열심히 공부하라는 정도로 이해하고 넘어가도록 하자.

5.4. 건축의 3요소

구조, 기능, 미가 전부는 아니다

제1권 2장에는 건축의 기본이 되는 여섯 가지 원칙, 3장에서는 드디어 그 유명한 건축의 3요소가 등장한다. 2장에서는 건축의 기본 원칙에 관해 설명하고 있는데, 번역본에 따라서 건축의 기본 원칙, 또는 건축의 미학적 기본 개념 등으로 조금씩 다르게 번역되고 있다. 번역이 좀 다르다고 무슨 문제가 있을까 싶지만, 건축의 기본 원칙으로 번역하게 되면, 건축의 3요소와 크게 관계가 없는 독립적인 내용으로 이해될 수 있다. 만약 건축의 미학적 기본 개념으로 번역할 경우, 이 부분은 건축의 3요소 중 미Venustas와 연관된 개념, 또는 미Venustas의 하위 개념으로도 이해될 수 있다. 특히 이 여섯 가지 개념은 원문의 내용이 모호하게 기술되어 이해하기 다소 어렵다. 2장과 3장을 독립적인 내용으로 보느냐, 보지 않느냐 여부는 개인적 판단에 맡기나, 필자는 제목을 떠나서 3장을 읽은 후, 이를 기반으로 2장을 읽어보는 것을 추천한다.

먼저 건축의 3요소에 관해 기술한 제1권 3장에 대해 알아보자. 3장의 제목은 보통 건축의 (하위) 영역 정도로 번역된다. 혹시 오해가 있을까 사족을 붙이자면, 원문에는 오늘날의 번역본처럼 각 장에 대한 제목이 없다. 이는 후대의 연구자들이나 번역가들이 이해를 돕기 위해 붙인 것이다. 3장은 짧게 두 단락으로 구성되어 있으니 전문을 살펴보자.

> 건축에는 건물을 짓는 것, 시계 제작, 기계공학의 세 가지 하위 영역이 있다. 건물을 짓는 것에는 다시 두 가지 하위 부문이 있다. 하나는 공용지에 성벽과 공공건물을 건설하는 것이고, 다른 하나는 민간건물을 건설하는 것이다. 공공건물은 방어용 목적, 종교적 목적(예배), 실용적인 목적, 세 종류로 나누어진다. 방어용 건물은 적의 공격을 막기 위해 설계된 성벽, 탑, 성문을 올바르게 짓는 것을 의미하며, 종교적 목적을 위한 건물은 불멸의 신을 위해 짓는 신성한 건물을 의미한다. 실용적 목적을 위한 건물에는 항구, 시장, 열주, 목욕탕, 극장, 산책로 및 동일한 목적을 위해 ~~공공장~~ 소에 조성된 건물을 의미한다.
>
> 이러한 시설은 구조^{Firmitas}, 기능^{Utilitas}, 미^{Venustas}를 고려하여 건설되어야 한다. 구조는 건물의 기초가 단단한 지반까지 확장되고 건축 자재가 제대로 신중하게 선택되어야 한다는 의미이다. 기능은 각 실의 배치에 오류가 없고 실의 특성에 따라 적절한 사용이 이루어지도록 적합한 위치에 배치한다는 의미이다. 미는 건물이 쾌적하고 보기 좋은 외관을 가지며 부재의 조화^{Symmetria}가 제대로 고려되어 이루어져야 한다는 의미이다.

여기서 구조^{Firmitas}는 역학, 건설 및 재료 분야를 다루고 있다.

기능^{Utilitas}은 건물의 사용에 있어 오류 없는 기능적 프로세스와 관련이 있다. 미^{Venustas}에서는 모든 미적 요구 사항을 포괄하며 조화와 비례의 중요성을 강조한다.

3장에서 비트루비우스는 건축의 하위 분야를 건물의 시공, 시계 제작, 기계공학이라는 세 가지 영역으로 구분한다. 그리고 건물의 시공에 대한 설명을 이어간다. 건물과 관련한 건축의 분야를 다시 공공건축과 민간건축으로 구분하고, 공공건축은 다시 용도에 따라 방어, 종교, 실용의 범주로 구분한다. 여기까지는 큰 문제가 없다. 하지만 두 번째 단락의 첫 번째 문장으로 인해 다양한 해석이 발생할 수 있다.

> 'Haec' autem ita fieri debent, ut habeatur ratio firmitas, utilitatis, venustatis.

> '이러한 시설'은 구조^{Firmitas}, 기능^{Utilitas}, 미^{Venustas}를 고려하여 건설되어야 한다.

필자는 문맥을 고려하여, 라틴어 Haec을 이러한 시설로 번역하였으나, 있는 그대로 번역하자면, Haec은 이런 것들로 번역된다. 여기서 이런 것들은 크게 세 가지 의미로 해석될 수 있다. 첫째, 앞서 언급한 건축의 세 가지 하위 영역, 즉, 건물의 시공, 시계 제작, 기계공학을 의미할 수 있다. 둘째, 건물 시공의 두 가지 하위 영역, 즉, 공공건축과 민간건축으로 해석될 수도 있다. 마지막으로 그냥 공공건축으로 해석할 수 있다. 따라서 이 중 어디에 초점을 맞추느냐에 따라서 건축의 3요소인 구조, 기능, 미가 해당하는 영역이 미묘하게 달라지는 것이다. 번역본에 따라 주로 두 번째와 세 번째 해석이 사용되고 있으나, 필자는 세 번째, 공공건축에 초점을 맞추는 것이 문맥과 글의 구성상 더 적절하다고 생각한다. 왜냐하면 첫 번째 단락에서 비트루비우스는 건축의 영역을 큰 범위에서 작은 범위로 좁혀가면서 점진적으로 자세하게 설명하고 있으며, 이 중 시계 제작과 기계공학에 대해서는 따로 언급하지 않고 있기 때문이다. 건물 시공의 하위 영역을 다시 공공건축과 민간건축으로 구분하며, 민간건축에 대해서는 다시 별다른 언급이 없다.

가장 마지막에 가장 자세하게 언급되는 부분은 공공건축이다. 따라서 여기서는 공공건축을 강조하고 있다고 생각하는 것이 상식적이다. 다시 말해, 건축의 3요소, 즉 구조Firmitas, 기능Utilitas, 미Venustas는 공공건축을 기반으로 발생한 개념으로, 혹은 적어도 공공건축에 초점을 맞춘 개념으로 보는 것이 타당할 것이다. 물론 그렇다고 해서 민간건축에는 이러한 부분을 고려하지 않아도 된다는 식의 편협한 해석은 위험하다. 이 문장은 공공건축을 다룰 때, 더 세심하게 살펴보라는 의미로 받아들이는 것이 적절할 것이다. 이 주장을 받아들이기 힘든 분들은 건축의 3요소란 그냥 공공건축, 민간건축 구분 없이 고려되어야 할 부분이라고 받아들여도 될 것이다.

참고로 본문 어디에도 건축의 3요소란 말이 없다. 그렇다면 오늘날 알고 있는 건축의 3요소란 개념은 어디서 왔을까? 이는 아마도 1624년 출판된 영국의 작가이자 정치가였던 헨리 워튼 Sir Henry Wotton, 1568~1639의 『건축의 요소The elements of architecture』라는 책의 영향으로 추정된다. 이 책의 제1장 건축의 요소에 관하여of the elements of architecture는 이렇게 시작된다.

> 건축도 다른 모든 유용한 예술(기술)과 마찬가지로 목적이 그 유용성의 방향을 제시해야 한다. (건축의) 목적은 잘 짓는 것이다. 잘 짓기 위해서는 세 가지 조건이 필요하다. 유용함Commoditie, 견고함Firmenes, 그리고 (시각적) 즐거움Delight.

위의 구절은 다름 아닌 『건축십서』 1권 3장의 내용이다. 그리고 프리츠커상 메달의 뒷면에 적혀있는 문구이다. 필자는 이 책의 제목과 위의 구절이 혼재되어 쓰이다가 건축의 3요소라는 개념으로 정착된 것으로 추정한다. 굳이 이제 와서 건축의 3요소 대신 다른 개념을 사용할 필요까진 없으나, 그 의미만큼은 알아두고 넘어가자.

3장 두 번째 문단에 짧게 기록된 부분이 구조Firmitas, 기능Utilitas, 미Venustas에 관한 모든 내용이다. 구조는 그냥 튼튼하게 잘 지으라는 말이고, 건축물은 당연히 적절한 기능이 있어야 하며, 기왕이면 다홍치마라고 예쁘면 더 좋을 것이다. 어떻게 보면 당연한 소리이며, 내용도 별것이 없어 보인다. 하지만 이 구절이 가지는 의미는 절대 작지 않다. 이는 건축이라는 전문분야가 갖추어야 할 가치와 규범에 관해 이야기하고 있기 때문이다. 이 구절이 의미하는 것은 (좋은) 건축은 구조, 기능, 미라는 세 가지 조건을 충족시켜야 한다는 건축의 가치와 규범이다. 또한 이 구절은 (다소 모호하게 정의된) 건축의 본질에 대한 언급이라고 해석할 수도 있다. 하지만 각 개념이 모호하게 정의되어 읽는 사람에 따라서는 코에 걸면 코걸이, 귀에 걸면 귀걸이가 될 위험이 있다. 그럼에도 불구하고, 건축에는 이 세 가지 조건이 반드시 필요하다는 비트루비우스의 주장에 대해서는 반박하기 힘들다. 건축의 3요소에 대한 의미를 다양하게 해석할 수 있으나 적어도 이 개념이 건축의 가치와 규범, 그리고 본질에 대한 이야기라는 점을 간과한다면, 건축십서를 잘못 이해하고 있다고 보아도 과언은 아니다. 비트루비우스 이후 이 세 가지 조건이 계속 회자가 되었던 이유는 바로 이 세 단어가 건축의 가치와 규범, 그리고 본질에 관한 이야기였기 때문이다. 따라서 2천 년이 지난 오늘날에도 우리는 - 원래의 의미를 알든, 모르든 - 건축이란 말만 들으면 조건반사적으로 구조, 기능, 미를 떠올리게 된 것이다.

이 세 가지 조건 중 미Venustas는 예나 지금이나 해석하기 힘들며, 논란의 여지가 많은 개념이다. 특히 개인의 주관이 개입

되는 순간, 논의 자체가 불가능해질 경우도 발생하니 여간 다루기 까다롭지 않다. 비트루비우스가 『건축십서』를 쓴 목적에 대해 한 번 더 생각해 보자. 그에게는 이 책을 통해 사후 자신의 업적을 기리기 위한 목적도 있었고, 황제에게 자신의 능력을 보여주고 싶은 숨겨진 목적도 있었음은 확실하다. 하지만 중요한 점은 이러한 목적을 위해서 건축을 과학적으로 설명하고, 건축에 학문의 지위를 부여하는 작업이 필요했다는 것이다. 건축을 과학적으로 설명하는 것이 이 책의 표면적 목적이며, 핵심이다. 그러니 미Venustas라는 개념을 학문적으로, 그리고 논리적으로 정리할 필요가 있다. 미Venustas를 기본 개념으로 다시 세분화한 설명이 제1권 2장이다. 필자가 앞서 제1권의 3장을 읽은 후, 2장을 연관시켜 읽으라는 이유는 바로 이러한 논리의 흐름 때문이다.

5.5. 건축의 미학적 기본 개념

건축미학은 단순히 아름다움에 관한 이야기가 아니다

제1권 2장의 내용을 살펴보자. 비트루비우스에 따르면 건축(미학)은 질서Ordinatio, τάξις, 배치Dispositio, διάθεσις, 미적구성Eurythmia, 조화Symmetria, 장식Decor, 배분Distributio, οἰκονομία, 여섯 개의 기본 개념으로 구성된다. 참고로 장식Decor과 배분Distributio, οἰκονομία은 국문판과 영문판에는 적정화Property와 경제성Economy으로 번역되어 있다. 내용을 고려하면 완전히 틀린 번역도 아니지만, 맞는 번역이라고 하기도 어렵다. 따라서 라틴어 판본을 기준으로 여기서는 장식과 배분이란 용어를 사용하겠다. 미리 말해두지만, 이 여섯 개의 개념들은 명확하게 이해하기가 어렵다. 우선 앞서 설명했던 건축의 3요소처럼 애매하게 설명되어 있고, 일부 개념들은 서로 중복되기 때문이다.

특이한 점은 비트루비우스가 이 여섯 가지 개념을 설명하면서 질서Ordinatio, τάξις, 배치Dispositio, διάθεσις, 배분Distributio, οἰκονομία은 라틴어와 그리스어를, 나머지 개념들은 라틴어로만 기술하였다는 것이다. 여기에 대해서는 다양한 논의가 있으나, 아직도 정확한 이유는 알 수 없다. 아마도 당시 라틴어에 해당하는 정확한 개념이나 단어가 없을 경우, 그리스어를 같이 기술한 것으로 추정하는 것이 일반적인 정설로 받아들여지고 있다. 이후 이런 용어 사용의 모호함에 대해 알베르티는 그의 저서 『건축론De re aedificatoria』에서 원색적 비판을 한다. 이 부분은 알베르티 편을 참고하기 바란다. 이제 각 개념에 대해 천천히 알아보자. 참고로 이 부분은 단순히 아름다움이 아닌, 건축 전반에 관한 이야기다. 따라서 각 개념에 대한 이해뿐 아니라, 개념의 연결과 흐름이 중요하다.

5.5.1. 질서^{Ordinatio, τάξις}

질서^{Ordinatio, τάξις}는 건물 부재를 비례에 따라 적절히 측정하고 세부적으로 계산하여 조화^{Symmetria}를 이루기 위해 전체적인 비례 관계를 다루는 것이다. 질서는 양^{量, Quantitas}적 개념이다. 설명이 조금 어렵긴 하지만, 질서는 건물 자체에서 도출된 측정 단위^{Modulus}를 기반으로 양적으로 계산하여 건물 전체와 부분의 조합을 통해 조화를 추구하는 개념으로 이해할 수 있다. 양을 기반으로 한다는 말은 건물 전체와 부분 사이를 수치로 나타내고, 이 수치를 기반으로 건물 전체와 부분 사이의 비례를 계산한다는 의미이며 이 비례가 시각적으로 조화를 이룰 때, 건물이 질서 있게 설계되었다는 의미로 이해해야 한다. 다시 말하자면, 건축가는 건물을 설계할 때 시각적 조화를 이룰 수 있는 수학적 비례를 고려하여 설계해야 한다는 말이다. 하지만 이 내용이 나와 있는 부분에서 비트루비우스는 비례에 대해 더 자세히 언급하지는 않았다. 다만 이후의 내용, 인체 비례도나 신전 건축 등에서 다시 비례에 대해 언급을 하지만, 이 또한 절대적인 기준은 아니었다.

5.5.2. 배치^{Dispositio, διάθεσις}

배치^{Dispositio, διάθεσις}는 부재와 공간의 적절한 조합과 그 조합으로 인한 건물의 질^{質, Qualitas}이 갖추어진다는 의미이다. 그리스인들은 배치를 이데아^{ιδέα}라고 불렀으며, 배치는 Ichnographia^{평면도}, Orthographia^{입면도}, Scaenographia^{투시도}, 이 세 가지의 형태로 표현된다. 건물의 질에 관해 이야기하다가 갑자기 평면도, 입면도, 투시도 이야기로 넘어가는 문장의 흐름이 얼핏 보면 문맥이 잘 이해가 되지 않을 수도 있다. 여기서는 앞서 언급한 질서^{Ordinatio, τάξις}와 같이 이해하는 것이 편하다. 비트루비우스가 배치와 질서를 통해 말하고 싶었던 것은 건물의 질과 양에 관한 이야기다. 당연한 이야기겠지만, (좋은) 것은 (좋은) 질과 (적절한) 양을 갖추어야 하며, 건물 또한 마찬가지이다. 건물 전체와 부분이 시각적으로 조화를 이루고 제대로 기능할 수 있도록 필요한 공간들을 잘 조합하면, 건물의 (좋은) 질과 (적절한) 양이 확보되어 좋은 건축이 된다는 의미로 이해하면 되겠다

건물의 (좋은) 질과 (적절한) 양이 확보되었으니 이제 이들을 표현해 줄 차례이다. 비트루비우스는 Ichnographia^{평면도}, Orthographia^{입면도}, Scaenographia^{투시도}를 통해서 건물의 (좋은) 질과 (적절한) 양을 보여줄 수 있다고 했다. 오늘날 건축에서 필요한 기본적인 세 가지 도면으로 평면도, 입면도, 단면도를 언급하는 것이 일반적이니 유일한 차이는 단면도 대신에 투시도를 사용했다는 점이다. 단면도의 기능이 원래 숨겨진 내부의 형태, 재료, 구조, 설비 등을 표현하는 것이니, 거의 단일 재료를 사용하여 단순하게 단층 구조로 지어진 당시의 건물에서는 큰 필요성을 느끼지 못했을 것이다. 『건축십서』에는 이렇게 기술되어 있다.

> Ichnographia는 눈금자와 컴퍼스를 사용하여 축소된 규모로 작성된 평면도로, 건물 전체의 공간적 구성을 의미한다. Orthographia는 투사된 입면도로 건물의 규모를 비율에 맞추어 그린 것이다. Scaenographia는 앞에 보이는 부분과 뒤에 보이는 부분을 원근감 있게 재현하고 모든 선을 원 중심(소실점)에 대응시킨 그림이다.

다소 설명이 부실한 부분이 있으니, 조금 더 보충하자면 다음과 같다. 여기서 Ichnographia평면도는 건물의 공간적 구성과 구성을 통한 기능과 관련이 있으며, Orthographia입면도는 건물의 외관, 특히 주변 건물과의 조화를 고려한 외관을 의미한다. Scaenographia투시도는 실제로 사람의 눈에 보이는 건물과 주변의 풍경을 의미한다. 다시 말해, (좋은) 질과 (적절한) 양이 확보된 좋은 건물을 표현하는 형식이 앞서 설명한 세 가지 도면이다. 그리고 이 세 가지 도면을 제대로 표현하기 위해서 두 가지 조건이 필요하다.

이 두 가지 조건을 비트루비우스는 Cogitatio와 Inventio라고 기술하고 있다. 단어에서 어느 정도 유추가 가능하듯이 Cogitatio는 생각, 사유 등을 의미하며, Inventio는 발명, 발견 등을 의미한다. 문맥을 고려하면 Cogitatio는 생각으로, Inventio는 창의적 해결 정도로 번역하는 것이 적절할 듯하다. 여기서 생각Cogitatio은 열정과 노력, 지칠 줄 모르는 활동과 이를 통한 정신적 행복이 결합해 과제를 해결하려는 노력이다. 창의적 해결Inventio

은 어려운 문제의 해결을 위해 민첩한 지적 힘을 바탕으로 새로운 것을 발견하는 것이다. 건축가는 설계할 때 제대로 생각해야 하고, 설계할 때 발생하는 문제에 대해 창의적 해결 방안을 제시할 수 있어야 한다는 말이다. 앞서 건축가의 자질에서 언급한 이론Ratiotinatio과 실천Fabrica이 전문분야로서 건축의 학문적 규범에 관해 이야기하고 있다면, 여기서 생각Cogitatio과 창의적 해결Inventio은 건축가에게 필요한 직업적 규범에 관한 이야기로 이해할 수 있다.

5.5.3. 미적구성Eurythmia

미적구성Eurythmia은 건물의 우아한 외관과 부재의 조화로운 구성을 의미한다. 이는 건물 부재의 높이와 너비, 길이와 너비가 일관된 관계에 있고 부재의 모든 부분이 조화를 이루어야 한다는 의미이다. 미적 구성은 건물 자체에 적용된 비례와 보는 사람에게 미치는 시각적 영향의 결과이다. 이는 이후 나올 조화Symmetria와 유사하다.

5.5.4. 조화Symmetria

조화Symmetria는 건물에 사용된 부재가 자체적으로 만들어내는 관계이며, 건물 전체의 형태와 계산된 부재를 기반으로 하는 각 부분의 상호 관계를 의미한다. 여기서 주의할 점은 Symmetria란 단어를 대칭으로 해석해서는 안 된다는 것이다. 드물게 대칭으로 해석해도 괜찮은 문장들이 있으나, 일반적으로는 조화라고 번역하는 것이 적절하다. 비트루비우스는 팔꿈치, 발, 손, 손가락 등 여러 다른 부분으로 구성된 인체가 조화를 이루고 있는 것처럼 건물에도 이 법칙을 동일하게 적용해야 한다고 주장하고 있다.

살펴보았듯이 미적 구성Eurythmia과 조화Symmetria는 그 의미가 거의 유사하다. 사실 차이를 찾는 것이 큰 의미는 없다. 하지만 굳이 찾자면 미적 구성Eurythmia은 시각적 효과에 좀 더 중점을 두고 있고, 조화Symmetria는 수치적 해석과 비례에 중점을 두고 있다고 이해하면 될 것이다.

다른 한편으로 질서Ordinatio, τάξις, 미적 구성Eurythmia 및 조화Symmetria라는 개념은 동일한 미적 현상을 다른 관점으로 본 결과라는 해석도 가능하다. 미를 해석함에 있어 질서Ordinatio를 원리로, 조화Symmetria를 결과로, 미적 구성Eurythmia을 효과로 설명할 수 있다. 하지만 모호한 정의로 인해 비트루비우스는 스스로 개념적 혼란을 초래함은 물론이고, 후대의 건축가들과 이론가들에게 끝없는 논쟁과 오해를 불러일으키는 오류를 범했다고 할 수 있다.

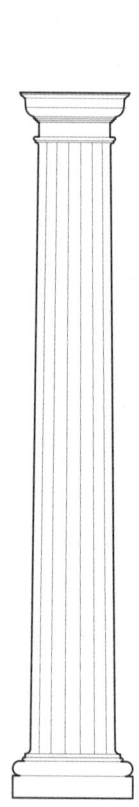 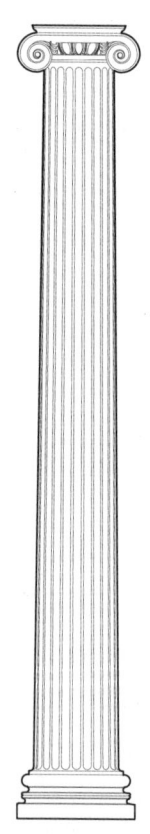 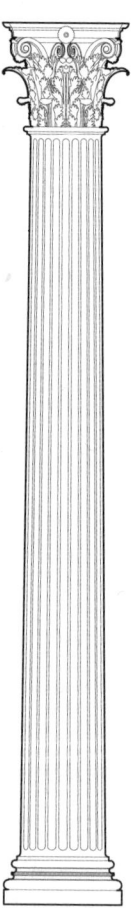

도리스 양식　　　　　이오니아 양식　　　　　코린토스 양식

5.5.5. 장식^{Docor}

장식Docor은 주제에 맞는 부재를 사용하여 취향을 표현하는 것이다. 여기서 그 유명한 주범양식, 즉 기둥의 양식에 대한 언급이 등장한다. 사족을 붙이자면, 실제로 비트루비우스는 주범양식이란 개념을 사용하지 않았다. 주범양식이란 개념은 알베르티 이후 본격적으로 논의되기 시작했으며, 이 시기를 기점으로 거의 모든 이론가가 암묵적으로 비트루비우스의 이론과 동일화시켜 설명한 결과라고 볼 수 있다. 주범양식에 대해서는 제3권과 제4권에서 더 자세하게 다루고 있으나, 거의 수치에 대한 언급이 주를 이루고 있다.

> 미네르바^{Minerva}, 마르스^{Mars}, 헤라클레스^{Herkules}를 위한 신전은 도리스 양식으로 건설되어야 한다. 왜냐하면 이 신들의 남성적인 성격 때문에 특별한 장식 없는 신전을 짓는 것이 합당하기 때문이다.

> 비너스^{Venus}, 플로라^{Flora}, 프로세르피나^{Proserpina}, 님프들에게는 코린토스 양식으로 지어진 신전이 적합하다. 왜냐하면 이들 신들은 섬세한 성격을 가졌으므로 꽃, 잎, 와권^{Volute}, 기둥주두의 소용돌이 모양의 장식, 실제로는 식물의 줄기가 말려있는 모양을 표현으로 장식된 날씬한 신전이 이들의 성격을 적절히 표현해 줄 수 있기 때문이다.

주노^{Juno}, 다이아나^{Diana}, 바커스^{Bacchus}나 이들과 비슷한 다른 신들을 위해 이오니아 양식으로 짓는 것이 합당하다. 이 경우 신전을 지을 때 도리스 양식과 코린토스 양식의 중간적 성격이 신중하게 고려되어야 한다. 왜냐하면 이 신전의 독특한 시설들은 도리스 양식의 엄격함과도 다르며, 코린토스 양식의 우아함과도 거리가 있기 때문이다.

여기서 장식Decor은 형식과 내용의 적절성의 문제이지, 적용된 장식 자체의 문제는 아니다. 기둥의 양식을 정하고 그 양식에 특정 속성을 부여하는 것은 미학을 넘어 당시 건축이 가져야 할 의미와 상징성을 가리키며, 이를 결정하는 것이 장식Docor의 역할로 볼 수 있을 것이다. 한 가지 주의해야 할 점은 각 주범 양식에 부여된 성격이나. 앞서 비트루비우스가 언급한 각 주범 양식에 해당하는 신神들을 살펴보면, 주범양식 구분의 기준이 생물학적 성별이 아님을 알 수 있다. 다시 말해 여신을 위한 신전이라도 신전의 성격이 남성적이라면 도리스식 기둥을 사용한다. 형식과 내용의 적절성이라는 이런 의미로 이해해야 한다. 파르테논 신전은 아테나 여신에게 봉헌된 신전이나, 주된 기둥은 남성적 성격을 가진 도리스 양식을 사용하고 있다.

여기서 필자는 장식Decor이 가진 의미를 조금 더 확대해석할 필요가 있다고 본다. 장식Decor은 형식과 내용의 적절성이라는 설명의 의미가 그다지 단순하지 않기 때문이다. 여기서 형식과 내용의 적절성이라는 의미는 건물의 기능과 건물의 외관이 서로 어울린다는 의미다. 건물을 보면 이 건물이 어떤 기능을 하고 있는지, 누가 사용하는지 알 수 있도록 디자인되어야 한다는 것이다. 비트루비우스는 여기서 건물의 디자인은 기능과 사용자의 특성을 적절하게 나타내어야 한다고 주장한다. 이 주장은 바로 건물의 정체성과 형식미학뿐 아니라 사용자에 관한 이야기다. 바로 다음에 설명될 배분Distributio, οἰκονομία의 두 번째 의미인 사회 신분적 배분을 참고하면 이해가 쉬울 것이다. 필자 개인만의 해석일 수는 있으나, 당시 이미 건축의 사회적 역할, 상징성과 건축미학에 대한 기본이 고려되었다고 보아도 무리는 없을 것이다.

5.5.6. 배분Distributio, οἰκονομία

마지막 개념은 배분Distributio, οἰκονομία이다. 비트루비우스는 배분을 두 가지 의미로 사용하고 있다. 배분의 첫 번째 의미는 건실 현장에서 자재의 적절한 분배와 신중한 건설 비용 계산과 같은 경제적 배분을 의미한다. 두 번째 의미는 집을 지을 때 거주자의 재산이나 지위에 따라 다르게 지어야 한다는 사회 신분적 배분을 의미한다. 또한 도시의 건물은 농촌의 건물과 다르게 구성되어야 한다. 왜냐하면 도시에 거주하는 사람들은 나름의 요구 사항이 있고, 농촌에 거주하는 사람들은 필요한 시설이 도시의 그것과는 다르기 때문이다. 배분Distributio, οἰκονομία의 핵심은 건물 내 시설은 항상 거주자에게 적합하도록 설계되어야 한다는 점이다.

엄밀하게 말하면 배분Distributio, οικονομία의 첫 번째 의미는 비트루비우스가 설명한 미Venustas의 범주와는 크게 관련이 없으며, 건축의 3요소 어디에도 해당하지 않는 것처럼 보인다. 그래서 필자도 이 여섯 가지의 개념을 건축의 미학적 기본 개념으로 설명해야 할지, 아니면 건축의 기본 원리로 설명해야 할지에 대한 고민이 많았다. 하지만 배분의 첫 번째 의미를 제외하고 나머지 개념들은 형태적, 미학적 개념들과 더 관계가 크다고 판단했기 때문에, 미학적 기본 개념으로 설명하는 것이 타당하다고 판단했다. 경제적 배분은 여기서 예외라고 생각하자. 물론 억지로 경제성 또한 미학적 범주에 욱여넣을 수는 있다. 하지만 저자의 원래 의도가 정확히 어떤 것인지 모르는 상황에서 자의적으로 해석하고 싶지는 않다.

배분의 두 번째 의미인 사회 신분적 배분에 대해서 근대 계몽주의나 자본주의적 시각으로 해석하는 경우도 있으나, 이는 다소 과도한 해석으로 판단된다. 사회 신분적 배분은 앞서 설명한 바와 같이 오히려 미학적 개념에 더 가깝기 때문이다. 특정 사상과 미학을 억지로 연결해 해석을 할 수도 있으나, 이 또한 적절하지는 않다고 본다.

앞서 살펴본 건축의 미학적 기본 개념들은 이미 언급한 바와 같이, 애매하면서도 중복되게 기술되어 있다. 지금까지의 내용을 조금 정리해 보자. 건축의 미학적 개념들은 크게 세 가지 정도로 구분하여 정리할 수 있다.

먼저 건물의 비례와 조화에 대한 범주에는 질서Ordinatio, τάξις, 미적구성Eurythmia, 그리고 조화Symmetria가 포함된다. 두 번째로 건축가에게 필요한 직업적 규범, 즉 생각cogitatio과 창의적 해결inventio에 대한 범주로는 배치Dispositio, διάθεσις를 들 수 있다. 마지막으로 의미 있는 주범 양식의 사용과 주거와 거주자 간의 관계를 나타내는 적절한 장식에 대한 범주에는 장식Docor과 배분Distributio, οἰκονομία이 포함된다.

지금까지 건축의 미학적 기본 개념들에 대해 살펴보았다. 이미 언급했듯이 개념이 명확하게 정의되지 않았으며, 중복되는 부분도 있어 해석이 힘든 것이 사실이다. 또한 이로 인해 후대의 건축가들과 이론가들에게 혼란을 야기한 것도 사실이다. 하지만 기술된 내용이 모두 건축에 이론적, 실무적으로 필요한 것들임은 분명하다.

5.6. 비트루비우스의 비례이론

레오나르도 다 빈치는 그냥 그림만 그렸다

비례는 앞서 살펴본 질서Ordinatio, τάξις, 미적 구성Eurythmia, 조화Symmetria의 전제조건이지만, 『건축십서』에는 비례에 대한 구체적인 정의가 나와 있지 않다. 이 점으로 미루어 볼 때, 비트루비우스는 비례를 미학적 기본 개념을 설명하기 위한 하나의 요소로 생각한 것으로 추정된다. 『건축십서』의 내용을 종합해 볼 때, 비례는 원론적 개념으로 이해하는 것이 타당하다고 본다.

비례에 관해서 비트루비우스는 신전 건축에 대한 제3권의 첫 번째 장에서 설명하고 있다. 건축가는 신전을 설계할 때, 조화Symmetria를 세심하게 준수해야 하며, 조화Symmetria는 비례를 기반으로 한다. 전체 건물과 각 부재가 공통된 기본 치수를 기반으로 설계된 경우, 비례가 성립한다. 그리고 이렇게 설계된 건물은 아름답다. 특별히 흠잡을 곳이 없는 논리이다. 하지만 비트루비우스는 여기서 한 단계 더 깊이 들어간다. 사람의 몸, 즉 인체의 각 부분이 일정한 비례를 가지고 조화를 이루어 전체를 구성할 때 아름답고 보기 좋은 것처럼, 건물 또한 전체와 부분 간의 비례가 성립해야 합리적인 형태를 가질 수 있다고 주장한다.

이 주장의 기저에는 당시 사람들의 머릿속에 자리 잡고 있던 의인화anthropomorphism적 세계관이 있다. 건축에 적용된 의인화적 세계관을 쉽게 말하자면 인체가 아름다운 이유와 건물이 아름다운 이유를 동일하게 보고 있다는 것이다. 제대로 설명하자면 밑도 끝도 없이 들어가야 하니, 살짝 무슨 내용인지 맛만 보도록 하자.

의인화는 당시 사람들이 세계를 인식하던 방법의 하나다. 의인화는 다른 말로 신인동형론神人同形論이라고도 한다. 여기서 전부를 설명하는 것은 힘드나, 신인동형론과 건축의 핵심적인 관계는 다음과 같이 정리할 수 있다.

세상의 중심에는 신이 있다.
신은 전지, 전능, 전선한 완벽한 존재이다.
신이 인간을 창조할 때, 자신의 모습을 본떠서 만들었다.
따라서 완벽한 존재의 모습을 본떠 만들어진 인체는 완벽한 것이다.
그렇다면 건물이 인체에서 발견되는 법칙을 따라 설계되고 지어질 경우,
이 또한 완벽하다.

논리적 관점으로 보면 대전제가 증명되지 않으니, 결론의 참과 거짓을 따질 수 없는 논증이다. 하지만 이미 언급했듯이 세상을 관찰하고 인식하는 패러다임은 시대에 따라 달라진다. 당시는 신과 인간이 같이 존재하던 시대였고, 인간 사회를 지배하는 법칙 또한 적어도 표면적으로는 신들의 그것과 동일했다. 따라서 이 논리를 오늘날의 관점으로 이해하려면 당연히 이해되지

않는다. 당시에는 이런 패러다임과 이런 생각이 논리적이었다고 인정하고 넘어가는 것이 좋을 듯하다. 사실 오늘날 우리가 가지고 있는 과학적 패러다임이 완벽하다거나, 그 당시보다 더 뛰어나다는 근거를 제시하기도 힘들지 않은가?

이제 예만 하나 들어주면 완벽하다. 여기서 그 유명한 비트루비우스적 인간Vitruvian Man, 다른 말로는 인체 비례도Canon of Proportions가 등장한다. 여러분이 상상하는 곱슬머리 아저씨가 나체로 근엄한 표정 지으면서 팔다리를 쫙 벌리고 있는 그 그림이 맞다. 우선 제3권 1장의 두 번째 구절을 살펴보도록 하자.

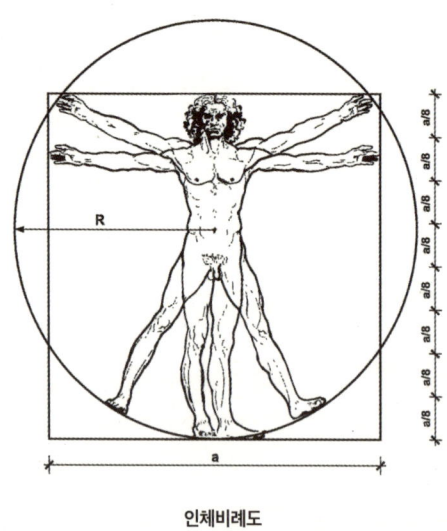

인체비례도

> 자연은 사람의 몸을 다음과 같이 만들었다. 얼굴은 턱에서 이마 위의 머리카락이 있는 부분으로 전체 키의 1/10, 손바닥은 손목부터 중지 끝까지로 역시 (얼굴과) 동일하다(전체 키의 1/10이라는 의미). 머리는 턱부터 정수리의 정점까지로 (전체 키의) 1/8, 목의 가장 낮은 부분인 가슴 윗부분부터 머리카락까지는 (전체 키의) 1/6, 가슴의 중앙에서 정수리의 정점까지 1/4. 턱 아랫부분부터 콧구멍까지가 얼굴 길이의 1/3이고, 콧구멍부터 눈썹 중앙까지의 길이(코 길이)도 마찬가지이다(역시 얼굴 길이의 1/3). 이 선(눈썹 중앙)에서 머리카락이 있는 부분까지 이마이며, 역시 (얼굴 길이의) 1/3이다. 하지만 발은 전체 키의 1/6이고 전완은 1/4이며 가슴도 1/4이다. 나머지 부분들도 자신만의 조화로운 비례가 있으며, 이를 준수함으로써 유명한 화가와 조각가들은 위대하고 무한한 명성을 얻었다.

여기서 비트루비우스는 얼굴과 코의 길이(코 길이 3개 = 얼굴 길이 1개)를 단위 모듈로 사용하는 인체 비례의 표준을 설명하고 있다. 머리의 길이를 전체 키의 1/8로 설정한 것은 오늘날 우리가 알고 있는 8등신의 원조쯤 된다. 괜히 본인 몸의 비례 관계가 어떻게 되는지 굳이 줄자로 재어 보고 절망할 필요는 없다. 왜냐하면 여기에 나온 수치들은 신이 자신을 본떠 만든 이상적인 인체의 비례, 즉 신의 비례를 의미하기 때문이다. 그렇기에 완벽하고 아름다운 형태라고 주장하지만, 실제로 그럴지는 의문이다. 조금 더 설명하자면, 비트루비우스가 사용한 최소단위는 digitus로 손가락 너비에 해당하며, 오늘날 수치로 환산하면

1.875cm 정도가 된다. 가장 큰 단위는 homo이며 1 homo는 96 digiti(digiti는 digitus의 복수)로 1.8m의 크기이다. 다시 말해 표준적인 사람의 키가 1.8m이며, 이 사람의 머리 크기는 22.5cm, 발 크기는 30cm가 된다. 신의 비례가 정말 이러한지는 모르겠으나, 어쨌든 살면서 이런 비례를 가진 사람을 보기는 정말 드물 것이다. 모르긴 몰라도 이 수치를 만들어내기 위해 많은 계산과 실험을 거쳤을 것이다.

수학적으로 정확히 들어맞는 수치를 찾아내기 위한 시도는 비트루비우스를 거쳐 이후 르 코르뷔지에Le Corbusier, 1887~1965의 모듈러Modulor까지 이어지게 된다. 물론 다들 현실적인 수치도 아니며, 논리 자체이 견함도 있다. 그리고 실제로 그렇게 아름답게 보이는 것도 아니다. 이어서 그는 이러한 인체의 측정 비례를 회화와 조각에 연관시켜 설명하고, 이어지는 세 번째 구절에서 신전의 각 부분도 전체 크기에 대해 비례적으로 일치하고 조화되어야 한다고 설명한다.

> 이와 마찬가지로 신전의 각 부재들로부터 전체 크기가 정확히 도출될 수 있도록 조화를 이루어야 한다. 인체의 중심은 당연히 배꼽이다. 사람이 팔다리를 벌리고 누워서 컴퍼스를 배꼽에 꽂아 원을 그리면 양손의 손가락 끝과 발가락 끝이 원에 닿게 된다. 이와 마찬가지로 정사각형도 도출된다. 발바닥부터 정수리까지 길이(키)와, 양 손을 뻗은 너비는 같다, 따라서 정사각형이 도출된다.

여기에 기술된 부분이 바로 나체의 곱슬머리 아저씨를 둘러싸고 있는 원과 정사각형이다. 비트루비우스는 인체에 원과 정사각형이라는 기하학적 형태를 도입하여 인체, 기하학, 수학 사이의 연결을 구축하려고 시도한 것이다. 비례에 대한 논의는 비트루비우스 이후 후기 건축이론에서 중요한 부분을 차지하게 된다. 그리고 크게 두 가지 방식, 절대적, 수학적 비례와 인체에 대한 비유로서 비례로 나누어진다.

위의 내용을 좀 더 확대해 보자. 여기서 정사각형과 원은 신인동형론에 따라 도출된 논리적으로 완벽한 도형이다. 따라서 이들은 이후 건축과 도시계획에서 중요한 역할을 하게 된다. 건축의 규모에서 이러한 도형들은 특히 신전건축에서 비례와 함께 사용되었다. 여기서 주의할 점은 아무리 신의 법칙에 의해 도출된 비례라도 그대로 사용하는 것이 아니라, 계획 규모를 감안한 적절한 시각적 왜곡이 이루어졌다는 것이다. 시각적 왜곡에 대해서는 잠시 후에 설명이 나오니 참고 바란다. 하지만 이 또한 일반적으로 적용하기에는 무리가 있다. 왜냐하면 규모가 건축의 범위를 벗어나 도시 정도의 규모가 되면 적용 방식과 적용하는 차원Dimension의 차이가 발생하기 때문이다. 고대의 계획도시들, 밀레토스, 알렉산드리아 등에는 주로 사각형을 사용한 격자형 평면계획이 사용되었음을 알 수 있다. 또한 원형과 이를 기반으로 한 다각형, 방사형은 주로 이상도시의 평면계획에 사용되었다. 이러한 계획 전통은 근대까지 이어진다. 19세기의 대표적인 계획도시였던 파리에서는 방사형, 바르셀로나의 경우 격자형이 주를 이루고 있다. 미국의 대도시, 워싱턴 D.C., 시카고, 뉴욕 등도 이러한 전통을 따르는 대표적인 사례이다. 물론 여기서 언급한 도시들에 적용된 기하학적 원리의 차원은 차이를 보이고 있다. 차원의 문제는 앞서 언급한 계획의 규모뿐 아니라, 계획주체의 의지, 계획사조 그리고 수반되는 시간과 비용의 문제를 포함한 다양한 정치적, 경제적 요인이 작용하는 문제라 이 자리에서 전부 설명하기는 힘들다. 우선 여기서는 건축과 도시계획에서 사용되는 기하학과 비례, 그리고 규모와 차원에 따른 시각적 왜곡이 건축미학에서 중요한 부분이라는 것 정도만 알아두자. 또한 이 두 도형에 대한 논의는 르네상스 시대의 이탈리아 건축가 팔라디오를 거치면서 좀 더 정교하게 이론화되니, 참고 바란다.

이후 비트루비우스는 인체 비례와 수학의 관계를 정교하게 이론화하여 건물에 적용하려고 시도한다. 건물에 필요한 치수의 측정기준은 손가락 너비, 손바닥 길이, 발 크기, 팔 길이 등의 인체 부위를 기반으로 하며, 이들의 수와 비율을 기반으로 완전수를 도출한다. 여기서 도출된 완전수는 10과 6이다. 인간의 손가락과 발가락이 각 10개씩이니 10이 완전수라고 설명한다. 6은 발 크기가 키의 1/6, 또는 손바닥의 길이가 팔의 길이의 1/6이기 때문에 완전수라고 설명한다. 따라서 두 개의 완전수 10과 6을 더한 16이 가장 완벽한 수가 된다고 주장한다.

이 부분을 읽은 분들은 아마 절반 정도는 이해가 될 것 같다는 생각이 들 것이다. 절반이란 표현을 사용한 이유는 완전수 10은 어느 정도 이해될 법도 한데, 6은 아무리 생각해도 잘 이해가 가지 않기 때문이다. 여기에 대한 필자의 설명은 다음과 같다.

10이 6보다 상대적으로 쉽게 이해되는 이유는 오늘날 우리가 10진법을 사용하기 때문이다. 10진법은 오늘날 일상에서 사용하는 체계이니, 숫자 10은 전혀 위화감 없이 익숙하게 받아들일 수 있다. 하지만 10진법 이전에 사용되던 체계는 바로 12진법과 60진법이었다. 따라서 두 번째 완전수 6은 12진법과 60진법의 영향을 받았다고 보는 것이 더 타당해 보인다. 당시 기본이 되는 수는 6과 12, 그리고 12의 약수나 배수들이었으니 기본수 6을 완전수라고 주장했다고 추정하는 것이 합리적일 것이다. 또한 실제 고대 그리스와 로마 시대의 길이 단위들을 살펴보면, 모두 12진법을 기반으로 단위들이 형성되고 있으니 완전수 6은 당시 사람들이 상상할 수 있는 논리를 펼치기에 가장 적합한 수라고 할 수 있다. 특히 완전수 6에 대한 내용은 이후 살펴볼, 알베르티의 건축론 De Re Aedificatoria 에서도 설명이 되어 있으니, 비교해보는 것도 재미있을 것이다.

하지만 그렇다고 10과 6을 더한 16이 가장 완벽한 수라는 논리는 다소 억지스럽긴 하다. 맛있는 것에 맛있는 것을 더한다고 반드시 더 맛있는 것이 되는 법은 아니니까. 원래 비례는 전체에 대한 부분의 관계를 설명하는 것이니 우선 전체가 무엇인지 정의할 필요가 있었을 것이다. 따라서 가장 완전한 전체를 설정하고자 이런 주장을 펼쳤을지도 모르겠으나, 이는 명백한 논리의 비약으로밖에 볼 수 없다. 필자 개인적으로 완전수 16에 대한 설명은 굳이 필요한 부분은 아니라고 생각된다. 물론 수학적 완전무결함 또한 인식론적 관점에서 미학의 한 요소임을 생각하면 받아들이지 못할 주장은 아니긴 하지만.

제3권 1장 마지막 구절에서 비트루비우스는 인체에서 비례가 파생되고 인체의 부분과 전체 사이에 기본적인 수학적 비례를 기반으로 조화가 이루어진다고 설명한다. 그리고 이 논리와 마찬가지로 신전 전체와 부분을 설계할 때, 균형과 조화를 고려하여야 한다고 설명한다.

하지만 비트루비우스는 비례 자체에 관한 설명은 하였으나, 실제 건축에 적용되는 일반적 이론이나 사례를 제시하지는 않았다. 그는 제4권 1장에서 신전의 유형을 설명할 때만 구체적인 기둥의 비례만을 제시하고 있다. 남성의 키가 6피트였으므로 도리스 양식 기둥의 높이는 기둥 아래쪽 지름의 6배가 되어야 한다고 설명한다. 사실 이 정도 비례의 기둥은 아주 뚱뚱해 보인다. 이오니아 양식 기둥은 여성 신체의 비율에 따라 기둥의 높이에 대한 기둥 아래쪽 지름 비율은 1:8이 되어야 한다고 설명한다. 하지만 후에 도리스 양식은 1:7, 이오니아 양식은 1:9로 비율이 좀 더 날씬하게 조정되었다고 설명한다.

오늘날 건축에서 수학적 비례가 차지하는 중요성은 고대의 그것보다는 덜 하기는 하다. 그럼에도 비례가 형태를 구성하는 중요한 요소라는 점은 오늘날 건축에서도 마찬가지이니, 맞든 틀리든 적절한 비례를 도출하고자 하는 노력이 잘못된 것은 아니다. 하지만 신전 건축에서 완벽한 수학적 비례를 강조하던 비트루비우스는 개인주택의 비례를 설명하면서 약간 다른 입장을 보이고 있다.

> 따라서 전체적인 조화와 비례가 결정되고, 계산되면 장소의 자연조건이나 사용 또는 외관과 관련하여 적절히 완화하는 것도 현명한 건축가가 할 일이다. 또는 뭔가를 빼거나 추가하여 적절하게 디자인된 것처럼 보이고 그것을 볼 때 아무것도 놓치지 않도록 추가한다.

아마 스스로도 인체에서 도출된 경험적 측정값을 절대적인 기준으로 삼기에는 무리가 있었다고 생각했을까? 제6권의 2장에 기술된 내용에 따르면 시각적 왜곡을 감안하여 다소 비례에서 벗어나도 괜찮다고 설명하고 있다. 일부 이론가들은 비트루비우스가 이 부분을 기술할 때, 제1권에서 기술한 건축에 적용되어야 하는 기본적인 미학적 개념과 이를 적용하는 방식을 간과한 것 같다고 주장한다. 너무나 오래된 책이고 여기저기 오류도 많으며 오역된 부분들도 많으니, 충분히 할 수 있는 주장이라고 생각한다. 다만 이러한 주장의 타당성 여부를 떠나서, 필자는 조금 다르게 해석하고 있다.

비트루비우스는 비례이론의 타당성을 확보하기 위해 인체에서 도출되는 수치들을 사용한 비례를 신전 건축에 적용했다. 인체가 신의 비례를 가지고 있다는 점은 앞서 신인동형론을 통해 설명했으니, 참고하기 바란다. 인체의 비례는 이미 신인동형론을 통해 타당성을 확보했으니, 이 비례를 신전 건축에 적용한 부분까지는 논리적으로 큰 문제가 없다. 우리가 오늘날 여행 가서 보는 고대 신전 건축의 대부분은 비록 부서진 파편이긴 하나, 그것만으로도 웅장함과 비례의 아름다움을 느끼기에는 충분하다. 다시 말해 신전 정도 크기의 건물에서는, 그것도 특정한 시점에서 신전을 바라볼 때, 비트루비우스가 도출한 비례의 효과가 나타난다는 것이다. 하지만 다른 건물, 즉 신전보다 작은 일반적인 주택 등에 이 비례를 적용한다면 신전에서 보는 시각적 효과가 제대로 나타나지 않으며, 뭔가 이상하게 보인다. 필자는 비트루비우스도 분명히 이 점을 알고 있었을 것으로 추정해 본다.

쉽게 설명하자면 특정한 비례를 적용했을 때, 아름답게 보이는 건물의 절대 규모, 엄밀하게 말하면 절대 규모의 범위가 있다는 말이다. 이 규모의 범위 내에 있는 건물에서는 특정 비례가 효과를 발휘하지만, 그 외의 건물에서는 그렇지 않다. 극단적으로 이야기하면, 다양한 규모의 건물에 동일하게 적용되어 동일한 시각적 효과를 유발할 수 있는 절대적인 수학적 비례는 존재하지 않는다고 이해하면 된다. 규모에 따라 아름답게 보이는 비례는 달라질 수 있다는 의미이다. 이 논리는 건물뿐 아니라 앞서 설명한 바와 같이 도시적 규모에도 동일하게 적용된다. 정리하자면 비례는 원리이지 절대적 법칙이 아니다. 따라서 비례를 적절히 활용하고, 건물과 도시가 아름답게 보일 수 있는 규모와 시점을 찾아야 한다. 왜냐하면 건축미학에서 추구하는 최종 목표는 아름다움에 대한 직관적 이해기때문이다. 보는 사람의 입장에서는 굳이 어려운 이론을 적용하지 않더라도, 분석하지 않더라도 보는 순간 아름다움에 대한 판단이 되어야 한다. 보는 대상이 하나의 건물이든 도시든 직관적 이해가 가능해야하며, 이를 위한 보편타당한 이론적 기반이 필요하다. 이것이 비트루비우스가 비례의 시각적 왜곡에 관해 따로 설명한 이유이다. 만일 이 논리가 이해하기 힘들다면 눈앞에 보이는 아무 종이에다 황금비 1:1.618를 가진 사각형을 하나 그리고, 가만히 살펴보자. 과연 이 사각형은 아름다울까? 만약 누군가가 이 사각형이 너무나 완벽하고 아름답다고 이야기한다면, 그 사람은 아주 독특한 시각적 취향을 가지고 있거나 직관적 아름다움과 인지적 욕구 충족에 의한 만족감을 혼동하고 있는 것이다.

하지만 비트루비우스는 이미 앞에서 구구절절 수학적 비례가 절대적으로 중요하다는 점을 적어놓았으니, 자신의 말을 번복하기에는 이미 늦었다. 따라서 개인주택 크기의 건물에서는 주변과의 조건을 고려하고 시각적 왜곡을 고려해서 비례에 적절한 가감을 해야 한다고 기술한 것으로 추정된다. 물론 비례를 통해 아름다운 건물을 만들어내는 것은 충분히 가능하며, 이 경우는 건물 자체에 내재된 조형 원리만을 고려하는 것이 아니라, 주변 환경을 같이 고려해야 한다는 의미로 이해하면 될 것이다.

6. 건축십서를...

우리는 어떻게 활용해야 할까?

전체적으로 보았을 때, 『건축십서』에서 다루는 개념들은 다소 작위적인 면이 없지 않다. 따라서 『건축십서』가 건축을 평가하기 위한 기준으로 사용되기에는 부족한 점이 많다는 것이 냉정한 평가일 것이다. 따라서 비트루비우스의 이론은 건축 일반에 적용하기보다는 건축의 기본에 대한 이론 체계로서 제한된 범위에서만 활용되는 것이 타당하다고 본다.

그럼에도 불구하고 『건축십서』의 주요 부분을 구성하는 개별적인 건물에 대한 설명과 이론은 충분히 학술적 의미를 품고 있다. 특히 르네상스 이후 비트루비우스의 이론이 점점 정교하게 체계화되었고, 후기 고대 건축의 역사에도 큰 영향을 미쳤음은 부인할 수 없는 사실이다. 또한 르네상스 이후 『건축십서』가 수많은 건물에 영향을 미쳤다는 것도 부인할 수 없는 사실이다. 물론 가끔은 다소 오역되거나 오해되어 건축에 영향을 미치기도 했지만.

하지만 비트루비우스의 이론은 너무나 포괄적이고 모호하며 오류가 많다. 이론이 포괄적이라는 것은 보는 관점에 따라 장점도 될 수 있고 단점도 될 수 있다. 하지만 그의 이론을 비판 없이 건축 일반에 적용하는 것은 분명 무리가 있으며, 이를 절대적 건축 법칙으로 받아들이거나 오늘날 다시 재현하는 것은 큰 의미가 없다고 판단된다. 여기서 중요한 점은 『건축십서』의 이론들을 체계적으로 정리하여 어떤 흐름이 있는지 파악하는 것이다. 전체적인 맥락 속에서 내용을 이해하다 보면, 분명히 이 책이 이후 1500년 동안 꾸준히 회자된 이유를 알 수 있을 것이다.

물론 오늘날에도 특정한 경우 비트루비우스가 제시한 이론과 맥락에서 재해석되고 이해되어야 할 부분들도 적지 않다고 생각된다. 무엇보다도 중요한 것은 『건축십서』를 통해 건축이 학문적 정당성을 얻을 수 있는 기반을 마련했다는 사실이며, 이를 통해 (좋은) 건축의 이론적, 실천적 규범과 가치를 규정했다는 점이다. 그것이 바로 우리가 건축의 3요소로 알고 있는 구조Firmitas, 기능Utilitas, 미Venustas라는 개념이다. 이 사실 하나만으로도 『건축십서』는 분명 읽을 가치가 있으며, 비트루비우스의 이론은 시대를 아우르는 건축적 규범과 가치로 오늘날에도 여전히 유효하다.

제2장

중세 건축이론의 파편화

제2장 중세 건축이론의 파편화

 분야를 막론하고 좋은 작품이 하나 나오게 되면, 당분간은 여기저기서 아류작들이 양산되는 법이다. 물론 역사를 살펴보면 아주 천재적인 재능을 가진 작가의 작품은 아예 모방 자체가 불가능하거나 힘들기에 그냥 작가 개인이 하나의 장르가 되는 경우도 있다. 냉정하게 볼 때, 비트루비우스의 『건축십서』가 좋은(?) 이론서임은 분명하나, 모방 불가능할 정도로 뛰어나거나 독창적인 책은 아니라고 판단된다. 하지만 이상하게도 『건축십서』 이후, 건축이론은 한동안 정체기에 접어들게 된다.

 흔히 알려진 바와 같이 중세 암흑시대를 지나면서 학문, 예술, 기술 등이 정체되어 있었던 것일까? 전혀 영향을 받지 않았다고 할 수는 없으나, 요즘 역사학계에서는 중세가 재해석되고 있는 분위기이며 지금까지 상식처럼 알고 있던 암흑시대란 용어가 편견에서 비롯되었다는 주장이 힘을 얻고 있다. 굳이 암흑

시대라는 표현을 사용한다면, 서로마 제국의 멸망과 카를 대제 시대의 문예부흥 사이에 있었던 시기(476~c.800)로 압축해야 한다는 주장도 있다. 또한 이러한 편견이 르네상스 시대에 접어들면서 인본주의자들이 스스로를 고대의 계승자로 자처하면서 생긴 것이라는 주장도 제기되고 있다. 어쨌거나 과거에 관한 연구는 남아있는 흔적들로 재구성을 하는 작업이라 항상 다양한 주장이 제기되어 왔고 다양한 해석이 존재해 왔다. 어차피 지난 일이고 아무도 제대로 아는 사람은 없으니 추측과 해석이 난무할 수밖에 없는 분야이다. 굳이 이 책에서 지난 과거의 옳고 그름까지 다룰 필요는 없다고 생각되니, 이 정도로 넘어가도록 하자.

비드루비우스는 나름으로 열심히 집필했을 것이나, 그가 살던 시대를 포함해 사후 약 1400년 동안 건축이론은 관심의 대상이 되지 못한 것으로 보인다. 혹시 비트루비우스가 운이 없었던 걸까? 아니면 시대를 잘 못 타고난 걸까? 어떤 이유가 있었는지는 정확히 알 수 없으나, 비트루비우스는 살아생전 『건축십서』 덕을 전혀 보지 못했던 것으로 알려져 있다. 『건축십서』 서문에 따르면 그는 자신이 당시 건축가로서 인지도가 없다는 사실을 스스로 인정하고 있다. 그러니 책을 남겨 사후에라도 명성을 얻겠다는 나름 원대한 계획으로 집필을 시작했다고 겸손하게 표현하고 있으나, 계획이 언제나 생각한 대로만 되지는 않는다. 앞서 살펴본 바와 같이, 일부 건축가들이 건축에 관해 글을 썼다고는 알려져 있으나 증거가 남아있지 않으니 『건축십서』는 최초의 건축 문헌으로 인정받고 있다. 당시는 오늘날과 같이 인쇄술이 발달했던 것도 아니었으며, 책이라곤 그저 손으로 한자씩 베껴서 만드는 필사본이 유일했다. 오늘날도 마찬가지지만 전공서적은 일반인들을 대상으로 하지는 않으니, 생산된 필사본의 절대량은 그다지 많지 않았을 것이다. 게다가 일반인들이야 글을 모르는 사람들이 대부분이었으니, 책을 집필해서 성공하겠다는 생각 자체가 무리였는지도 모르겠다.

비트루비우스가 조금씩 다시 주목을 받기 시작한 것은 카롤루스 왕조(751~911)부터이며, 르네상스에 이르러 『건축십서』의 인기는 상상을 초월할 정도였다고 한다. 르네상스 시대의 인본주의자들은 자신들을 고대 그리스, 로마의 계승자로 자처했으니, 그들에게 당시의 문헌이나 책은 마치 성배와 같은 신성한 존재였을 것이다. 아마도 『건축십서』는 이들로 인해 어느 정도 우상화가 이루어졌던 것으로 보인다. 마치 당대에 인정받지 못했던 예술가가 사후에 갑자기 엄청난 영향력을 끼친 것과 같다고 해야 할까? 모르긴 몰라도 비트루비우스는 자신이 『건축십서』 서문에 적은 것처럼 죽어서는 2천 년이 지나도록 회자되고 있으니, 성공한 것 같기는 하다.

『건축십서』 이후, 알베르티 Leon Battista Alberti, 1404~1472가 출현하기 전까지 무려 1400년에 가까운 시간 동안 건축이론은 새롭게 연구되거나 제대로 정립되지 못했으며, 정체되어 있었던 것은 확실해 보인다. 따라서 유럽의 중세 건축이론을 정리하는 것은 상당히 까다로운 작업이다. 당시에는 어떤 독자적인 이론이나 새로운 이론이 등장한 것이 아니라, 『건축십서』의 내용들이 약간씩 수정되어 사용된 흔적들만이 발견되고 있다. 사실 여기서 다 정리하는 것은 불가능에 가깝다고 생각되나 그렇다고 1400년 동안 아무 일도 일어나지 않은 것은 아니니 그냥 넘어갈 수도 없는 일이다.

필자가 중요하다고 생각하는 몇 명의 저자와 저서들, 그리고 중세의 철학이 약간 언급될 것이다. 언급된 모든 저자들의 생애나 배경, 저서들에 대해 심도 있게 알아보는 것은 당연히 의미가 있는 일이다. 또한 중세철학의 계보와 당시의 사상적 흐름을 다루어보는 것도 분명 의미 있는 일이나, 이 책이 다루는 범위가 너무 넓어질 위험이 있다. 보통 그런 책들은 다 읽고 나면 뭘 읽었는지도 모를 수 있으며, 필자 본인도 두꺼운 책을 선호하지 않는 편이라 가능하면 압축적으로 다루도록 하겠다. 물론 이 장은 건축이론의 역사나 계보에서 크게 중요하지 않은 부분이니, 관심 없는 분들은 그냥 넘어가도 좋다. 관심이 있다면, 한 번 가볍게 훑어보는 것 정도만 권하고 싶다. 또한 워낙 자료들이 여기저기 흩어져 있던 관계로, 수집에 꽤나 고생을 했다. 자료와 출처에 대해 최대한 신중하게 검토하였으나 정말 오류가 없냐고 묻는다면, 자신 있게 그렇다고 대답하기 어려울 것 같다. 이 점에 대해서는 미리 양해를 구하고자 한다.

이 장은 건축이론에 대한 학문적 이야기라기보다는, 비어있던 시간에 대한 공백을 관련 자료와 정보로 채운다는 생각으로 가볍게 읽어주기 바란다.

1. 황제 유스티니아누스의 건축물^{Περὶ Κτισμάτων}

글로 그림을 그리는 법

동로마 제국의 황제 유스티니아누스 1세의 통치 말기(약 560년), 카이사레아 출신의 법률가이자 역사가인 프로코피우스 Προκόπιος ὁ Καισαρεύς, 500?~554?는 『황제 유스티니아누스의 건축물^{Περὶ Κτισμάτων}』에서 황제의 광범위한 건축 공사에 대해 자세히 기술하고 있다. 비트루비우스가 『건축십서』에서 아우구스투스 황제에게 감사의 글을 남겼던 것처럼, 프로코피우스 또한 그의 책에서 유스티아누스 1세를 칭송하는 글을 남겼던 것으로 보아, 프로코피우스 역시 황제의 지원을 받아 집필한 것으로 추정된다. 이 책은 유스티니아누스 1세의 명성을 후세에도 알리려는 정치적인 목적을 위해 쓰인 것으로 생각되며, 이 책에서 프로코피우스는 콘스탄티노플을 시작으로 유스티니아누스 1세가 동로마 제국에 지은 거의 모든 건물을 소개하고 있다. 정치적 목적을 떠나서 이 책에서 주목할 만한 점은 건물을 묘사하는 방식이다.

이 책에 소개된 대표적인 건물은 아야 소피아Hagia Sophia 성당이다. 현재까지 남아있는 비잔틴 건축의 대표적인 건물로 현재 튀르키에의 수도 이스탄불에 있다. 이 책에 따르면, 황제는 두 명의 건축가, 트랄레스 출신의 안테미우스와 밀레토스 출신의 이시도로스에게 설계를 맡겼다고 한다. 물론 대형 프로젝트이긴 했지만, 두 명의 건축가를 동시에 데리고 온 것으로 보아 황제에게 아야 소피아의 재건은 개인적으로 중요한 프로젝트였다는 생각이 든다. 프로코피우스의 책에는 이 둘이 책임지고 있던 아야 소피아 성당에 대한 묘사가 다음과 같이 기록되어 있다.

> 아야 소피아 성당은 최고의 광경을 선사한다 … 건물은 거의 천상의 높이로 솟아 있으며 마치 떠다니는 것처럼 다른 건물들과 분리되어 하늘 위에서 도시의 나머지 부분을 맞이하는 것처럼 보인다. 아야 소피아 성당은 도시의 일부로서 보석과 같지만, 그 자체로도 아름답다. 아야 소피아 성당은 종교시설의 전례(예배)를 위한 기능 이상의 의미를 갖고 있다.

이 구절은 아야 소피아 성당의 도시적 맥락을 매우 광범위하게 묘사하고 있다. 분명 학술적이거나, 과학적인 묘사는 아니다. 이러한 표현 양식을 에크프라시스ἔκ-φρασις라고 한다. 에크프라시스는 사물을 마치 그림을 그리듯이 생생하게 묘사하는 문학적 양식, 또는 표현기법을 의미하는 그리스어이다. 아마도 문학의 시각화라는 표현이 더 적절할 듯하다. 다음 구절을 살펴보자.

> 모든 구성요소가 믿기 힘들 정도로 높은 곳에서 서로 연결되어 공중에 떠 있는 상태는 작품에 독특하고 매우 뛰어난 조화를 주면서도 관찰자의 시선을 끌어들이고 있다. 단지 하나의 구성요소에 시선을 빼앗기는 것이 아니라 모든 개별 구성요소가 관찰자의 시선을 끌어당기고 있다. 사람들은 이 모든 요소 중에서 무엇이 더 좋은지 선택할 수 없다고 느끼기 때문에 그들의 눈은 빠르게 앞뒤로 방황하고 있다.

프로코피우스 또한 건물을 묘사하는데, 개별 구성요소와 이들 간의 조화를 강조하고 있다. 건물을 우아하게 만드는 요소는 조화와 비례이며 이를 바라보는 사람들의 행동과 심리상태까지 마치 정밀 묘사처럼 기술하고 있다. 전체 책에 걸쳐 예배를 위한 장식이나 장치들을 아주 정교하게 묘사하고 있으며, 그의 책을 읽는 독자들에게 전체적이고 복잡한 성당의 모습을 상상할 수 있게 한다. 아야 소피아 성당에 대한 설명은 성당을 건설하는 과정 중 중요한 시점에 황제가 신의 명령에 따라 개입했다는 일화로 끝나고 있다. 하지만 이러한 서술 방식이 직접적으로 건축, 또는 건축이론과 관련이 있다고 보기는 힘들다. 오히려 하나의 문학 장르라는 표현이 더 적절하지 않을까 싶다. 아마도 이 시기는 중세 건축양식이 막 발생한 시기로, 비잔틴 건축에 관한 기술적인 묘사는 거의 없었던 것으로 추정된다. 이 외에도 건축에 대한 다양한 에크프라시스들이 있으나 출처도 불분명하며 제대로 된 자료를 구할 수 없는 관계로 언급은 자제하겠다.

2. 어원학 Etymologiae

오늘날엔 인터넷, 중세엔 백과사전

『건축십서』는 중세 초기에 집필된 백과사전 중 가장 중요한 책으로 평가받는 세비야 출신의 대주교 이시도루스 히스팔렌시스Isidorus Hispalensis, c.560~636의 저서 『어원학Etymologiae』에 일부 사용된 것으로 추정된다. 『어원학』은 총 20권으로 구성된 백과사전으로 이시도루스는 말년에 이 책을 집필했다고 알려져 있다. 총 20권이라고 했으나, 『건축십서』와 마찬가지로 20장으로 구성된 단행본에 해당한다. 이 책은 당시 베스트셀러였다고 평가받고 있으며, 디군다나 요약이 잘 되어 있으니 중세 시대 내내 인기 있는 교재로 사용되었다고 한다. 내용이 뛰어나서라기보다는 시대가 시대였던 만큼 종교 관계자들의 책은 여기저기서 많이 사용되었을 것이고, 그래서 이런 긍정적 평가가 나오지 않았을까 추정을 해본다.

물론 내용이야, 오늘날 관점에서 보면 아주 신화적이고 종교적이며 조잡하기 그지없다. 하긴 당시의 지식이나 기술로 제대로 된, 게다가 내용까지 방대한 전문 서적이 나온다는 것은 분명 힘든 일이었을 것이다. 하지만 당시는 중세라는 점, 그리고 이시도루스가 대주교였다는 점을 감안해볼 때, 『어원학』이 당시 나름대로 영향력 있는 백과사전이었음을 쉽게 상상할 수 있다.

『어원학』은 백과사전답게 문법을 비롯한 언어 일반, 수학, 의학, 법, 종교, 사회 등 아주 다양한 분야를 다루고 있다. 20권 중 15권부터 도시와 건축에 관한 이야기가 등장한다. 15권의 제목은 건물과 땅De aedificiis et agris으로 도시와 장소, 건물, 땅의 종류, 측량 등에 대한 일반적인 이야기를 하고 있다. 16권은 돌과 금속De lapidibus et metallis에 대한 설명으로 오늘날로 치면 재료학 정도에 해당한다고 이해하면 되겠다. 17권은 농촌의 역할과 활동De rebus rusticis에 대해 설명하고 있다. 18권은 전쟁과 운동De bello et ludis에 대한 내용으로 다양한 무기와 운동경기를 다룬다. 19권은 선박과 건물, 그리고 의류De navibus aedificiis et vestibus를 만드는 방법에 대한 설명이다. 마지막 20권은 음식과 식사를 위한 가구, 식기 등 다양한 도구들에 대해 설명하고 있으며, 원본에는 따로 각 장에 대한 제목이 없다.

우리의 주제로 넘어와서, 약간 억지를 부리자면 15권부터 19권까지의 구성은 『건축십서』의 구성과 유사한 면이 있다고도 주장할 수 있다. 도시와 건축, 그리고 전쟁 무기 등을 다루고 있다는 형식적 공통점 정도는 발견할 수 있으나, 내용적 유사성이 있다고 보기는 힘들다. 게다가 건축이론에 대한 부분은 그 귀하다는 가뭄에 나는 콩보다 더 적게 언급이 되어 있다. 따라서 아주 관대하게 보았을 때 형식의 유사성은 어느 정도 인정되나, 내용은 건축이론과 크게 관련이 없다고 보는 것이 타당하다.

이 중 15권을 간단하게 살펴보자. 15권 1장은 도시의 기원으로 시작한다. 예루살렘을 비롯한 페르세폴리스 등 고대 도시들의 기원에 대해 설명하고 있으나, 이는 학술적 내용이라기보다는 일종의 신화나 종교적 내용을 옮겨놓은 것 같은 인상을 준다. 2장부터 6장까지는 건물의 종류에 대한 설명이다. 여기서는 공공건물, 주거지, 신전과 같은 신성한 건물, 작업장, 저장소 등에 대해 설명한다. 여기까지가 도시와 건물에 대한 아주 일반적인 설명이라고 할 수 있다. 7장부터 건물을 구성하는 요소들에 관한 내용을 다루고 있다. 7장은 건물로의 진입 De aditibus, 8장은 건물의 구성요소 De partibusa edificiorum에 대한 내용으로 기초, 벽, 모서리, 볼트 Vault, 천장, 지붕 등에 대해 다루고 있으나 구성이 일관적이지도 않으며, 내용의 학문적 깊이는 거의 없다. 다만 15권 8장에서 주범·양식에 대한 부분이 한 구절 발견된다.

> 기둥 columna 은 길이와 둥근 정도에 따라 이름이 달라진다. 기둥은 전체 구조물의 무게를 지탱한다. 고대의 비율에 따르면 기둥의 두께는 높이의 3분의 1이었다. 둥근 기둥에는 도리스 양식, 이오니아 양식, 토스카나 양식, 코린토스 양식 등 네 가지 종류가 있으며, 두께와 높이의 비율이 서로 다르다. 다섯 번째 종류는 아티카 양식으로, 네 개 이상의 각도와 같은 너비의 변이 있다.

책의 구성과 내용으로 추정해 볼 때, 이시도루스는 다섯 가지의 주범 양식에 대해 알고 있었던 것으로 생각된다. 다만 주

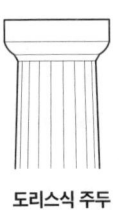
도리스식 주두

이오니아식 주두

코린토스식 주두

토스카나식 주두

컴포지트식 주두

도리스식 기초

이오니아식 기초

코린토스식 기초

토스카나식 기초

컴포지트식 기초

아티카식 기초

범 양식은 그리스 시대의 3대 양식인 도리스 양식, 이오니아 양식, 코린토스 양식과 더불어 로마 시대에 추가된 토스카나 양식과 컴포지트 양식을 포함하여, 총 다섯 개의 양식으로 구별되는데, 이시도루스는 컴포지트 양식 대신 아티카 양식으로 기술하고 있다. 논란의 여지는 있으나, 필자는 개인적으로 이 부분을 집필할 당시 이시도루스가 실수한 것으로 생각한다. 실수의 원인은 크게 몇 가지 방향으로 생각해 볼 수 있다. 첫 번째는 가장 흔한 오타의 가능성이다. 다음으로 그가 용어를 착각해서 사용했을 가능성도 있다. 주범 양식의 구별 기준은 주두capital와 비례이다. 비례의 경우, 시대에 따라 변화되었으나, 주두capital, 즉 기둥 상부에 위치한 장식의 경우 큰 변화가 없다. 다만 기둥의 기초base 부분을 구별할 때 도리스 기초, 이오니아 기초, 토스카나 기초, 코린토스 기초, 컴포지트 기초, 그리고 아티카 기초로 구별한다. 필자의 개인적 의견이긴 하지만, 이시도루스는 이 구절에서 기둥의 주두capital와 기단base 부분을 헷갈렸던 것이 아닌가 생각한다. 아니면, 이시도루스가 제대로 몰랐을 수도 있고.

이제 『어원학』 19권을 잠시 살펴보자. 19권은 선박과 건물, 그리고 의류De navibus aedificiis et vestibus를 다루고 있으나, 건축에 관한 내용은 전체의 약 4분의 1도 채 되지 않는다. 19권 8절에서 이시도루스는 건축가에 대해 이렇게 설명하고 있다.

> 그리스인들은 다이달로스가 건축술을 발명했다고 주장한다. 그는 미네르바로부터 이 기술을 처음 배웠다고 한다. 그리스인들은 이런 장인들을 기술자^{caementarius}라고 부른다. 하지만 건축가^{architectus}는 기초를 놓을 줄 아는 기술자^{caementarius}이다. 그래서 사도 바울은 자신에 대해 말하면서(고린도전서 3:10) "나는 지혜로운 건축가^{architectus}로서 기초를 놓았다."라고 말했다.

여기서 라틴어 caementarius는 원래 석공으로 번역되나, 문맥을 고려하여 기술자로 번역했다. 주목할만한 점은 이시도루스 또한 기술자^{caementarius}와 건축가^{architectus}를 구분했다는 점이다. 하지만 읽어보면 알 수 있듯이, 이시도루스의 설명은 서술적이고 신화적이며 종교적이다. 물론 그의 직업이 대주교임을 고려한다면 어느 정도 이해할 수 있으나 내용에 대한 평가는 독자들에게 맡겨야겠다. 다음으로 19권 9절의 전문은 다음과 같다.

> 건물을 짓는 데는 배치^{Dispositio}, 구축^{Constructio}, 장식^{Venustas}의 세 단계가 있다. 배치^{Dispositio}는 건물부지 또는 자리와 기초를 표시하는 것이다.

이어지는 10절에서는 구축^{Constructio}, 11절에서는 장식^{Venustas}에 대한 설명을 하고 있다.

> 구축^{Constructio}은 측면과 상부를 짓는 것이다. 구축^{Constructio}이라

고 불리는 이유는 (서로 다른 재료를) 결합하고 무언가를 고정하기 때문이다. (이는 마치) 돌을 진흙으로 결합하고 나무와 돌을 서로 고정시키는 것과 같다.

다음은 건물의 장식^{Venustas}에 관한 것이다. 장식^{Venustas}은 금으로 장식된 천장이나 화려한 대리석과 다채로운 그림으로 된 벽과 같이 장식과 아름다움을 위해 건물에 추가된 모든 것이다.

19권 9절에서 이시도루스는 건축의 3요소를 배치^{Dispositio}, 구축^{Constructio}, 장식^{Venustas}으로 정의하는 것을 알 수 있다. 필자가 Constructio를 구축으로, Venustas를 장식으로 번역한 이유는 위의 내용을 읽어보면 충분히 이해될 것으로 믿는다.

여기까지의 내용에서 알 수 있듯이 이시도루스는 비록 비트루비우스가 사용한 개념들을 다시 사용했으나, 그 내용은 비트루비우스와는 많은 차이를 보이고 있으며 과학적, 학술적 접근과는 많은 거리를 두고 있음을 알 수 있다.

3. 생드니 수도원 봉헌에 관한 다른 작은 책 Libellus Alter de Consecratione Ecclesiae Sancti Dionysii)

보고서는 오늘날만 쓰는 것이 아니다

쉬제Suger,1081~1151는 1081년경에 프랑스 하급 귀족의 가문 출생으로 알려져 있다. 그는 열 살의 나이에 이미 파리 근처의 생드니 수도원의 수도사가 되었고, 1106년에 수도원의 사절로 교황에게 파견되었다. 이후 능력을 인정받아 외교사절로 활동했다고 알려져 있다. 그는 1118년과 1121년에 국왕의 사절로 로마에 왔으며, 1122년 생드니 수도원의 수도원장으로 선출되었다.

수도원장으로 재직 중, 쉬제는 생드니 수도원을 부분적으로 재건하면서, 『생드니 수도원 봉헌에 관한 다른 작은 책 Libellus Alter de Consecratione Ecclesiae Sancti Dionysii』을 남겼다. 이 책은 전체 7장(Paragraphus)으로 구성된, 짧은 보고서의 형식으로 구성되어 있다. 하지만, 역시 건축이론과의 관련성을 찾아보기에는 무리가 있다. 오늘날로 치면, 공사보고서에 해당한다고 이해하면 좋을 것이다. 굳이 이 글을 살펴보는 이유는 아주 짧게 묘사된 건축 미학적 견해에 관한 내용 때문이다. 다음의 구절은 제2장에서 발췌한 내용이다.

이 놀라운 짧은 기간의 행복한 기회에, 신도들의 수가 늘어

> 나고 성인들에게 기도를 드리기 위해 사람들이 자주 모이면서, 앞서 언급한 대성당은 종종 특히 엄숙한 날에 그러한 문제를 견뎌내야 했다. 문마다 군중이 넘쳐났고, 들어온 사람들이 들어가지 못했을 뿐만 아니라, 이미 들어온 사람들도 앞서 들어온 사람들에게 쫓겨나서 떠나지 않을 수 없었다.

여기서 쉬제는 수도원 공간이 부족하니, 증축, 또는 확장이 필요하다는 주장의 근거를 제시하고 있다. 수도원 본당의 양식을 유지하고 새로운 양식의 성가대와 아트리움을 추가한 것으로 미루어보아, 그는 나름 수도원의 미학적 문제를 인식하고 있었던 것으로 생각된다.

> 따라서 많은 비용과 수많은 근로자 덕분에 우리는 3년 동안 여름과 겨울에 이 작업을 완료하기 위해 노력했다. (건물) 중앙에 있는 12개의 기둥은 12명의 사도를 나타낸다. 두 번째 기둥 그룹은 회랑에 있는 선지자들의 수를 나타내며, 영적으로 건축한 사도에 따르면 갑자기 건물이 다른 크기로 투사되었다.

쉬제는 12개의 기둥이 십이사도를 가리킨다는 것을 언급했는데, 이는 당시 널리 퍼진 우상학적 개념에 해당하는 것으로 보인다. 하지만 여기서 그는 공식적으로 수도원 건축에 대한 개요를 전혀 다루지 않았다. 따라서 누가 계획을 했는지, 누가 공사를 했는지 등에 대해서 정확히 알 수는 없다. 어쨌거나 다양한 기록을 참고한 결과, 쉬제는 생드니 수도원을 아야 소피아 성당에 버금가는 화려한 건물로 만들고 싶어 했던 것으로 추정된다. 하지만 실제 당시 생드니 수도원의 위상이 어땠는지는 추정만 가능할 뿐이며, 건축과 관련해 남아있는 기록은 이를 제외하고 전무하기 때문에, 더 이상의 평가는 어렵다고 생각된다.

4. 13세기 스콜라철학과 학문적 전제조건

중세 사람들은 뭘 공부했을까?

앞서 살펴본 자료들은 모두 종교와 신학에 기반을 둔 건축에 대한 저술이었다. 하지만 아무리 신神의 권력이 절대적이었다고 해서 중세 사람들이 그냥 하늘만 쳐다보고 기도만 하면서 살지는 않았을 것이다. 나름 시대상에 부합하는 과학적 사고방식은 이미 고대부터 있었으나, 중세에는 단지 이러한 신학적 사고방식이 더 영향력 있는 패러다임이었다는 것이 정확한 표현이라 생각된다. 물론 신학이라고 해서 무조건적 믿음을 강요하는 것은 아니었으며, 나름의 논리체계는 분명 존재했고, 그 논리는 스콜라철학에 기반을 두고 있었다.

흔히 스콜라철학Scholar philosophy을 교부철학과 같은 것으로 보거나, 중세에 발생한 철학으로 잘못 알고 있는 분들이 꽤 많은 것으로 알고 있다. 교부철학敎父哲學, patristic philosophy은 교부, 즉 이단에 맞서 교회의 이론을 세운 사람들의 기독교 신학을 바탕으로 하는 철학을 일컫는다. 그 기간은 보통 약 1~2세기에서 4세기 정도까지로 본다. 스콜라철학의 기원은 교부철학이 끝나던 4세기로, 근대철학이 등장하기까지 영향력을 발휘했다. 스콜라철학은 로마 가톨릭의 교부철학을 기반으로 했으나 방법론에서는 완전히 다르다. 간단히 말하자면 교부철학은 신학 자체를 철학적으로 논하는 것이며, 스콜라철학은 신학을 기반으로 철학적으로 논하는 정도의 차이로 알면 될 것이다.

13세기 건축에 대한 과학적, 신학적 이해를 위해 스콜라철학과 그 전제조건에 대해 알아야 할 필요가 있다. 별것은 아니지만, 스콜라철학의 전제조건은 우주를 해석하기 위한 기하학과 수학이다. 세계의 질서를 구성하는 원리로서 수의 중요성과 이를 시각적으로 나타내는 기하학은 고대에 피타고라스, 플라톤 철학에서부터 이미 강조되어왔다. 여기에 만물의 움직임을 해석하기 위해 도입된 물리학을 더해, 과학적 사고의 기반이 되는 학문이라 한다. 이러한 학문적 전통은 이후 근대철학의 기반에도 영향을 미치게 되니, 그 영향력을 결코 간과해서는 안 될 것이다. 공부의 기본은 국, 영, 수가 아니라 기하학, 수학, 물리학이다. 이 또한 상식으로 알아두자.

아우구스티누스Aurelius Augustinus Hipponensis, 354~430는 이러한 스

콜라철학의 전통에 기반하여 『음악론De musica』을 집필했다. 아우구스티누스의 견해에 따르면 음악과 건축은 모두 수에 기반을 둔 자매와 같은 존재이며, 수는 모든 미적 완벽함의 근원이 된다. 다만 여기서 한 가지 주의할 점이 있다. 나중에 알베르티의 건축이론에서도 언급하겠지만, 건축과 음악을 동일시하는 오류를 범해서는 안 된다는 것이다. 아우구스티누스가 강조한 것은 음악과 건축을 구성하는 기본 원리에 관한 이야기이다. 사람도 원자로 구성되어 있고, 개도 원자로 구성되어 있으니 사람과 개가 동일하다고 보는 것은 명백한 논리적 오류이다. 여기에 포유류라는 상위범주로 논의를 확장해서 동일성을 주장하는 것 또한 명백한 논리적 비약이다. 기본 원리와 적용은 분명히 차이가 있다는 점을 잊지 말자.

어쨌거나 이러한 전통을 이어받은 아우구스티누스와 보에티우스를 통해 수학적 관계에 기초한 미학은 중세의 주류로 자리 잡게 된다. 여기서 중요한 점은 철학적, 신학적 전제는 중세 건축 기하학의 학문적 기초였다는 것이다. 하지만 여기에 관한 다양한 문헌들이 매우 많음에도 불구하고, 철학적, 신학적 전제가 어느 정도로 건축에 영향을 미쳤는지는 여전히 논란이 있다고 평가된다.

5. 스케치북 Album de dessins et croquis

그림책은 아이들만을 위한 것이 아니다

빌라르 드 오네쿠르 Villard de Honnecourt는 프랑스 북부 피카르디 출신의 13세기 예술가이자 건축가였다. 그의 생애에 대해서는 알려진 바가 없으며, 단지 그가 『Album de dessins et croquis 스케치북』이라는 일종의 포트폴리오를 남겼다고만 전설처럼 전해져 내려오고 있다. 19세기 중반에 발견된 이 책은 33장의 양피지로 구성되어 있으며, 약 250개의 그림과 부분적인 해설이 수록되어 있다. 건축 관련 스케치 및 부분 도면을 비롯하여, 다양한 인간과 동물, 무한동력기관, 투석기 등에 대한 그림과 설명이 주를 이루고 있다.

다행히 후대에 스케치북 사본에 대한 다양한 해설판이 나와 있으니, 참고하기 바란다. 여기서는 1859년 출판된 존 헨리 John Henry 와 제임스 파커 James Parker 의 『Facsimile of the Sketch-book of Wilars de Honnecourt, an Architect of the Thirteenth Century』에 나온 내용을 조금 다루어보겠다. 이 해설서는 250여 개의 원본 그림들을 64쪽 plate 으로 나누어 설명하고 있으며, 신성한 인물, 세속적인 인물(일반인), 동물, 건축과 건설로 크게 네 개의 범주로 나누고 있다. 여기서 건축과 건설은 다시 도면, 기하학, 조적, 목공, 기계 등으로 세분된다. 이러한 구분은

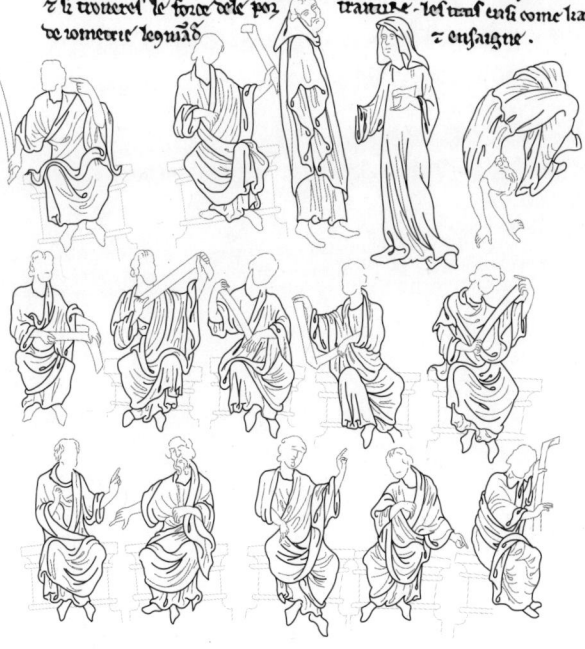

스위스의 미술사가 한스 로베르트 한로저Hans R. Hahnloser의 구분과는 다소 차이를 보이고 있다. 한로저는 그의 해설판Villard de Honnecourt. Kritische Gesamtausgabe des Bauhüttenbuches ms. fr. 19093 der Pariser Nationalbibliothek에서 그림과 해설의 내용을 건축 도면, 건축의 응용, 조적과 기하학, 목공 및 기계, 인간의 형태, 동물 표현, 초상화로 구분했다.

해설판 두 번째 쪽plate의 내용을 살펴보자. 그림에 적힌 설명의 내용은 다음과 같다.

> 여기에 봉인된 열두 사도가 그려져 있다. 빌라드 드 오네쿠르Villard de Honnecourt는 여러분에게 성의를 표하며 이 책에 포함된 다양한 종류의 작업에서 수고하는 모든 사람에게 그의 영혼을 위해 기도하고 그를 기억해 달라고 간청한다. 이 책에서 (우리는) 석조의 위대한 기술과 목공 기술에 대한 많은 조언을 발견할 수 있을 것이다. 또한 우리는 이 책에서 그림을 그리는 기술을 발견할 것이고, 기하학에 필요한 기본을 배울 것이다.

윗부분의 설명에서 빌라드는 이 책의 목적에 대해 명시적으로 언급하고 있다. 그는 석조와 목공 기술, 즉 당시의 건축기술과 이를 그림이나 도면으로 표현하기 위한 기술과 지식에 언급하는 것으로 보아 이 책이 건축이나 미술에 종사하는 이들을 대상으로 하는 책이라는 점은 분명해 보인다.

여기서 필자가 주목하는 부분은 빌라르가 이 책을 쓴 목적이다. 앞서 살펴보았던 황제 유스티아누스의 건축물, 어원학, 생드니 봉헌에 관한 다른 작은 책과 비교해 볼 때, 그는 문학작품이라든지 단순한 보고서를 위해 쓴 것은 아니라고 추정된다. 그의 책은 기본적으로 스케치와 그림들이 주가 되며 여기에 설명이 뒷받침되어 있다. 따라서 이는 건축이든, 미술이든 적어도 실무를 하는 이들을 위한 매뉴얼의 성격이 강하다고 판단된다. 특히 여기저기 흩어져 있는 건축 도면들을 모아보면 평면, 입면, 부분 평면, 부분 단면, 첨탑 투시도, 장미창 등에 대한 성당 건물의 거의 모든 요소를 표현하고 있다.

초상화에 관한 부분은 이 책 전체에서 가장 특이하다고 판단된다. 이 책의 35쪽 plate에서 빌라르는 다음과 같이 설명하고 있다.

여기에서 쉽게 작업할 수 있도록 기하학 분야에서 가르치는 기본적인 그리기 원리의 기법이 시작된다.

빌라르는 인간과 동물의 형태를 기하학과 연결한 특이한 방법을 사용한다. 지금까지 형태는 주로 신, 또는 자연에서 파생되었으며 기하학적 도형들은 주로, 정사각형, 원들로 이들의 역할은 정확한 치수를 제공하여 파생된 형태의 전체와 부분 간의 수학적 비례 관계를 형성하는 것이 일반적이었다. 하지만 여기서는 일반적인 비례와는 달리, 형태는 더 이상 유기적 형태의 차원

스케치북 제35쪽

에서 파생되지 않고 독립적인 기하학적 형태(정사각형, 원, 삼각형 및 오각형)가 인간과 동물에 투영된다. 사람의 얼굴에 다양한 도형을 대입한 그림을 보면 억지스러운 면이 없지 않아 있다. 물론 사람마다 얼굴의 형태가 다르고 이와 최대한 가까운 기하학적 도형을 선택한 것으로 이해할 수 있으나, 분명히 과장되어 있다. 이런 기법은 오늘날로 치면, 과장되게 만화를 그리는 것과 유사해 보인다. 헨리와 파커는 그들의 해설서에서 각각의 기하학적 형태가 예술가들에게 고유한 형태적 다이어그램을 제시하는 것이 그림을 그리기가 더 좋기 때문이라는 이유를 제시하는데, 설득력은 크게 없어 보인다. 특히 사람의 얼굴과 독수리에 별 모양의 펜타그램을 사용한 이유로 중세 신비주의의 영향을 언급하고 있는데, 필자는 개인적으로 이해하기 힘들다.

또한, 여기서 신체에 삼각형을 대입하는 것은 신체의 윤곽과 움직임의 방향을 설명할 수는 있지만, 신체와 팔다리 사이의 비례 관계를 무시하는 해석으로 보아야 한다. 분명 빌라르에게는 어떤 이유가 있어 이렇게 그렸음은 분명하나 아직은 설명이 부족하며 여러 방면으로 연구가 필요해 보인다. 다음으로 37쪽 plate에 나온 성당의 평면을 살펴보자.

평면도는 실제로 통로의 폭과 기둥 사이의 간격을 모듈로 사용하여 그려진 것을 알 수 있다. 나머지 평면도와 입면도는 중세 고딕 건물이 기하학적 법칙에 따라 계획되었다는 증거일 수는

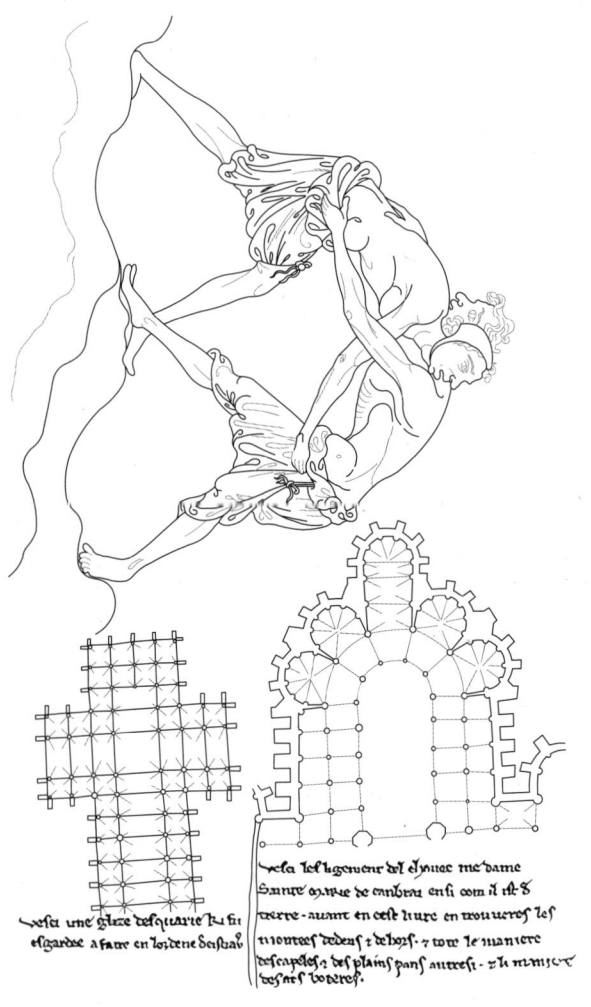

스케치북 제37쪽

있으나, 빌라르의 책에 나와 있는 사례만으로 일반화시키기에는 무리가 있다.

논외이긴 하지만, 중세의 고딕건축에 대해 신비주의적 음모론을 제기하는 경우가 가끔있다. 이런 신비주의적 음모론은 시대를 막론하고, 어느 분야에서나 제기되는 것이긴 하지만, 중세 고딕건축에 대한 규정 및 이른바 건축적 비밀에 대한 문제는 건축이론의 범위를 벗어나는 문제라고 생각된다. 왜냐하면 이러한 문제에 대한 논의는 주로 중세 시대에 대한 역사적 해석 중 하나이기 때문이다. 소설이나, 영화 등의 소재로는 분명 흥미로우나, 이론에 직접적으로 적용하기에는 분명 무리가 있다고 판단된다.

6. 15~16세기 독일의 고딕양식 건설기술지침서

역시 기술은

이번에 살펴볼 책은 1486년 출판된 일종의 석공들을 위한 기술지침서이다. 심지어 출판본이 존재한다. 레겐스부르크 대성당 건축업자 마테우스 로리쳐Matthäus Roritzer의 『첨탑의 올바름에 관한 소책자Büchlein von der Fialen Gerechtigkeit』라는 제목의 책이다. 기하학을 기반으로 고딕양식의 첨탑 건설을 위한 설계 방법이

자세히 설명되어 있다. 불과 30여 쪽에 달하는 소책자로 제목 그대로 첨탑에 대해서만 다루고 있다.

이와 거의 같은 시기에 뉘른베르크 출신의 한스 슈무터마이어Hans Schmuttermayer의 『첨탑에 대한 소책자Fialenbüchlein』가 등장했는데, 이는 동일한 작업에 대해 유사한 기하학적 원리에 대해 설명하고 있다.

1516년에 작성되었지만 16세기 후반에 두 권의 사본으로만 알려진 『석공기술지침서Steinmetzbuch』는 로렌츠 라허Lorenz Lacher가 썼으며, 로리쳐와 슈무트마이어의 책보다 훨씬 더 광범위하게 성당 거의 모든 구조적 부분을 다루고 있다.

『석공기술지침서』 외에도 1435년에 제작된 한스 뵈블링어Hans Boeblinger의 『나뭇잎 장식에 관한 책Blattmusterbuch』과 같은 특별한 장식 패턴 책도 제작되었다.

15세기와 16세기에 제작된 고딕건축 관련 책들이 모두 독일 남부에서 왔다는 것은 주목할 만한 일이다. 하지만 이 후기 고딕 석공들의 책들이 13세기의 건축적 사고방식과 디자인 방법과 어떤 연관성을 갖는지는 아직 명확히 밝혀지지 않았다. 어쨌든 이 서적들은 오래된 전통을 대표하며 당시를 대표하던 이탈리아에서 발생한 건축이나 이론과는 별개로 보아야 할 것이다.

7. 중세는...

누가 대신 공부 좀 해줬으면 좋겠다

앞서 언급했듯이, 건축에 관한 중세 시대 문헌 자료들은 너무나 잡다하고 파편적이며 다양하다. 또한 그 자료들에 수록된 내용들이 정말 건축에 대한 지식이 있는 저자들에 의해 쓰였는지 정확히 알 길도 없다. 큰 내용들만 요약하자면, 중세건축과 관련된 신학적, 철학적, 수학적, 기하학적인 내용들이 대부분이며 일부는 문학적 성격이 강하며 일부는 기술적 성격이 강하다. 조심스럽긴 하지만, 이런 다양한 분야들이 맥락 없이 파편적으로 언급되었다는 점은 중세의 건축이론 수준이 그다지 높지 않았다는 방증일 수도 있다. 또한 내용 자체가 합리적이고 과학적이라고 하기에도 분명 무리가 있다. 하지만, 역설적으로 중세는 비잔틴, 고딕 등, 다양한 건축양식이 생겨나고 발전한 시기이기도 하다. 필자는 중세 건축이론에 대한 평가를 제대로 내릴 수는 있을까? 라는 의구심을 항상 머리 한쪽에 가지고 있긴 하다. 굳이 평가하자면, 적어도 건축에 있어 중세는 그냥 질풍노도의 시기 정도로 평가하고 있으나, 분명 다른 평가를 하시는 분들도 있을 것으로 믿는다.

본문에서 언급했듯이, 중세가 지나고 르네상스가 시작되면서 비트루비우스에 대한 관심이 점차 고조되기 시작한다. 일반적인 역사의 발전과정을 살펴보면, 어떤 일이 발생하기 전에는 항상 어느 정도의 전조가 있기 마련이나 중세의 건축사나 이론의 계보는 아무리 살펴보아도 어떤 전조를 찾기는 힘들다. 지나간 역사에 대한 문제이니 앞으로 다양한 연구와 해석이 나올 것으로 기대된다. 어쨌든 건축이론을 연구하는 입장에서 봤을 때, 중세는 정말 난해한 시기이며 그만큼 흥미로운 시기임은 분명하다.

제3장

레온 바티스타 알베르티와 건축론

제3장 레온 바티스타 알베르티와 건축론

Less is More. 근대 건축의 거장 중 한 명인 독일의 건축가 미스 반 데어 로에Ludwig Mies van der Rohe, 1886~1969가 남긴 말이다. 미니멀리즘을 이렇게 잘 표현한 말이 있을까? 물론 요즘에야 이 말이 나오게 된 사회적 배경을 모르고 그냥 멋지게 보이니까 사용하는 사람들이 더 많긴 하다. 그가 남긴 대표적 건물 중, 그의 건축 철학을 가장 직관적으로 보여주는 건물은 바로 바르셀로나 파빌리온이다. 몇 개의 벽과 기둥, 그리고 지붕으로 너무나 단순하게 구성된 바르셀로나 파빌리온은 미니멀리즘 건축의 정수로 평가받고 있다. 그런데 흔히 알고 있듯이 건축적 미니멀리즘은 근대에 시작된 것이 아니다.

중세 건축이론의 발전과정을 보면 떠오르는 속담이 바로 '가뭄에 콩 나듯 한다' 이다. 학자마다 견해의 차이는 있으나 일반적으로 5세기 후반에서 15세기 중반까지 약 천년 정도를 중세로 보고 있다. 아마 중세 건축을 유심히 살펴본 분들은 분명 한 번 정도 스스로 이런 질문을 하실 것으로 생각된다. 중세를 거치면서 유럽의 건축은 과연 발전했다고 평가할 수 있을까? 이런저런 생각들이 머리를 스치겠지만, 아마도 확신을 가지고 그렇다, 아니다로 대답하기는 힘들 것으로 생각한다. 그러나 어쨌든 중세는 로마네스크, 고딕과 같은 새로운 건축양식이 생겨나고 발전되었던 시기가 아니었던가? 한 분야에서 새로운 양식들이 나타났다는 사실은 - 좋고, 나쁨을 떠나서 - 분명 의미 있는 일이며, 이는 중세의 건축이 단지 제자리에 머물러있지 않았다는 방증이기도 하다. 하지만 이론 분야에서는 비트루비우스의 『건축십서』 이후 발견된 중세의 건축에 대한 기록들이 매우 파편적이고 단편적이었던 것은 분명한 사실이다.

비록 얼마 되지도 않지만, 당시 발견된 건축과 관련된 문헌들의 성격은 크게 두 부류로 정리될 수 있다. 일부는 추측과 감상을 기반으로 마치 문학작품처럼 쓰였으며, 다른 한편으로는 중세 장인들의 경험을 기반으로 실무적 매뉴얼의 성격을 띠게 되었다. 하지만 시간에 비해 발견된 문헌의 절대적인 양은 말도 안 되게 부족하다는 것도 사실이다. 이러한 사실로 미루어볼 때 필자는 중세 건축의 기술적, 실무적인 발전은 있었으나 이론 분야는 침체기를 겪었다고 평가한다. 따라서 적어도 중세의 건축이론은 학문으로서, 그리고 규범으로서 역할을 제대로 하지 못했다고 평가하고 있다.

중세를 암흑시대라 칭하든, 아니면 새로운 평가가 필요하다고 판단하든지 간에, 천년의 시간 동안 어떤 식으로든 무수한 작은 변화들이 있었던 것은 충분히 상상할 수 있는 일이다. 하지만 보통 작은 변화의 축적은 임계점에 이르기 전에는 표면적으로는 드러나지 않기 마련이다. 그러다 어느 순간, 어느 특정한 사건이나 계기로 인해 잠재력의 폭발이 이루어진다. 바로 르네상스의 등장이다. 드디어 초기 르네상스에 이르러서야 건축뿐 아니라, 사회 전반에 걸친 변화가 나타나게 된다. 학문과 예술, 사상이 기존의 영향력에서 벗어나 자율적으로 변화하고 발전하기 시작했고, 이와 더불어 이들의 기능과 원리에 대한 체계적 성찰의 필요성이 대두되었다. 과학적, 이성적 세계관의 도입과 더불어 현실에서 일어나는 현상들이 측정 가능하다고 믿었으며, 특히 학문과 예술은 이러한 현상을 반영하는 거울과 같은 역할을 하는 것이라고 믿었다. 이를 위해서는 현상을 설명하는 법칙과 학문과 예술의 법칙은 동일하거나 유사하게 작용해야 한다는 전제가 충족되어야 했다. 따라서 학술적, 예술적 정의를 내리고 체계를 확립하는 것은 특정 분야가 세계를 바라보고 해석하는 보편적 법칙을 설명하고 확립하는 것을 의미했다.

물론 르네상스에 대해서는 다양한 해석과 비판이 있다. 하지만 이는 어디까지나 과거에 대한 해석의 문제로 필자는 르네상스의 시작이 이랬느니, 저랬느니, 좋았네, 나빴네, 하는 문제와는 거리를 두고 싶다. 원래 이런 거대한 변화에는 항상 밝은 면과 어두운 면이 공존하기 마련 아닌가? 사람 사는 세상에 마냥 좋기만 한 것도, 마냥 나쁘기만 한 것도 없는 법이다. 어쨌든 중요한 것은 중세를 호령하던 신神께서 인간에게 앞자리를 물려주고(혹은 빼앗겼을 수도 있고) 뒷방으로 물러났다는 사실이다.

다음의 내용은 - 비록 논란의 여지는 있지만 - 앞으로 나올 본문을 이해하기 위해 반드시 필요하다고 판단되니, 미리 언급하고 시작해야겠다. 필자는 르네상스의 핵심을 학문과 예술의 지위가 동등해야 한다는 근대적 시대정신Zeitgeist의 등장이라고 생각한다. 조금 과도한 해석일 수도 있으나, 이러한 시대정신의 등장은 단지 르네상스의 시작일 뿐 아니라 근대의 시작이라고 평가해도 좋다는 것이 필자의 견해이다. 왜냐하면 이러한 시대정신의 배경에는 학문과 인간 이성이 가지고 있는 한계를 인식하고 극복하고자 하는 노력이 있었기 때문이나. 스스로의 한계에 대한 인정과 반성, 그리고 새로운 해법을 찾기 위한 노력, 이것이 바로 르네상스의 핵심이다. 이러한 시대정신을 거슬러 올라가면 그 시작에는 고대 그리스 철학이 자리 잡고 있다는 것은 결코 우연이 아닐 것이다. 르네상스의 시작이 고대 그리스와 로마의 문화, 사상, 예술을 본받아 인간중심의 정신을 되살리려 한 것이니 어찌 보면 당연한 일일지도 모르겠다. 하지만 엄밀히 말하자면, 당시 시대정신을 실현하기 위한 방법론이 고대 그리스, 로마의 인간중심 사상으로 회귀하자는 것이지 무작정 과거를 복원하자는 것은 아니라는 점은 알고 넘어가자. 이후 이러한 시대정신은 시간과 더불어 더욱 정교해지며 근대사상의 정점을 찍게 된다.

인본주의가 시작된 초기 르네상스는 아직 중세 시대에 훈련받은 학자들과 예술가와 공예가들이 활동하던 시기였다. 하지만 극히 일부를 제외하고 당시 학자들과 기술자들은 그들에게 필요했던 과학적, 합리적 요구를 충족할 만큼 지적으로 성숙하지는 못했다고 평가된다. 다시 말해 당시 활동하던 건축가나 예술가들이 자신의 견해를 합리적이고 체계적으로 표현하는 능력이 부족했다고 생각하면 될 것이다. 그들의 지적 능력을 의심하거나 비하하는 것은 절대 아니다. 이러한 결과의 원인은 당시 그들이 받았던 중세 교육의 문제이다. 사람은 보통 배운 대로 생각하고 행동하는 법이다. 당시 그들에게는 중세의 교육과 사고와 행동의 패러다임은 당연한 것으로 여겨졌을 것이다. 시간이 필요했다. 자의든 타의든, 천년이 넘는 시간 동안 형성된 사고와 행동 방식의 관성이 한 번에 바뀌는 것은 누가 보아도 힘든 일이 아닌가? 하지만 어느 시대에나 어느 사회에나 다음 단계로 넘어가기 위한 잠재력은 존재하는 법이다. 그리고 축적된 잠재력은 어느 순간을 계기로 폭발하게 된다. 드디어 건축과 예술 분야에서 이 잠재력을 폭발시킨 사람이 등장하니, 그가 바로 레온 바티스타 알베르티 Leon Battista Alberti, 1404~1472이다.

1. 알베르티 Leon Battista Alberti 에 관하여

알베르티는 천재?

레온 바티스타 알베르티는 15세기 전반에 걸쳐 건축뿐만 아니라 회화와 조각, 인문학 등 다양한 분야에 걸쳐 중요한 이론을 남긴 인물이다. 우선 그의 직업에 대해서 잠깐 알아보자. 그는 인본주의자이자 작가이면서 수학자였다. 르네상스 초기 건축가이기도 했으며, 예술과 건축이론가이자 금속세공 장인이자 조각가이기도 했다. 오늘날에는 한 사람이 이렇게 많은 분야를 섭렵한다는 것은 상상하기 힘든 일이지만, 불과 근대 이전까지만 해도 한 개인이 다양한 분야를 다루는 것은 불가능한 일은 아니었다. 당시는 오늘날과 같이 개별 학문 분야가 뚜렷하게 분리가 된 것도 아니었다는 특수한 상황이었기도 하지만, 기본적으로 하나의 분야를 잘하기 위해서 연관된 다른 분야들 또한 두루 섭렵해야 했기 때문이다. 물론 다들 그렇게 잘했다는 것은 아니며, 일부 뛰어난 재능이 있는 사람들에 관한 이야기다.

알베르티는 1404년 2월 14일 로렌조 디 베네데토 알베르티 Lorenzo di Benedetto Alberti 와 비앙카 피에스키 Bianca di Carlo Fieschi 의 두 번째 사생아로 제노바에서 태어났고, 어린 시절을 베니스에서 보냈다. 알베르티의 아버지 로렌조는 피렌체 상인 중에서 꽤나 힘을 가졌던 것으로 알려져 있다. 하지만 화무십일홍花無十日紅이

요, 권불십년權不十年이라 했던가? 로렌조는 당시 권력투쟁에서 패하고 피렌체에서 추방된다. 알베르티는 1416년부터 1418년까지 이탈리아 파도바에서 가스파리노 바르치차Gasparino Barzizza에게 인문학을 배운 후 볼로냐에서 교회법을 공부했다. 아버지 로렌조의 죽음 이후, 재정적 문제로 인해 다시 파도바로 옮겨 물리학, 수학을 공부했으나 여러 문제로 인해 1428년까지 교회법 박사 학위를 받지 못했다고 알려져 있다. 하지만 알베르티는 문학작품과 속라틴어Latina vulgata, 2세기에서 6세기경 사용되던 구어체 라틴어 연구에 관한 일련의 논문을 썼고, 이를 통해 두각을 나타낸 것으로 알려져 있다.

1428년 교회법 박사 학위를 받음과 동시에 교황은 알베르티의 추방을 해제하였고, 비로소 그는 아버지의 고향인 피렌체로 돌아갈 수 있게 되었다. 하지만 1428년부터 1432년까지 그가 어디에 머물렀는지는 정확한 기록이 존재하지 않는다. 다양한 추측들이 있으며, 피렌체를 잠시 방문했다는 설도 있으며 알베르티가 추기경의 수행원을 데리고 프랑스, 독일, 벨기에를 여행했다는 설도 있으나 공식적으로 증명된 바는 없다. 알베르티의 행적에 대해 공식적 기록이 남아있는 것은 1432년 이후이다. 1432년부터 1434년까지 그는 그라도 총대주교인 블라시우스 몰린Blasius Molin의 비서가 되었고 로마에 거주했으며, 로마 교황청에서 문서약어기록관Abbreviator 직책을 맡게 된다. 그는 로마에 머물면서 당시 중요한 인문학자들을 만나 친분을 쌓았으며, 로마의 고대건축과 비트루비우스의 『건축십서』를 연구하는 과제를 맡았던 것으로 알려져 있다.

1434년 그는 『가족에 관하여Della Famiglia』를 썼고, 1434년 교황 에우제니오 4세와 함께 피렌체로 간 후, 그곳에서 브루넬레스키Brunelleschi, 도나텔로Donatello, 기베르티Ghiberti 등의 영향력 있는 예술가들과 친분을 다졌다고 한다. 1435년에 그는 라틴어로 『회화론De Pictura』을 집필했으며, 이 작품을 1436년에 속라틴어Latina vulgata로 번역하여 브루넬레스키에게 헌정했다. 1436년에 그는 교황청을 따라 볼로냐로 갔고, 1438년에는 동서방 교회 공의회가 열렸던 페라라로 갔다가 1439년에 다시 피렌체로 돌아왔다.

1443년 알베르티는 다시 로마로 돌아와 1472년 4월에 죽을 때까지 로마에서 거주하며 일한 것으로 알려져 있다. 그의 가장 중요한 저서로 꼽히는 『로마서술Descriptio Urbis Romae』, 『조각론De Statua』 등이 이 시기에 완성되었다. 그리고 알베르티는 1452년 건축에 관한 10권의 책인 『건축론De Re Aedificatoria』을 완성하였다. 참고로 이 책 또한 비트루비우스의 건축십서와 마찬가지로 10장으로 이루어진 단행본이다.

앞에서 언급한 경력을 살펴보면 화려하다는 말밖에 할 수 없다. 당시의 상황을 고려하더라도 이렇게 다양한 분야에서 이 정도 성과를 거둔 사람이 있었을까? 당시 인본주의자 중 한 명이었던 라포 다 카스티요키오 Lapo da Castiglionchio 는 알베르티를 다음과 같이 칭찬했다고 한다.

> 그의 이해력은 너무나 뛰어나 다른 사람과 비교할 수 없습니다. 그는 자신의 마음이 어떤 분야로 향하든 다른 모든 분야를 쉽게 능가하는 그런 사람입니다.

물론 이런 칭찬의 이면에는 알베르티의 피나는 노력이 있었을 것이나 선천적으로 뛰어난 재능을 가지고 태어났음은 분명한 것 같다. 너무 다재다능했던 탓일까? 화려한 경력에 비해 알베르티가 건축에 직접적으로 뛰어든 시기는 상대적으로 늦었으며, 알베르티가 건축론 집필을 시작했을 당시 건축가로서 경력은 거의 없었다. 그의 건축이론과 건축물 사이에서 괴리가 나타나는 것은 바로 이런 이유 때문이다. 알베르티가 건축에 관련된 일을 맡게 된 시기는 1447년으로 그의 나이는 약 45세 전후였다. 당시 니콜라스 5세는 알베르티에게 고대 로마의 수로水路 아쿠아 베르지네 Aqua Vergine 의 복원을 의뢰했고, 1452년 알베르티는 이탈리아 북부 리미니에 말라스티아노 성당 Tempio malatestiano 의 개축을 맡게 된다. 이후 1455년경 피렌체에서 루첼라이 궁전 Palazzo Rucellai 의 파사드 설계, 이어서 1457년 성묘사원 Tempietto del Santo Sepolcro 을, 1470년에는 산타마리아노벨라 성당 Basilica di Santa Maria Novella 의 파사드를 설계했다. 그리고 만토바에서 1460년부터 산세바스티아노 교회 Chiesa di San Sebastiano를, 1472년부터 성 아드레아 성당 Basilica of Sant'Andrea의 개축을 맡아 진행한 것으로 알려져 있다. 알베르티의 건물도 물론 중요하다. 하지만 여기서는 그의 저서『건축론』과 그의 건축이론에 대해 초점을 맞추도록 하자.

2. 건축론 De Re Aedificatoria에 관하여

알베르티의 건축론은 표절이다?

알베르티의 건축론 De Re Aedificatoria은 1443년에서 1452년 사이에 쓰인 것으로 알려져 있다. 원래 제목 De Re Aedificatoria를 그대로 번역하면 '짓는 것에 관하여'라는 의미로 해석된다. 단어의 번역과 의미에 대해 민감하신 분들이 있을지 모르니 오해를 방지하기 위해 미리 언급하고 넘어가야겠다. 사실 건축이라고 하든, 건물이라고 하든, 짓는 것이라고 하든, 책의 내용이나 의미 자체가 크게 변하지는 않는다. 물론 특정 부분에서 구별이 필요하긴 하지만, 그런 부분이 많은 것도 아니다. 굳이 따지자면, 알베르티가 짓는 것이라는 단어를 사용한 것은 애초에 비트루비우스가『건축십서』에서 건축을 건물을 짓는 것과 시계 제작, 기계공학, 이렇게 세 가지로 분류한 것에 착안했으며, 그 중 건물을 짓는 것에 초점을 맞추었다고 할 수 있다. 또한 이미 국내에 출판된 번역본의 제목 또한『건축론』이며, 건축으로 해석하는 것이 전체적인 내용과 부합하다는 판단하에 필자 또한 De Re Aedificatoria를 건축론으로 번역했다.

알베르티의 『건축론』과 비트루비우스의 『건축십서』 사이의 연관성은 형식적, 내용적 면에서 분명히 존재한다. 형식적인 면에서 전체를 10권으로 나누었으며, 내용적인 측면에서는 역사적 사실과 기술적 세부 사항의 채택, 주범양식의 유사성, 고대건물 유형 및 용어의 채택 등 분명히 유사함이 존재한다. 이는 분명 그가 1432년 이후 로마에 머물면서 로마의 고대건축과 비트루비우스의 『건축십서』를 연구하는 과제를 맡았던 것과 무관하지 않아 보인다. 하지만 이로 인해 알베르티의 건축이론이 독자적 이론인지 아닌지에 대한 논란 또한 여전히 남아있다. 일각에서는 알베르티의 건축이론은 비트루비우스 이론을 단지 재구성한 것에 지나지 않는다는 비판이 있긴 하지만, 이는 과도하게 야박한 평가로 보인다. 알베르티는 거의 1400여 년 동안 불모지였던 건축이론을 새롭게 정립하려고 시도한 것이다. 『건축십서』를 제외하고 제대로 된 이론서는 없었으며, 이조차도 너무 포괄적이고 애매했다. 필자는 내용을 떠나서 이러한 시도 자체만으로도 충분히 가치가 있다고 평가한다. 그리고 만약 알베르티가 아니었으면, 건축이론은 거의 100년 이상의 침체기를 더 겪어야 했을지도 모를 일이다.

물론 『건축십서』가 없었다면 『건축론』이 쓰이지 않았거나,

혹은 전혀 다른 형식과 내용으로 쓰였을 가능성이 크다는 주장은 타당해 보이며 필자도 이 주장에 어느 정도는 동의하는 바이다. 하지만 관점을 조금 바꾸어보면, 알베르티가 자신의 이론을 비트루비우스와 유사하게 전개했다는 점은 그가 적어도 비트루비우스의 이론을 자기 이론의 시작으로 삼았다는 것을 의미한다. 특히 이론 분야에서 학문의 시작에 대한 언급은 그 분야의 정체성 확립과 직접적으로 관련되어 있으니, 방법론적으로 타당하다고 보아도 무리가 없을 것이다. 이는 또한 비트루비우스의 이론을 비판적으로 정제하고, 체계적으로 정리하여 더욱 완벽한 이론으로 만들기 위한 노력의 일환으로 받아들일 수도 있을 것이다. 물론 이러한 노력에도 불구하고, 필자는 이론적 관점에서 『건축론』이 『건축십서』를 뛰어넘지는 못했다고 판단하고 있다. 어쨌거나, 내용적 단점들을 고려한다고 해도, 알베르티의 건축론을 단순히 비트루비우스 이론의 조잡한 재구성으로 보는 것은 너무나 단편적이고 일차원적인 비판이라고 생각된다.

미리 알아 두면, 이해에 도움 될 것 같아 몇 가지 언급해야겠다. 알베르티의 『건축론』에서 가장 중요한 점은 바로 건축에 대한 관점의 전환이다. 그리고 다른 건 다 몰라도 좋으나, 건축에 대한 관점의 전환에는 르네상스의 등장이라는 시대적 패러다임의 변화가 있었다는 사실은 반드시 기억하도록 하자. 패러다임이 바뀌면 같은 주제를 다루더라도 해석이 달라지고, 해석에 따라 내용의 전개가 달라지며, 결과로 도출된 이론이 달라진다. 따라서 비트루비우스의 『건축십서』와 알베르티의 『건축론』을 같이 펼쳐놓고, 저자들의 건축에 대한 관점을 비교하면서 읽는 것도 재미있을 것이다. 하긴 그림 하나 없이 글씨만 빽빽한 두꺼운 책 두 권 가져다 놓고 읽는 것이 뭐 그리 재미가 있겠냐마는 문장 하나, 단어 하나에 집착하지 말고 전체적 내용과 관점, 그리고 흐름을 비교하면서 읽는 것을 권하고 싶다.

다시 한번 강조하지만, 『건축십서』의 핵심이 건축의 규범에 관한 내용이란 점을 이해하지 못한다면 읽지 않은 것과 마찬가지인 것처럼, 『건축론』의 핵심 중 하나는 패러다임의 전환에 따른 건축에 대한 관점의 전환과 이와 연관된 알베르티의 학문적, 정치적 입장이란 점을 모른다면 이 역시 읽지 않은 것과 다름없다는 점을 잊지 말도록 하자.

『건축론』 또한 거의 600년 전에 쓰인 책이며 문체뿐만 아니라 내용 면에서도 오늘날 기준에서 이해하기 힘든 부분이 많이 있다. 또한 앞서 언급한 건축에 대한 관점의 전환으로 인해 약간은 부자연스럽고 억지스러운 부분이 없지 않아 있다. 하지만 이러한 부분을 논리적 오류로 보든 저자의 실수로 보든지는 크게 중요하지 않다. 약간의 오류나 실수로 책의 전체적인 의미나 이론의 일관성이 큰 영향을 받지 않기 때문이다. 우선 목차를 정리해 보면 다음과 같다.

서문	건축의 필요성에 관하여, 건축가에 관하여
제1권	건축에 필요한 다양한 개념의 정의
제2권	건축재료에 관하여
제3권	건설 일반에 관하여
제4권	건축의 공공성과 도시에 관하여
제5권	특별한 사용자를 위한 건물에 관하여
제6권	장식에 관하여
제7권	신성한 건물의 장식에 관하여
제8권	일상적 사용을 위한 공공건축의 장식에 관하여
제9권	민간건축의 장식에 관하여
제10권	건물의 결함에 관하여, 물의 중요성에 관하여

3. 건축론 De Re Aedificatoria 서문 해설

주의! 이번엔 서문 똑바로 읽어야 한다

『건축십서』와는 다르게 『건축론』의 서문은 제대로 읽어보는 것을 권한다. 정확하게 말하면, 서문의 행간을 제대로 읽어내는 것이 필요하다. 왜냐하면 알베르티는 『건축론』 서문에서 당시 시대의 변화에 따른 건축 패러다임의 전환, 비트루비우스와의 차별, 자신의 학문적, 정치적 성향에 대해 (치사하게도) 우회적으로 언급하고 있기 때문이다. 이 부분들은 내용 자체가 크게 중요한 것은 아니지만 알베르티는 서문에 언급한 자신의 학문적, 정치적 성향을 기반으로 책을 저술했기 때문에 이 내용을 간과한다면 『건축론』의 전체 맥락이 다르게 파악될 수도 있다. 필자도 처음 『건축론』을 읽었을 때, 서문은 그냥 수박 겉핥기식으로 읽었던 터라, 본문에서 가끔 맥락을 이해하기 힘든 내용이 나와 당황했던 적이 한두 번이 아니었다. 책을 다 읽고 나서도 개운하지 않은 느낌이 남아있었으며, 내용이 매끄럽게 연결되지 않는다는 생각을 꽤나 많이 했던 것으로 기억된다.

우선 서문의 내용을 천천히 살펴보면서 설명을 이어나가도록 하겠다. 크게 보면 『건축론』의 서문은 건축의 필요성에 관한 내용, 건축가에 관한 내용, 건축의 기원으로 압축된다. 이런 내용을 전개하면서 알베르티는 자신의 학문적, 정치적 성향 등에 대해서도 우회적으로 언급하고 있다. 따라서 얼핏 보고 넘기면 『건축론』의 서문 역시 사실상 본문의 내용과는 크게 관련 없는 독자적인 부분으로 오해할 수 있다. 한 번 더 강조하지만, 『건축론』의 서문은 반드시 제대로 해석하고 넘어가야 한다. 그래도 『건축론』의 서문은 하나밖에 없으며, 분량도 얼마 되지 않으니 다행이지 않은가.

3.1. 건축의 필요성에 관하여

누가 건축을 기술과 예술의 조화라고 했나?

서문은 이렇게 시작된다.

> 우리의 조상들은 많은 노력을 들여 우리의 삶을 즐겁고 편리하게 해 주는 다양한 artes(기술, 예술), 예술들을 우리에게 물려주었다. ... 어떤 artes(기술, 예술), 예술들은 필요성^{necessits} 때문에 추구하고, 어떤 artes(기술, 예술), 예술들은 유용성^{utilitas} 때문에 인정하며, 어떤 artes(기술, 예술), 예술들은 그것을 앎으로써 (우리의 삶을) 즐거움으로 이끌어주기 때문에 가치 있는 것이다. ... 건축은 공적이든 사적이든 모든 면에서 우리에게 편의성을 제공한다는 것은 분명하며, 품위에서도 가장 뛰어난 artes(기술, 예술)들 중 부족함이 없다.

이 구절을 통해 알베르티는 건축의 필요성을 설명함과 동시에 학문적 필요성에 대해 우회적으로 주장하고 있다. 행간에 숨겨진 내용을 정리하면 다음과 같다.

우리가 조상들로부터 물려받은 다양한 artes(기술, 예술)가 있다.
이들은 우리에게 필요하고, 유용하며, 즐거움을 주기 때문에 가치가 있다.
따라서 이러한 artes(기술, 예술)의 가치를 아는 것은 좋은 것이다.
건축은 우리가 물려받은 artes(기술, 예술) 중에서도 중요한 것이다.
따라서 건축의 가치를 알기 위해서는 제대로 된 학문으로 만들어야 한다.

굳이 조상님까지 모시고 와서 논리를 펼쳐야 하는가 싶기도 하지만, 학문의 객관성을 확보하기 위한 중요한 조건 중 하나는 기원을 밝히는 것이다. 조상님을 모시고 온 가장 큰 이유는, 건축이 어느 날 갑자기 하늘에서 뚝 떨어진 것이 아니라는 주장을 하고 싶어서이다. 건축은 인간이 필요에 의해 만들었고, 발전시켜온 것이다. 여기에 신神이 끼어들 여지 따윈 없다. 이를 통해 알베르티는 '인간도 혼자서 잘해요'라는 주장을 하고 있다. 이 짧은 구절을 통해 알베르티는 중세를 지배했던 신神 중심의 사고관이 드디어 인간 중심으로 변화하는 당시 사회의 패러다임 전환을 기반으로, 건축에서의 관점 또한 바뀌고 있음을 묵시적으로 주장하고 있다.

여기에 덧붙여 건축은 인간의 삶에 필요하고, 유용할 뿐만 아니라, 더 나아가 즐거움을 제공하기 때문이라는 구절을 통해 알베르티는 건축에 단순히 생존이라는 일차적 필요성을 넘어 또 다른 가치를 부여했다. 그리고 이는 건축의 역할과 영역의 확장으로 이어졌다고 할 수 있다. 이 대목을 통해 『건축론』은 인본주의의 영향을 받았음이 확실히 드러난다.

분명 궁금한 분들이 있을 것으로 예상되니, 설명을 조금 해야겠다. 이 구절에서 필자가 라틴어 artes를 굳이 번역하지 않고 괄호를 붙여 (기술, 예술)로 설명한 이유는 불필요한 오해를 방지하기 위해서이다. 영문판에는 arts, 독일어판에는 Künste, 그리고 한글판에는 학술로 번역된 라틴어 artes는 원래 고대 그리스어 τέχνη테크니의 번역이다. 참고로 artes는 ars의 복수형이다. 당시 ars는 학문, 과학, 기술과 예술을 구분하지 않고 예술적인 결과와 그 결과물을 만들어내는 학문과 과학적 기술, 예술적 영감, 장인 정신 등을 모두 포함한 종합적인 개념으로 사용되었다는 정도만 알아두도록 하자. 그러니까 딱히 번역할 수 있는 적절한 단어가 없다는 점도 양해 바란다. 무슨 이유인지는 모르겠으나, 우리나라에서 번역되어 나오는 대부분의 건축 관련 서적에서 ars란 개념은 주로 예술로 번역되어 있다. 굳이 번역하자면 기예技藝라는 개념이 맞을 것이나, 그다지 입에 붙는 단어는 아니다. 만약 지금 읽고 있는 여러 건축 관련 서적에 예술이란 단어가 나온다면, 십중팔구는 필자가 설명한 의미로 이해하면 될 것이다. 물론 가끔 예술로 번역해야 할 때도 있으나, 굉장히 드물다. 일단 적어도 근대 이전까지 예술과 기술은 하나의 개념으로 취급되었다는 정도는 상식으로 알아두자. 이제 우리는 수많은 건축 관련 도서에 나와 있는 '건축은 기술과 예술의 조화이다'라는 정의가 어디서 왔는지 이해할 수 있을 것이다.

이렇게 건축이 인간에게 반드시 필요하니 건축을 제대로 된 학문으로 만들어야 한다는 주장에 정당성이 부여되었다. 이제 논의를 진행할 기초가 만들어졌으니, 다음의 내용을 살펴보자.

3.2. 건축가에 관하여

이건 비트루비우스가 옳았다

그러나 더 나아가기 전에 건축가가 무엇을 하는 사람인지 설명하는 것이 필요할 것이다. 왜냐하면 건축가는 다른 분야의 가장 최고 분야에 있다고 하는 기술자와는 다르기 때문이다. 기술자의 손은 건축가의 도구일 뿐이다. 건축가는 명확하고 훌륭한 원리와 방법을 통해 생각과 감정을 결정하고 수행하는 방법을 배운 사람이라고 생각한다. 건축가는 하중의 이동과 형태의 구성을 통해 인간에게 무엇이 필요한지를 가장 잘 충족시켜주는 사람이다. 따라서 무엇이 가치가 있으며, 그중 최고의 가치가 무엇인지 알아야 하며, 이를 어떻게 얻을 수 있을지에 대한 지식이 필요하다. 건축가는 그런 사람이어야 한다.

서문의 이 구절은 판본에 따라서 조금씩 다르게 해석될 수는 있다. 필자는 라틴어, 영어, 독일어 판본 등을 참고하여 의역하였으나 의미전달에는 큰 문제가 없을 것으로 본다. 이 구절에서 짐작할 수 있듯이, 알베르티는 기술자와 건축가를 엄격하게 구별하고 있다. 이 중에서 특히 주목할 부분은 기술자가 건축가의 도구라는 발상이다. 이 부분은 크게 두 가지 해석이 가능하다.

우선, 이 구절은 건축가라는 직업에 가치를 부여하기 위한 일종의 장치로 이해할 수 있다. 위에서 알베르티가 언급한 내용을 한 번 더 생각해보자. 건축가가 원리와 방법을 통해 결정하기 위해서는 이미 그 방법, 즉 기술적 내용에 대해 알고 있다는 점을 전제하고 있다. 다시 말해, 이론과 경험의 관점에서 이미 건축가는 기술자들보다 많이 알고 있어야 한다는 것이다. 그러니 열심히 공부하고, 실무 경험을 쌓아야 (좋은) 건축가가 될 수 있다. 이 부분은 비트루비우스의 견해와 거의 일치하며, 조금 과장된 표현을 사용해 건축가의 사회적 필요성을 강조하는 것이다. 또한 여기서 조금 더 나아가 건축 디자인과 시공을 분리하려 했던 것으로 이해할 수 있다. 다른 한편으로 디자인, 즉 설계가 시공보다 우월하다는 주장을 통해 건축가의 직업적 우월성을 표현한 것으로 해석할 수 있으나, 이는 다소 일차원적인 해석으로 보인다.

두 번째 해석에 대해서는 필자도 약간은 조심스럽게 접근해야 할 것 같다. 왜냐하면 두 번째 해석은 알베르티의 학문적, 정치적 성향을 기반으로 하기 때문이다. 본문의 내용을 기반으로 추정하자면 알베르티는 철학적, 학문적으로는 플라톤의 견해를 따랐으며, 정치적으로는 엘리트 공화주의를 지지했던 것으로 판단된다. 본문을 읽다 보면 플라톤에 대한 언급이 꽤 많이 등장하는 것으로 보아, 당시 알베르티는 플라톤의 학문과 사상에 매료되어 있었던 것으로 보인다. 만약 알베르티가 플라톤의 견해를 충실히 따랐다면, 엘리트 공화주의를 지지했었다는 결론에 도달하는 것이 별로 어렵지 않다. 또 한 가지 중요한 점은 당시의 시대상이다. 앞서 필자는 르네상스의 핵심은 학문과 예술의 지위가 동등해야 한다는 근대적 시대정신Zeitgeist이라 했으며, 이를 실현하기 위한 방법론이 바로 고대 그리스와 로마로의 회귀라고 했다. 따라서 (적어도 이 구절에서는 시대정신과는 큰 관련이 없어 보이나) 방법론적 입장에서 고대 그리스와 로마의 엘리트 공화주의로 회귀하자는 주장 또한 논리적으로 무리가 없어 보인다. 하지만, 당시의 공화주의 체제에서도 시민들이 정치의 주체가 되었다는 점은 오늘날과 큰 차이가 없으나, 시민의 권리를 가지고 있던 사람들은 정말 극소수였다는 점을 잊지 말자. 당시에는 시민도 있었고, 노예도 있던 시절이었다. 당시의 공화주의는 계급을 전제로 한 공화주의였으니 이러한 계급의식은 당연한 것으로 생각되었을 것이다. 그러니 알베르티가 사회적 계급을 인정하는 언급을 했다는 것은, 당시로선 자연스러운 일이었다고 조심스레 추정해 볼 수도 있다.

하지만 내용을 떠나 '기술자의 손은 건축가의 도구일 뿐'이라는 표현이 다소 불편한 것은 사실이다. 게다가 인본주의가 시작된 시기가 아니었던가? 이론의 중요한 역할 중 하나가 특정 분야 직업의 필요성을 강조하고 가치를 부여하는 것이란 점을 고려한다고 해도 이러한 표현은 여전히 불편하다. 비트루비우스 또한 『건축십서』에서 건축과 건축가의 필요성에 대해 구구절절 설명하지만 표현 자체는 비트루비우스 쪽이 훨씬 점잖고 온건하다. 당시 책을 쓸 때, 이런 직설적 표현이 관례였는지에 대해서는 정확히 알 길은 없다. 어쨌거나 알베르티가 『건축론』에서 사용한 일부 표현들은 누가 봐도 다소 직설적이면서 공격적인 면이 없지 않아 있다. 필자는 개인적으로 이러한 과격하고 직설적인 표현이 비트루비우스의 이론과 알베르티 자신의 이론을 차별화하려고 의도적으로 사용되었다고 추정하고 있다. 크게 중요하지 않은 부분이니 넘어가도록 하자. (혹은 알베르티 성격이 좀 그랬을 수도 있고. 사람 속을 누가 알겠는가?)

3.3. 건축의 기원에 관하여

이번엔 비트루비우스가 틀렸다

서문의 다음 구절은 읽는 사람에 따라 여러 해석이 나올 수 있으나, 필자는 개인적으로 의미를 두고 있는 부분이다.

어떤 사람들은 물이나 불이 사람들을 모이게 하여 사회를 구성하는 중요한 요인이라고 생각했다. 하지만, 지붕이나 벽의 유용성과 필요성을 고려하는 우리에게는 그것들(지붕이나 벽, 즉 건축물 또는 건축물의 일부)이 사람들을 모으는 데 중요한 역할을 했다는 것이 분명해 보인다. 하지만 우리에게 태양의 열기, 추위와 폭풍으로부터 우리 자신을 보호할 수 있는 안전하고 쾌적한 장소를 제공해 주는 것만이 건축가의 유일한 의무는 아니다. (비록 이런 것도 결코 작은 혜택이 아니지만), 그 외에도 건축가는 인간의 삶에 매우 유용하고 적절한 사적, 공적 이익을 위해 많은 것들을 만들어 냈었기 때문이다.

여기서 어떤 사람들은 과연 누구를 의미할까? 이 질문에도 다양한 대답과 의견이 있긴 하지만, 필자의 대답은 바로 비트루비우스와 그의 건축이론을 추종하는 건축가와 이론가들이다. 『건축십서』에서 비트루비우스는 건축이 불의 발견, 집단생활, 원시 오두막의 순으로 발전했다고 주장했다. 하지만 알베르티는 이와는 반대로 누군가가 최초의 집을 지었고 이로 인해 인간의 집단생활이 시작되었다는 대담한 주장을 하고 있다. 이 둘의 차이는 환경에 수동적으로 적응하느냐, 혹은 능동적으로 환경을 개척하느냐의 차이 정도로 이해하면 될 것이다. 사실 두 주장 중 어느 쪽이 옳은지 그른지는 크게 중요하지 않다. 어차피 제대로 검증할 수도 없는 일 아닌가? 여기서 중요한 점은 바로 알베르티가 제시한 관점의 전환이다. 거의 1400년 동안 정설로 받아들여지던 비트루비우스의 이론을 정면으로 반박하면서, 집단생활과 사회의 구성은 우연한 자연현상에서 비롯된 것이 아니라 의지를 가진 인간의 활동에서 비롯되었다고 주장했다는 것이다. 어떻게 보면, 인간이 모든 것의 중심이라는 극단적인 인본주의적 입장을 피력한 것이라고도 해석할 수 있다. 물론 기록도 없이 지나간 역사에 대한 해석의 문제이니, 정답을 찾기는 힘들다. 하지만 누구인지는 모르겠으나, 최초의 집은 사람이 짓지 않았겠는가?

또한 서문에서 알베르티는 건축과 건축가의 역할을 사회적 유대라는 관점에서 인간에 대한 봉사로 규정한다. 이런 논리를 통해 알베르티는 건축이 모든 ars(예술, 기술) 중 우선권을 가질 수 있다는 점을 정당화했던 것으로 보인다.

이후 서문의 후반부로 갈수록 건축가는 훌륭하다는 주장 일색이다. 만약 앞뒤 맥락 없이 이 부분만 읽는다면 건축가가 없으면 마치 세상이 망할 것 같은 느낌까지 받을지도 모르겠다. 직업에 대한 자부심인지 오만함인지 구별하기 힘든 대목들이 등장하긴 하지만 누가 봐도 직설적이고 과장된 표현이며, 설사 건축가가 없어진다고 해도 절대 세상이 망하지는 않으니 걱정할 필요는 없다.

서문의 후반부는 인간과 사회, 그리고 국가에 건축과 건축가가 얼마나 공헌했는지에 대한 다소 과장된 자화자찬 정도로 이해하면 된다. 전체적인 내용을 고려하면 아무래도 알베르티가 취한 건축가에 관한 입장은 첫 번째(직업적 가치 부여)와 두 번째(학문적, 정치적) 해석을 적절히 섞는 것이 더 타당해 보인다. 이렇게 알베르티는 엘리트 건축가라는 직업의 사회적 필요성을 확보했다.

마지막으로 『건축론』 각 권의 내용에 대해 짤막하게 언급하면서 서문은 마무리된다.

4. 건축론 De Re Aedificatoria 본문 해설

역시 시간 없는 분들을 위한 요약

서문을 통해 건축과 건축가의 필요성에 대해 충분히 설명했으니, 본격적인 내용으로 들어갈 차례이다. 『건축론』의 본문은 『건축십서』와 같이 총 10권으로 구성되어 있다. 하지만 역시 마찬가지로 굳이 본문을 다 읽을 필요는 없다고 생각된다. 본문의 각 권은 적게는 8장에서 많게는 거의 18장 정도로 구성되어 있는데, 이 중 처음 1~2장 정도는 각 권의 주제에 대한 설명으로 꼼꼼하게 읽는 것을 권장한다, 나머지는 주로 예시들이라 적당히 읽거나 그냥 넘어가도 무방하다고 판단된다. 예시를 설명하는 부분들은 비트루비우스의 『건축십서』와 같이 오늘날 익숙하지 못한 당시의 지명이나 이름, 문체 때문에 다소 읽기가 불편한 것이 사실이며, 당시 사용하던 기술이나 구축방식 등이 오늘날과 차이가 크게 나서 이해하기가 힘든 부분도 있다. 그냥 예전에는 그랬구나 하고 적당히 넘어가도 무방하리라 생각한다. 그리고 『건축론』이 너무나 읽고 싶으나, (차마 말하지 못하는 사정으로 인하여) 다 읽지 못하는 경우, 서문과 제1권, 제6권, 제9권 정도는 제대로 읽어보는 것을 권한다. 이 부분은 비트루비우스의 이론과는 다른 알베르티의 독자적인 건축이론으로, 이 정도만 알고 있어도 부족함이 없을 것이다.

이제 각 권의 내용을 살펴보자.

제1권 1장은 건축에 필요한 다양한 개념에 대한 정의와 설명이다. 알베르티는 건축을 리네아멘타lineamenta와 구조structura의 조합으로 정의한다. 여기서 리네아멘타lineamenta는 선line을 의미하는 라틴어로, 영어로는 Design, 독일어로는 Risse선, 획, 이탈리아어로는 Disegno디자인로 번역되어 다소 혼란을 초래하는 개념이다. 필자의 의견으로는 (건축) 디자인으로 이해하는 것이 가장 쉬우며, 이 부분은 후에 다시 자세히 설명하겠다. 주의할 점은, 서문에서도 유사한 내용이 나온다는 것이다. 서문에서 알베르티는 건축물을 리네아멘타lineamenta와 물질Materia로 이루어진 형태에 비유한다. 서문에서는 물리적 구조물로서 건축물을 언급하는 것이며 1장에서 언급하는 것은 건축, 즉 짓는 행위에 관한 내용이니 헷갈리지 않도록 주의하자. 2장에서 알베르티는 건축의 기원에 대해 간략하게 설명하며, 이어 건축은 지역regio, 대지area, 구획partitio, 벽paries, 지붕tectum, 개구부apertio라는 여섯 가지 요소로 구성된다고 정의한다. 이후 3장부터는 앞서 언급한 각 요소에 대한 설명으로 지역을 선택하는 방법, 대지에 배치하는 방법 등 일반적인 내용을 다루고 있다. 이 부분들은 내용이 어렵다기보다는 글의 구성이 다소 복잡하며 너무 많은 예들이 나와 다소 읽기가 힘들 수도 있다. 따라서 3장 이후의 부분들은 적당히 내용 파악만 하고 넘어가도 된다고 생각한다.

제2권 1장에서 3장에 걸쳐 알베르티는 건물을 지을 때, 주의할 점에 대해 언급하고 있다. 특히 작업의 질과 양을 고려하여, 신중하게 작업하라는 일종의 조언이다. 건물 전체와 부분의 비례를 고려하여 도면을 그리고, 이를 모형으로 다시 검토하라고 조언하고 있다. 또한 비용 검토에 대해서도 당부한다. 이 내용들은 특별하다기보다는, 건축에 있어 현실적으로 필요한 가장 일반적인 내용을 제대로 수행해야 한다는 조언 정도로 받아들이면 된다. 제2권 4장부터는 재료에 관한 내용으로 목재, 석재, 벽돌, 모래 등의 종류와 채취 방법 등에 대해 설명하고 있다. 당시에야 사용할 수 있는 재료가 이 정도밖에 없었으니 상세하게 적어 놓긴 했지만, 결론은 신중한 재료선택 정도로 이해하면 된다. 이 부분도 시간이 없는 분들은 빠르게 훑고 지나가도 괜찮을 것이다.

제3권은 건물을 짓는데 필요한 일반적인 사항에 관한 내용이다. 건물을 짓는 원리로 디자인의 통일성이 중요하다고 언급하고 있다. 특히 기초를 만드는 방법과 적당한 장소를 고르는 법, 다음으로 벽을 만드는 법, 지붕을 만드는 법 등에 대해 차례로 설명하고 있다. 제1권에서 설명한 여섯 가지 요소들을 만드는, 즉 오늘날의 구축법에 해당하는 내용으로 이해할 수 있다.

제4권 1장에서는 건물이란 사람들의 필요성과 편의성, 즐거움을 위해 만들어졌다는 서문의 주장을 반복한다. 그리고 불특정 다수의 사람을 위해 만들어졌으니 공공성이 보장되어야 한다고 주장한다. 이어서 건물의 다양성에 관해 설명하는데, 다양한 용도의 건물이 필요한 이유를 다양한 계급의 사람들이 있으며 그들의 역할이 다르기 때문이라고 설명한다. 이는 건물의 종류와 사회계급 간의 대응구조가 성립한다는 주장으로, 비트루비우스의 『건축십서』 제6권의 맥락과 유사하다.

앞서 설명한 제4권이 공공건축에 관한 내용이라면, 제5권은 개별 사용자에 초점을 맞추고 있다. 여기서 알베르티의 학문적, 정치적 입장이 가장 잘 드러난다고 할 수 있다. 앞서 언급한 바와 같이 그는 플라톤의 영향을 받아 계급을 전제로 한 공화주의를 지지했다. 따라서 그는 왕, 심지어 폭군에서부터 일반인들에 이르기까지 각자 필요한 장소와 시설을 고려해야 한다고 주장한다. 건축이론과 직접적으로 관련된 내용이라기보다는 사회체계와 건축의 관계에 대한 설명이라는 정도만 알아도 충분할 것으로 생각된다.

이후 자세히 설명하겠지만, 제6권 1장은 비트루비우스에 대한 원색적인 비판으로 시작한다. 알베르티 자신이 『건축론』을 쓰기 위해 얼마나 고생했는지에 대한 넋두리도 적혀있으며, 자기 자랑으로 마무리된다. 2장부터는 아름다움美, Pulchritudo과 장식 Ornamenta에 대해 설명하고 있다. 여기서 주목할 점은 비트루비우스와는 다른 미학과 장식의 견해이다. 알베르티는 아름다움과 장식은 사람이나 자연으로부터 비롯된다는 전제하에 이론을 전개하고 있다. 그러나 알베르티에게 장식은 다소 부가적인 성격을 가지고 있다. 이 부분 또한 이후 자세히 설명하겠다. 5장부터는 제1권에서 정의한 건축의 여섯 가지 요소들과 연계하여, 어떤 장식이 어떤 요소에 적용이 되어야 하는지에 관해 설명하고 있다.

제7권은 신성한 건물, 즉 신전, 성벽, 재판소 등의 장식에 관한 내용을 다루고 있다. 여기서도 역시 제6권과 마찬가지로 건축의 여섯 가지 요소에 초점이 맞추어져, 구성상의 일관성을 유지하고 있다. 또한 비트루비우스와 마찬가지로 주범양식classical order에 대해 다루고 있다. 하지만 비트루비우스는 주범양식을 장식과 연관해 설명했지만, 알베르티는 이를 분리해서 다루고 있다. 중요하다면 중요한 문제이고 아니라면 아닐 수도 있지만, 이 대목을 통해 알베르티는 주범양식에 대해 비트루비우스와는 다른 견해를 펼치고 있다.

신성한 건물에 관해 설명했으니 일반적인 공공건축의 장식에 대해 다룰 차례이다. 제8권은 무덤, 피라미드를 비롯하여 극장, 경기장, 욕장 등의 장식에 대해 다루고 있다. 오늘날의 기반시설에 대한 설명 정도로 이해하면 된다.

제9권은 민간건축의 장식에 관한 내용이다. 민간건축물 장식의 원칙, 도시와 농촌의 주택 등에 대해 설명하고 있다. 결국 구성원과 사용자에 따라 다르게 장식되어야 한다는 내용이 주를 이루고 있다. 5장부터 아름다움에 대한 이론이 나오며 자세히 설명해 놓았으니 이 부분은 반드시 읽어보기 바란다.

마지막 제10권은 건물의 결함과 건축가의 책임 여부에 대해 다루고 있다. 또한 다양한 상황에서 발생하는 결함을 어떻게 보강하고 해결해야 하는지에 관한 내용으로 오늘날의 하자 보수에 관한 내용에 해당한다고 이해하면 된다.

서문	건축의 필요성에 관하여, 건축가에 관하여	
1권	건축에 필요한 다양한 개념의 정의	
2권	건축재료에 관하여	**Firmitas** (재료 및 구조)
3권	건설 일반에 관하여	
4권	건축의 공공성과 도시에 관하여	**Utilitas** (기능 및 건물 유형)
5권	특별한 사용자를 위한 건물에 관하여	
6권	장식에 관하여	
7권	신성한 건물의 장식에 관하여	**Venustas** (장식; 신전건축, 공공건축 및 민간 건축, 비례이론)
8권	일상적 사용을 위한 공공건축의 장식에 관하여	
9권	민간건축의 장식에 관하여	
10권	건물의 결함에 관하여, 물의 중요성에 관하여	**보편적 결론**

앞서 필자는 알베르티의 『건축론』과 비트루비우스의 『건축십서』 사이의 형식적, 내용적 유사성이 존재한다고 언급했다. 이러한 유사성에 기반하여 『건축론』의 내용을 161쪽의 표와 같이 분류하기도 하니, 참고하면 도움이 될 것이다.

이 외에도 제1권을 Utilitas, 제10권을 Venustas의 범주에 넣는 견해도 있긴 하나, 큰 차이는 없다. 전체적인 내용은 이 정도만 알아도 충분할 것 같으니, 이제 중요한 부분들을 살펴보자.

5. 알베르티의 건축이론

적어도 이 내용만큼은 알아야 한다

앞서 『건축론』의 전반적인 내용에 대해 살펴보았다. 알베르티의 건축이론은 비트루비우스의 건축이론과 형식적, 내용적으로 분명 유사성이 있다. 하지만 알베르티는 단순히 비트루비우스의 이론을 다시 정리하는 수준에서 『건축론』을 쓴 것은 아니었다. 알베르티의 이론에서 가장 중요하다고 생각되는 부분들은 크게 **건축에 대한 관점의 전환**, 이에 따른 **건축의 요소에 대한 설명, 건축디자인에 새로운 정의**, 그리고 **미학과 미학의 확장**으로 압축된다. 특히 알베르티의 미학은 단순한 미학의 범주를 넘어서기 때문에 이해하기가 다소 힘들다. 최대한 쉽게 설명하려 노력했으니, 천천히 읽어보기 바란다.

5.1. 건축에 대한 관점의 전환

세상이 바뀌었으니 건축 또한 다르게 바라보아야 한다

『건축십서』 이후 거의 1400년 만에 새롭게 나온 이론서이다. 물론 저자에게는 큰 부담이 되었겠지만, 내용 면에서 당연히 더 뛰어나야 하지 않겠는가? 따라서 알베르티는 스스로 비트루비우스와의 차별성을 보여줄 필요가 있다고 생각했을 것이다. 그리고 실제로 알베르티는 그의 저서 『건축론』에서 비트루비우스와의 단절을 시도하고 있다. 『건축론』 제6권 1장에서 알베르티는 다음과 같이 비판하고 있다.

> 위대하고 고귀한 고대 작가들의 가르침이 시간의 흐름으로 인해 사라지게 되어 나는 마음이 무척 아팠다. 비트루비우스를 제외하고 이러한 흐름에서 벗어난 사람은 거의 없었다. 그는 의심의 여지 없이 매우 학식이 높은 이론가였으나 불행하게도 시간이 지나면서 너무나 많은 것이 훼손되어 사라졌다. 거기다 비트루비우스는 너무 무식하게 글을 썼기 때문에 라틴인들은 그가 그리스인이라고 생각했고, 반면에 그리스인들은 그가 라틴인이라고 생각했다. 자세히 살펴보면 그 내용 자체는 라틴어도 아니고 그리스어도 아

> 닌 것으로, 차라리 아무것도 쓰지 않은 것과 같다고 해도 과
> 언은 아닐 것이다. 왜냐하면 우리는 그의 글을 이해할 수 없
> 기 때문이다.

본인도 『건축십서』를 많이 참고했던 입장에서 단단히 헤어질 결심을 하지 않았더라면, 과연 이렇게 비판을 할 수 있었을까? 하긴 비트루비우스가 『건축십서』에서 사용한 용어들이 상당히 모호했음을 감안하면, 읽다가 화가 나는 것도 이해할 만하지만, 표현이 과도하다는 생각이 들긴 한다. 물론 비트루비우스가 사용한 용어의 모호성에 대한 부분은 오늘날 우리에게는 사실 크게 와 닿지 않는 내용이긴 하다. 현대를 살아가는 우리가 라틴어를 잘 알고 있는 것도 아니고, 어차피 제대로 모르는 외국어로 쓰인 책이라 어느 판본을 읽어도 어려운 법이라서 그렇기도 하다. 그렇지만 라틴어를 알던 당시의 지식인들에게 『건축십서』가 이상하게 쓰인 책처럼 느껴지긴 했나 보다. 이 문제에 관해서는 중요한 이론서마다 다들 지적을 하고 있기 때문이다. 물론 잘못을 지적한다는 것 자체가 그 이론서의 저자들이 『건축십서』를 참고했다는 방증이라고도 할 수 있다. 나중에 언급되긴 하겠지만 알베르티 본인도 용어 사용이 명확한 것만은 아니었으며, 이론이 일관적인 것만도 아니었다.

> 드디어 이 연구에 대한 나의 열정이 승리했다. 나는 부족한
> 역량을 근면함과 노력으로 보완했다. 내가 고대 로마의 건
> 축물을 연구하기 시작했을 때, 하다못해 유명하지 않은 건

> 축물조차 남아있는 것이 없었다. 그래서 의미 있는 모든 것을 처음부터 끝까지 파악하고 알기 위해 모든 문헌을 뒤져 보고, 직접 찾아가서 보고, 측정하고, 그림으로 수집하는 일을 절대 빼먹지 않았다.

다음의 구절에서도 알베르티는 비트루비우스에 대한 비판을 멈추지 않는다. 『건축십서』가 많이 부족한 책이라는 것을 강조하면서, 자신은 이를 보완하기 위해 더욱 열심히 연구했고, 『건축론』이 『건축십서』보다 더 뛰어난 책이라는 점을 우회적으로 강조하고 있다. 또한 모든 것을 실증적으로 연구했다는 점을 강조하고 있다.

특히 여기서 실증적 조사와 연구는 알베르티가 건축에 대한 관점을 전환했다는 또 다른 증거로 해석할 수 있다. 알베르티는 어떤 신화나 설화적인 요소를 기반으로 한 것이 아니라, 과거에 있었던 건축물에 관한 연구, 즉 인간이 만들어 놓은 물리적 환경에 대한 조사와 연구를 기반으로 『건축론』이 집필되었다는 점을 강조하고 있다. 다시 말해, 시대의 패러다임이 전환된 것과 같이, 건축의 패러다임과 관점도 실증적으로 전환되었다고 해석해도 무방할 것이다.

이렇게 실증적 방법론을 기반으로 알베르티는 건축물은 리네아멘타Lineamenta와 물질로 이루어진 구성체이며, 리네아멘타는 정신에 의해 생성되고 물질Materia은 자연에서 얻어진다는 주장으로 자신의 이론을 전개한다. 이 내용은 무언가를 만들어내기 위해서 필요한 정신적 활동, 즉 디자인과 그것을 구성하는 실체적 물질이 필요하다는 주장 정도로 이해하면 된다. 이후 알베르티는 건축에 필요한 몇 가지 기본적인 내용에 대한 정의를 한 후, 재료와 구조에서 시작하여 건물 유형과 기능에 관한 질문을 논의하고 마지막으로 장식과 아름다움의 문제를 다루면서 나름 일관되게 이론을 구성했다. 전체적인 내용을 살펴보면 비트루비우스가 정의한 건축의 3요소Firmitas, utilitas, venustas는 알베르티가 자신의 이론을 형식적으로 정립하는 데 결정적인 역할을 했던 것으로 보인다. 앞서 『건축론』의 전체 구조를 건축의 3요소에 따라 분류한 이유가 바로 이 때문이다. 물론 미하저 개념에서 보면 근본적으로 다르게 해석이 되긴 하지만.

5.2. 건축의 요소

가치에 실체를 부여하는 법

건축에 대한 관점이 전환되었으니 자연스럽게 건축을 이루는 요소들도 바뀌어야 할 필요가 있다. 이제 알베르티가 주장한 건축의 요소에 대해 살펴보자. 알베르티는 건축의 시작이 인간의 필요성에 의해 시작되었으며, 최초의 건물은 다음과 같이 지었을 것이라고 주장한다. 제1권 2장의 첫 번째 부분은 다음과 같다.

처음에 인류는 안전한 지역regio에서 정착지를 찾았다. 일단 마음에 들고 편안한 대지area를 찾아 그곳을 차지했다. 그러나 그들은 집안일(공적인 일)과 사생활(사적인 일)이 모두 같은 장소에서 일어나는 것이 아니라 어떤 곳에서는 잠을 자고, 다른 곳에서는 화로를 설치하는 등 다양한 일이 서로 다른 장소에서 일어나는 것을 원했다partitio. 그런 다음 그들은 햇빛과 비로부터 자신을 보호할 지붕tectum을 생각하기 시작했다. 그리고 그들은 이 지붕을 놓을 벽paries을 세웠다. 이런 방법으로 그들은 날카로운 추위와 폭풍우로부터 더 완벽하게 보호받을 수 있다는 것을 알았다. 마지막으로 벽의 측면에서 위에서 아래까지 통로와 창문arpetio을 열어서 출입하고 빛과 공기를 들이고 집 안으로 들어올 수 있는 습기나 심한 증기를 편리하게 배출했다.

일반적으로 이 구절은 건축의 여섯 가지 기본요소로 해석되고 있다. 위의 구절에서 언급된 regio 지역, area 대지, partitio (배분, 여기서는 기능의 배분, 즉 평면을 구성하는 방법으로 해석하면 쉽다), paries 벽, tectum 지붕, apertio 개구부로 정의되는 여섯 요소는 비트루비우스가 정의한 건축의 3요소(Firmitas, Utilitas, Venustas)와는 직접적 관계가 있어 보이진 않는다. 그렇다고 전혀 무관하지만도 않아 보이니, 해석하기 다소 어려운 부분이다.

이 여섯 가지 요소를 다시 정리하면, regio 지역, area 대지는 건물 외적인 요소이며 paries 벽, tectum 지붕, apertio 개구부은 건물을 직접적으로 구성하는 요소로 나눌 수 있다. 이 다섯 가지 요소들은 어떻게든 건물과 관련된 물리적 요소로 해석할 수 있다. 하지만 partitio 배분는 방법론이자 비물리적 요소로, 앞의 다섯 가지 요소와는 성격이 완전히 다르다. 만약 이들을 단일 개념인 건축의 요소로 해석한다면 내용적 일관성이 떨어지는 것은 분명해 보인다. 앞서 필자는 비트루비우스가 건축의 가치와 규범을 건축의 3요소를 통해 설명했다는 점은 이미 여러 차례 언급했고, 충분히 이해했으리라 믿는다. 그렇다면, 알베르티가 이런 요소들을 언급한 의도는 무엇일까? 필자의 해석은 다음과 같다.

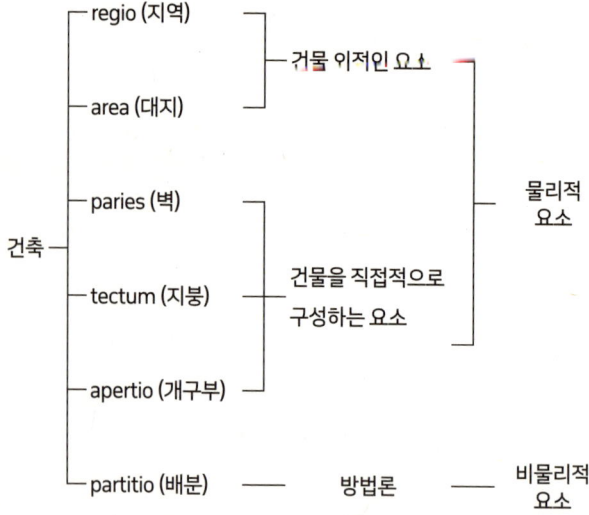

알베르티는 이미 비트루비우스가 건축의 3요소를 통해 주장하고자 했던 건축의 가치와 규범을 이론적 기반으로 받아들인

것으로 보인다. 그렇다면 남은 것은 이러한 가치와 규범이 어떤 방식으로, 그리고 어떤 부분에 적용되어야 할 것인가 하는 문제이다. 따라서 알베르티는 partitio ^{배분}를 통해 방법론을 제시하고, 나머지 다섯 요소를 통해 이러한 가치과 규범이 물리적, 실체적으로 구현되어야 한다는 것을 주장하고 있다. 비트루비우스의 이론이 올바르다는 전제하에, 이를 실현할 수 있는 물리적 실체와 구현 방법이라는 자신의 이론을 덧붙인 것으로 해석하는 것이 타당하다고 필자는 보고 있다. 즉, 눈에 보이지 않는 가치를 어떻게 해야 눈에 보이는 물리적 실체에 적용할 수 있으며, 이를 위한 구체적 방법은 무엇인가? 라는 질문에 대한 해답으로 해석하는 것이 적절하다. 이 대목 역시 당시의 시대상을 반영한 것으로 해석할 수 있다.

각 요소에 대한 설명은 1권 3장부터 시작되며, 이들에 대한 정의와 설명은 상세하게 되어 있다. 어떻게 보면 너무나 당연한 설명들이 이어진다. 좋은 지역과 좋은 땅을 고르고, 기능을 적절히 배분하며, 건축물에 필요한 물리적 요소(벽, 지붕, 개구부)들을 제대로 배치하라는 내용 정도로 이해하면 된다.

여기서 필자는 논의를 조금 확대할 필요가 있다고 생각한다. 왜냐하면 알베르티가 정의한 건축의 요소들이 당시의 시대상을 반영하는 것 이상의 의미가 있다고 해석되기 때문이다. 이들 중 건물을 직접적으로 구성하는 요소인 paries^벽, tectum^{지붕}, apertio^{개구부}, 이 세 가지는 초기 근대건축에서 언급되는 미니멀리즘적 요소와 유사하다. 물론 이 요소들은 동서고금을 막론하고 건물을 구성하는 필수요소임은 분명하다. 그렇다면 모든 건축양식이 미니멀리즘과 관련 있는 것으로 해석해도 되지 않는가 하는 질문을 할 수도 있을 것이다. 이런 질문이 전혀 틀렸다고는 할 수 없으나, 초점을 흐리는 질문이다. 여기서 중요한 점은 알베르티가 paries^벽, tectum^{지붕}, apertio^{개구부}라는 최소한의 물리적 요소로 건축이 형성될 수 있다는 점을 명시적으로 주장한 건축가라는 것이다. 이는 대단히 혁신적인 주장이다. 비트루비우스가 정의한 건축의 3요소는 관념에 가깝다. 알베르티는 이러한 관념으로부터 실체적 개념을 정립하고, 실체적 개념을 통하여 건축의 본질을 파악하려고 시도했으며, 이는 분명 근대적이라고 평가해야 한다. 이에 대한 반론도 분명 있겠으나, 필자는 근대건축의 명시적 시작은 알베르티의 이론이라고 해도 큰 무리가 없을 것으로 믿는다.

5.3. 건축디자인에 대한 정의

원본을 뛰어넘는 것은 정말 어렵다

앞서 건축의 요소가 정의되었으니, 다음은 이 요소들을 서로 조화롭게 구성하는 방법에 대한 설명이다. 물론 다른 설명도 있을 수 있으나, 필자는 이 여섯 가지 요소들을 조화롭게 구성하는 방법, 즉 건축디자인을 리네아멘툼Lineamentum으로 해석하고 있다. 앞서 나왔던 리네아멘타Lineamenta는 리네아멘툼Lineamentum의 복수형으로 둘 다 같은 의미로 사용되고 있다고 이해하면 된다. 알베르티는 제1권 1장에서 리네아멘툼Lineamentum을 다음과 같이 정의한다.

> 리네아멘툼lineamentum은 정신 내부에서 구상되고, 교육받은 사람이 마음과 정신을 다하여 선과 각도를 활용하여 그려내는 것이다.

위의 문장에서 알 수 있듯이, 알베르티는 리네아멘툼lineamentum을 교육받은 건축가가 혼신의 힘을 다해 그려내는 정신적, 실체적 활동으로 정의하고 있다. 이 대목에서 리네아멘툼lineamentum을 건축도면이나 도면을 그리는 방법론으로 해석할 수도 있겠으나, 이는 너무 협소한 해석이라고 생각된다. 누가 봐도 이 문장은 단순한 결과물이나 방법론에 대한 언급이라고 보기엔 힘들다. 여기서 비트루비우스가 설명한 생각Cogitatio과 창의적 해결Inventio에 대한 언급을 참고하자. 앞서 필자는 생각Cogitatio과 창의적 해결Inventio이 단순히 도면을 제대로 표현하기 위한 조건이 아닌, 건축가에게 필요한 직업적 규범이라고 설명했다. 위의 문장을 다시 살펴보자. 리네아멘툼lineamentum을 구현하기 위해서는 정신, 즉 이성이 필요하고, 교육이 필요하며, 노력이 필요하다. 이성, 교육, 노력이란 요소는 비트루비우스가 설명한 생각Cogitatio과 창의적 해결Inventio이란 요소와 거의 유사하다. 따라서 이성, 교육, 노력을 건축가가 지켜야 할 직업적 규범으로 간주한다면, 이러한 직업적 규범을 지켜야 하는 행위, 즉 리네아멘툼lineamentum을 건축디자인으로 정의하는 것이 타당할 것이다. 아마도 알베르티는 비트루비우스가 적은 글을 그대로 인용하기는 싫었던 것 같다. 그래서 이렇게 우회적으로 표현을 했을 것으로 추정되나, 제발 누가 적더라도 글은 좀 쉽게 적었으면 좋겠다.

6. 알베르티의 이론과 미학

어렵긴 하지만 알아야 한다

(미리 겁을 주려고 하는 것은 아니지만) 비트루비우스의 이론과 미학도 절대 만만치는 않았으나, 알베르티의 이론과 미학은 좀 더 힘들다. 하지만 힘든 만큼 흥미롭다. 왜냐하면 알베르티의 그것은 통상적인 건축의 범주를 벗어나기 때문이다. 그는 비트루비우스의 건축이론과 미학에 도덕적, 사회적, 유기적 관점을 도입하여 자신만의 독특한 이론을 펼치고 있다. 이를 확대 해석하여, 건축 사회학이 여기서부터 시작되었다는 주장도 제기된다. 여기서부터는 단순히 미학이란 단일 주제로 설명하기는 어려우며, 중간중간에 알베르티의 건축에 대한 해석과 자신만의 이론 또한 언급될 것이다. 내용이 다소 복잡하니, 천천히

하나씩 풀어나가도록 하자. 필자의 해석에 따라 책의 순서가 다소 뒤바뀌어서 나올 수 있으나 어느 부분인지 기록을 해 놓았으니 헷갈리지는 않을 것이다.

다음 구절은 제1권 9장에 나오는 내용이다.

> 정신의 모든 힘, 건축에 대한 모든 기술과 예술, 그리고 경험이 배분partitio에 필요하다. 왜냐하면 전체 건물의 부분과 개별 부분의 변함없는 상호작용은 궁극적으로 모든 선과 각도의 조화를 통해 효과가 나타나기 때문이다. 배분partitio의 기준은 이 모든 것들이 유용성utilitas, 이 구절에서는 기능에 더 가까운 것으로 이해된다, 존엄성dignitas, 기품있는 외관, 아름다움amoenitas, 시각적 만족을 원칙으로 한다.

위의 구절에서 배분partitio은 방법론으로서 건축, 또는 건축디자인으로 해석하는 것이 이해하기 쉽다. 여기서 알베르티는 건축에 필요한 기준에 관해 이야기하고 있는 것이다. (좋은) 건물을 만들어 내기 위한 기준으로 기능, 존엄성(기품있는 외관), 아름다움(시각적 만족)이라는 원칙이 필요하다는 점을 강조하고 있다. 비트루비우스가 주장한 건축의 3요소에서 구조Firmitas만 배제하면, 정확히 알베르티의 주장과 일치한다. 여기에 정신, 기술, 예술이란 개념은 비트루비우스가 주장한 건축가에게 필요한 직업적 규범과 맥락이 유사하다. 선과 각도를 조화롭게 사용하여 표현하는 것은 건물을 디자인하는 방법, 또는 도면을 표현하는 방법이다. 이 짧은 구절에 알베르티는 너무나 많은 개념을 사용하여 배분partitio을 정의하고 있다. 중요한 개념들이 혼재되어 있어 다소 혼란스러울 수는 있으나, 배분partitio이란 개념은 좁게는 건축디자인, 넓은 의미에서는 건축 정도로 이해할 수 있다. 하지만 알베르티는 비트루비우스와 달리 기능과 미학적 요소에 대한 사용자의 만족 여부를 배분partitio이란 개념을 사용하여 건축(혹은 건축디자인)의 좋고 나쁨을 판별하기 위한 기준으로 다루고 있음을 알 수 있다.

이 구절에 이어서 알베르티는 도시와 건축물의 관계에 대해 다음과 같이 언급한다.

> 철학자들의 원칙에 따르면 도시는 큰 집이고 집은 작은 도시이다. 그렇다면 도시의 구성원 자체를 작은 집이라고 부르면 안 될 이유가 있겠는가?

해석에 있어 다소 어려움이 있는 부분이다. 일반적으로 이 구절은 건축과 도시를 생물처럼 다루는 유기적 관점이 도입된 것으로 해석된다.

우선 위에 기술한 관점에 대해 살펴보자. 이 관점이 타당성을 얻기 위한 전제조건은 살아있는 생명체의 부분들이 서로 조화를 이루는 것처럼 건물의 부분도 다른 부분과 조화를 이루어야 하며, 도시 역시 그러해야 한다는 가정이 성립해야 한다. 이러한 가정하에서 도시, 건축물, 그리고 건축물의 각 부분을 서로 관계 맺고, 유지하는 마치 살아있는 생명체와 같은 존재로 보는 사회유기체설과 유사한 관점을 도입한 것은 타당한 논리적 전개이다. 물론 앞서 언급한 배분partitio의 원칙은 여기서도 적용이 된다. 하지만 여기서 배분partitio은 앞서 언급한 건축이나 건축디자인이라는 정의뿐 아니라 배분partitio의 원칙까지 포함하며, 그 원칙이란 정량적 관계를 의미한다.

어떻게 보면 알베르티는 이 구절에 대해 중의적인 해석의 여지를 남겨놓은 것처럼 보인다. 필자 또한 이 구절 자체만 볼 때, 충분히 유기적 관점의 도입이란 해석이 가능하다고 생각한다. 하지만 아래에 이어지는 구절을 고려한다면 다른 해석도 가능하다. 백번 양보해서 유기적 관점을 인정한다고 해도, 다음에 이어지는 구절은 명백하게 건축물 간의 관계, 즉 정량적 관계에 대한 언급이기 때문이다. 따라서 이 구절은 배분partitio의 원칙을 고려한 디자인의 적절성에 좀 더 무게가 실린 내용으로 해석이 가능하다. 만약 알베르티가 필자의 주장처럼 디자인의 적절성에 초점을 맞추어 집필했다면, 이 구절을 유기적 관점의 도입만으로 해석하는 것은 다소 편협하다는 것이 필자의 견해이다.

> 따라서 필요한 것 이상으로 더 많은 부분을 원하지 않도록 적절한 방식으로 건물을 지어야 하며, 이렇게 지어진 건물

에서는 어떤 부분도 어떤 식으로든 비난받을 수 없도록 건
물을 지어야 한다.

이 구절에서 알베르티는 도시 내부의 건축물들이 어떻게 관계를 맺고, 유지해야 하는지에 대해 언급한다. 여기서 강조하는 것은 바로 적절성, 즉 조화이다. 정리하자면, 도시와 건축물은 서로 적절하게 관계를 맺어야 하며, 이 관계는 조화를 이루어야 한다. 이렇게 해야 건물의 아름다움이 직관적으로 이해되기 때문이다. 복잡하게 적어 놓았지만, 중요한 점은 적절하게 조화를 이룰 때 아름다움이 직관적으로 이해된다는 점이며 이는 역시 비트루비우스의 건축미학과 같은 맥락으로 이해해야 한다. 참고로 여기서 관계란 건물 간의 수치적 관계, 즉 개별 건축물들의 높이, 너비, 깊이 등을 통해 나타나는 비례관계를 의미한다. 일반적으로 건축에서 관계란 단어는 정말 예외적인 경우가 아닌 이상 수치적, 정량적 비례관계를 의미하니, 다른 해석은 지양해 주길 바란다. 이에 대한 알베르티의 설명이 나중에 이어진다. 그리고 조화를 이루기 위해 필요한 방법이 바로 배분partitio이며, 배분partitio은 기능, 존엄성, 아름다움이라는 기준을 만족해야 한다. 좋게 보면 다소 포괄적이고, 어떻게 보면 다소 모호하다. 하지만 다음 구절에서 이 모호함은 어느 정도 해소된다.

하지만 이것이 모든 부분을 같은 선과 같은 방식으로 사용
하여 차이가 없어야 한다는 의미는 아니다. 어떤 부분은 더 커
서 좋을 것이고, 어떤 부분은 더 작아서 좋을 것이다. 어떤 부

분은 크지도 작지도 않아서 좋을 것이다. 어떤 부분은 직선이라서 좋을 것이고, 어떤 부분은 곡선이라서 좋을 것이다. 다른 어떤 부분은 직선과 곡선이 조화를 이루어서 좋을 것이다. 하지만 내가 여러 번 경고한 대로 과도함의 오류에 빠져 사지가 불균형한 괴물을 만드는 실수를 하지 말라. 다양성은 서로 다른 사물과의 상호 통일성을 통해 안정된 기반을 가질 때 비로소 맛있는 향신료가 된다. 하지만 그것들이 부적합하고 일관성이 없다면 어떤 의미도 가질 수 없다.

이 구절을 통해 알베르티는 건축적 규범이 너무 경직되고 과도하게 적용되면 위험하다고 생각했고, 다양성이 필요함을 주장했다. 하지만 과도한 다양성은 괴물과 같은 건물이 지어질 위험이 있다고 경고한다. 이러한 주장을 통해 알베르티는 건축적 대안이란 다양성을 추구하는 동시에 상호 통일성을 지키는 것이라고 강조하고 있다. 이는 오늘날에도 유효한 건축디자인의 원칙, 즉 상호 통일성과 다양성에 대한 언급이다. 그리고 이 두 기준의 적절한 조화를 추구하고 있다는 것을 암시하고 있다.

길게 돌아왔지만, 요약하면 결국 다양한 요소들을 기능적이고, 아름다우며, 통일성 있게 적절히 조화시키는 것이 건축이라는 아주 원론적이고, 단순한 결과로 귀결된다는 것을 알 수 있다.

이러한 주장을 통해 알베르티는 건축적 대안이란 의미에서 서로 다른 건축물의 상호 통일성이란 원칙을 전제로 다양성을 추구하는 이론적 기반을 확보하고자 했던 것으로 평가된다. 이쯤 읽다 보면, 그의 이론과 미학을 어떻게 평가해야 하는지 다소 혼란이 올 수도 있다. 왜냐하면 그는 고대 건축에 대한 비판적 관점과 존경을 유지하면서도 수학적 비례에 대해 맹목적인 믿음을 가지고 있는 듯한 인상을 주기 때문이다. 아마도 알베르티에게 고대 건축은 단순히 뛰어나며 규범적인 것만은 아니었던 것으로 보인다. 그는 새롭고 더 좋은 디자인을 통해 적어도 고대 건축과 동등하거나 이를 뛰어넘는 새로운 건축에 대한 가능성을 믿고 있는 것으로 보인다. 이어서 제4권 1장의 내용을 살펴보자.

> 건물이 사람들의 필요에 의해 지어진 것은 분명히다. 왜냐하면 만약 내가 올바르게 이해했다면 사람들은 악천후로부터 자신과 재산을 보호하기 위해 건물을 짓기 시작했기 때문이다. 그들이 이러한 목적을 달성했을 때, 그들은 더 이상 그들의 육체적 필요를 충족시키는 것에 만족하고 싶지 않았으며, 또한 그들에게 더 큰 편의와 위안을 줄 수 있는 다른 어떤 것도 무시하고 싶지 않았을 것이다.

> 마침내 그 결과 그들은 자연스럽게 제공되는 좋은 환경의 기회를 활용하여 무엇이 자신들의 쾌락에 대한 욕구를 충족시킬 수 있을지 고민하기 시작했으며, 나날이 새로운 진전을 이루었다. 그중 일부는 단지 생활의 필요^{necessitas}를 위한 건물이었고, 일부는 편의기회, ^{oportunitas}를 위한 것이었고, 다른 것들은 일시적인 즐거움^{vouptas}을 위한 것이었다고 하는 것이 가장 적절할 것이다.

비트루비우스와 마찬가지로 알베르티도 건축이 기능^{Utilitas}에서 발생했다고 믿지만, 건물 유형에 따라 기능^{Utilitas}이라는 개념을 다르게 설명한다. 그는 건물의 기능을 필요, 편의(기회), 일시적 즐거움으로 구분하여, 건물 또한 생활의 필요^{necessitas}를 충족시키는 건축, 편의와 기회$^{oportunitas, 합목적성}$를 제공하는 건축, 쾌락$^{voluptas, 일시적 즐거움}$을 위한 건축으로 구별한다. 이어지는 구절을 살펴보자.

> 우리가 수많은 건물과 그 건물들이 가지고 있는 다양성^{varietas}을 살펴보면, 그 건물들이 모두 특정한 목적만을 위해 지어진 것도 아니고, 특정한 용도만으로 지어진 것이 아니라 주로 사람들이 가지고 있는 다양한 이유로 지어졌다는 것을 쉽게 알 수 있다. 따라서 우리가 지금까지 해왔던 것처럼 건물의 유형을 충분히 알고 싶다면 우리의 전체적 연구 방법은 사람들을 이해하는 것으로 시작되어야 한다. 그들이 필요로 하는 것이 무엇이며, 그 필요가 서로 다른지, 그리고 어떻게 다른지를 판별할 수 있어야 필요한 건물의 유형을 더 명확하게 인식하고 제대로 구별할 수 있다.

그는 건물의 기능^{Utilitas}에서 나타나는 다양성^{varietas}은 단순히 특정 목적을 위해서만 수립되는 것이 아니며, 이는 인간 개성의 표현으로 나타난다고 주장한다. 즉 건축과 개인 및 사회구조 사이의 관계에 대해 이해를 해야 제대로 건축을 이해할 수 있다는 주장을 하고 있는 것이다. 이 대목은 건축과 사람, 사회 사이의 유기적 관계가 있다는 전제하에, 건축에 유기적 관점과 사회학적 관점을 도입한 것으로 해석해도 무방하다.

6.1. 아름다움美, Pulchritudo과 장식Ornamenta

돌고 돌아 다시 제자리

이어서 살펴볼 내용은 제9권 5장이다. 이 부분은 알베르티 미학의 이론적 핵심이며, 아름다움美, Pulchritudo에 대한 설명이다.

> 이제 나는 내가 약속한 것을 이야기하고자 한다. 즉, 모든 종류의 아름다움과 장식은 무엇으로 구성되어 있는지, 더 정확하게 표현하자면 모든 종류의 아름다움이 어디에서 나오는지 이야기하려고 한다. 하지만 이는 무엇보다도 어려운 과제이다.

> 왜냐하면 건축물을 구성하는 부분(또는 부재)의 수와 그 성격에 따라 개별적으로 설명하고 선택해야 하는 것, 개별 부분으로 구체적이고 동등한 방식으로 나누거나 여러 부분을 결합하여 하나의 전체와 하나의 형태를 찾고, 그것들이 올바른 방식으로 조화롭게 연결되어 있는지를 찾아내어야 하기 때문이다. 내가 여기서 하고 싶은 것은 바로 이와 비슷한 것이다. 이러한 것들은 따라서 어떤 것들이 어떤 방식으로 하나로 합쳐지고 상호 통일성 있게 연결될 수 있는지, 어떤

것들이 서로 상충되고 분리되는 것인지에 대한 본질을 파
악하는 것이 반드시 필요하다.

  이 구절은 간단하게 해석하자면, 건축물의 아름다움은 크게 세 가지 요소, 즉 건축물을 구성하는 부재의 수와 성격, 그리고 이들을 조화롭게 연결하는 방법으로 구성된다는 것이다. 이어지는 구절에서 알베르티는 고대인들은 건축물을 만들 때 자연을 모방해야 한다고 생각했다고 주장한다. 자연이 만들어 낸 것 중에서도 아름답게 보이는 것이 있으며, 그렇지 않은 것도 있으니, 건축물의 아름다움 여부를 판별하기 위해서는 자연이 만들어 낸 것들에서 어떤 것들이 어떤 이유로 아름답게 보이는지에 대한 원인을 찾아야 한다고 주장한다. 알베르티는 아름다움에 대한 개인차가 있음을 인정하지만, 그 이면에는 내재적 본질이 있다고 주장한다. 다음의 구절을 살펴보자.

> 아름다움^{pulchritudo}은 부분을 전체로 이루는 일종의 일치와 조화이다. 아름다움은 특정한 수^{numerus}, 특별한 관계^{finitio} 및 배치^{collocatio}로 나타난다. 이는 결국 조화^{concinnitas}이며, 가장 완벽한 최상위의 자연법칙이다.

  알베르티의 주장에 따르면, 앞서 언급한 아름다움의 본질은 바로 수^{numerus}와의 관계^{finitio}, 그리고 이들을 조화롭게 배치^{collocatio}하는 것이다. 여기서 라틴어 finitio는 영문판에서

finishing, 독일어판에서는 Bezeihung으로 번역되어 있어 다소 혼란의 여지가 있다. 특히 영어 finishing을 흔히 알고 있는 중2 영어 수준으로 일의 마무리나, 마감으로 해석하는 것은 명백한 실수이다. 원래 라틴어 finitio에는 경계를 정함, 규정, 법칙의 의미가 더 강하다. 사전적 의미로 경계를 정하고 규정한다는 의미는 두 개 이상의 무언가를 구별한다는 것이며, 구별이 되면 차이와 관계가 필연적으로 발생한다. 이 중 문맥상 가장 어울리는 번역은 관계로 판단된다.

조화concinnitas는 자연의 절대적이고 최고의 법칙이며, 절대적이며 기본적인 비례관계이다. 자연이 만들어 내는 모든 것은 조화의 법칙에 따라 창조되기 때문이다. 이러한 전제하에 조화concinnitas라는 개념을 통해 알베르티는 자연의 법칙 = 아름다움의 법칙 = 건축의 법칙이라는 공식을 확립한다. 하지만 어떻게 보면 조화concinnitas는 자연을 구성하고 창조하는 방식이니, 자연보다 우선 되어야 하는 신神의 원리이다. 알베르티가 건축에 조화concinnitas를 연결한 것은 자연을 관찰하고 모방한 결과에 기반을 두고 있으며, 자연에서 관찰되는 형태의 다양성은 주범양식classical order으로 건축에 반영된다.

> 그리고 건축물이 세워진 목적에 따라 각기 다르다는 것을 고려했을 때, 우리가 오래된 책(『건축십서』를 의미)에서 보여준 것처럼, 사람들은 다양성을 건축물에 부여해야 했다.

> 자연을 모방하여 건물을 장식하기 위한 디자인을 스스로
> 고안하고 이름을 부여했다. 이들 중 하나는 튼튼하며, 작업
> 및 내구성에 더 적합했고, 사람들은 그것을 도리스 양식이
> 라고 불렀다. 두 번째는 우아하고 유쾌했으며, 사람들은 그
> 것을 코린토스 양식이라고 불렀다. 이 둘이 혼합된 양식을
> 이오니아 양식이라고 불렀다. 이렇게 그들은 건물 전체를
> 고려하여 양식을 고안했다.

여기서 한 가지 덧붙이자면, 알베르티가 건축을 자연의 무한한 다양성과 유사하게 이해한다는 사실은 그가 자신의 건축 규칙만이 전부라고 고집하는 것이 아니라는 방증이라고 볼 수 있다. 알베르티의 주장은 어디까지 무언가를 짓기 위한 가능성을 언급한 것이며, 일부의 경우 그 자신이 언급하는 다른 대안도 있다는 점이 그가 하나의 이론만을 주장한 것은 아니라는 점을 시사한다.

지금까지의 내용을 잠깐 요약하는 것이 좋겠다. 알베르티는 아름다움과 관련하여 인간 취향의 상대성을 인정했다. 하지만 아름다움을 고정된 관점과 특정한 내적 통찰력을 기반으로 해석하려고 노력했다. 이러한 이중적인 관점을 건축에 적용한다는 의미는, 실제로 우리의 내면을 자극함과 동시에 눈을 사로잡는 건물의 형태가 분명 존재한다는 믿음에 기반한 것이라고 해석할 수밖에 없다. 그 자체로 모순이 되긴 하지만, 일종의 상대적이면서 절대적인 완벽함에 대한 갈망이라는 표현은 다소 지

나친 해석일까?

하지만 일견 모순으로 보이는 알베르티의 미학적 태도는 비트루비우스에서 이어지는 건축미학의 핵심적 논리이다. 분명 형식논리적으로는 모순이 되나, 형태를 구성함에 있어 절대성과 상대성을 어떻게 정의하느냐에 따라 결코 불가능한 일은 아니기 때문이다. 앞서 필자는 비트루비우스 편에서 건축미학의 최종 목표는 아름다움에 대한 직관적 이해이며, 이를 위해 비례와 왜곡이 필요하다고 언급했다. 여기서 수학적 비례와 왜곡이 각각 절대성과 상대성에 해당되는 개념이다. 건축 미학에 대해서는 차후 심도 깊게 다룰 기회가 있으니, 일단 이 정도로 넘어가자.

알베르티가 제시한 아름다움의 세 가지 기준은 수numerus, 관계finitio, 배치collacatio이며, 그는 이러한 개념들을 종합하여 최상위 미학적 개념인 조화concinnitas를 도출했다.

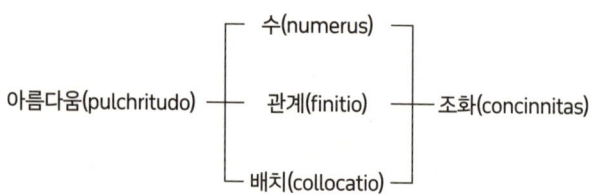

하지만 여기까지의 내용에서 알 수 있는 또 하나의 사실은 돌고 돌아왔지만, 결국 알베르티도 비트루비우스를 크게 벗어나지는 못했다는 점이다. 그의 건축이론이 비트루비우스 이론을 단지 재구성한 것에 지나지 않는다는 비판이 나온 이유도 충분히 이해할 만하다. 그러나 알베르티는 건축미학을 설명하면서 드디어 비트루비우스와는 다른 자신만의 이론을 전개하고 있다. 수numerus, 관계finitio, 배치collocatio에 대한 알베르티의 해석을 살펴보자.

6.2. 수numerus

수가 없으면 아름다움도 없다

수numerus에 대한 알베르티의 관찰은 자연을 기반으로 한다. 그는 자연에는 짝수와 홀수가 있다는 것을 언급하고 이를 건축에 법칙으로 적용한다. 이어지는 제9권 5장의 내용은 다음과 같다.

> 사람들은 우선 자연에서 사용되는 수numerus의 일부는 짝수이고 일부는 홀수라는 것을 알고 있었다. 그들은 짝수와 홀수를 다 사용했지만, 짝수와 홀수의 쓰임새는 달랐다.
>
> 건물의 뼈대, 즉 기둥과 모퉁이의 경우 등은 홀수로 만들지 않았다. 왜냐하면 자연에서 홀수의 발로 서거나 움직이는

동물은 없기 때문이다. (건축물의 구조가 되는 기둥의 개수는 짝수가 되어야 한다는 의미이다)

반면에 그들은 항상 홀수의 개구부를 만들었다. 이는 자연에서도 관찰된다. 왜냐하면 자연은 생물에게 짝수 개의 귀, 눈, 콧구멍을 주었지만, 예외적으로 입은 단 하나를 주었기 때문이다. (눈, 귀, 콧구멍의 개수가 짝수이며, 입은 하나이므로 전체의 합은 홀수가 된다. 따라서 건물의 개구부는 홀수가 되어야 한다는 의미이다)

이후 알베르티는 여러 숫자에 의미를 부여한다. 3이 중요한 이유는 철학자들이 자연이 세 가지 원리로 구성되어 있다고 말하기 때문이며, 4는 신에게 바쳐진 수로 가장 엄숙한 맹세를 할 때 항상 네 번을 반복했다. 5는 그 자체로 신성하여 예술의 신들에게 바쳐야 하는 숫자이다. 6은 모든 부분의 합이 전체를 구성하는 수로 자체로 완벽한 수이다. 신은 하늘에 일곱 개의 행성을 만들었고 만물의 잉태, 성장, 성숙 등이 7이라는 숫자에 수렴하도록 만들었다. 8은 사물의 본질에 놀라운 작용을 하는 수이다. 9는 자연이 하늘을 만든 원리가 되는 매우 중요한 숫자이다. 10은 아리스토텔레스에 따르면 모든 숫자 중에 가장 완벽하다. 『건축론』에 언급된 숫자에 대한 설명을 전부 다 언급하기는 힘들지만, 여기까지만 보면 이게 무슨 소린가 싶기도 하다. 이런 설명은 여전히 신학과 고대의 믿음에 기반을 둔 해석이 아닌가?

참고로 알베르티가 수^{numerus}와 수학을 인식했던 방법에 대해 간단하게라도 설명을 하고 넘어가는 것이 좋을 듯하다. 비록 『건축론』에는 직접적인 언급이 없으나, 알베르티는 그의 지인이었던 독일의 철학자이자 수학자인 니콜라우스 쿠자누스 Nicolaus Cusanus, 1401~1464의 철학에 영향을 받은 것으로 추정된다. 그의 저서 『De docta ignorantia$^{박학한\ 무지,\ 1440}$』에서 쿠자누스는 다음과 같은 말을 남겼다.

> 수를 없애면 구별, 질서, 비례, 조화 및 존재의 다양성이 사라진다.

쿠자누스와 마찬가지로 알베르티 또한 수의 중요성을 인식하고 있었을 것이다. 따라서 여러 숫자에 다양한 의미를 부여한 것으로 생각되나, 이해하기는 다소 힘든 부분이다.

혹시 앞서 비트루비우스의 비례이론을 설명할 때, 완전수 10과 6에 관해 설명한 것을 기억하는지 모르겠다. 기억이 나지 않는 분들은 비트루비우스 편을 다시 참고하기 바란다. 비트루비우스는 인체에서 발견되는 수와 비례를 기반으로 10과 6을 완전수라고 주장했고, 이 둘을 더한 16은 가장 완벽한 수라고 주장했다. 완전수 10은 오늘날에도 무리 없이 이해할 수 있지만, 6에 대해서는 모호한 감이 없지 않아 남아있었다. 이어지는 설명은 알베르티가 6을 완전수로 주장한 이유이다.

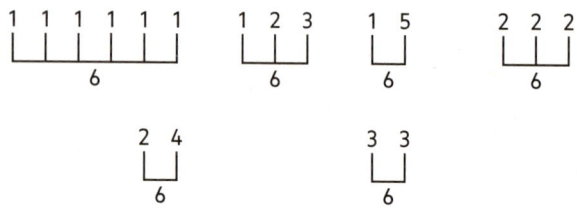

이는 수학에서 말하는 완전수의 개념이다. 수학에서 완전수란 자기 자신을 제외한 진약수들의 합이 다시 자신이 되는 수라고 정의된다. 6의 약수는 자기 자신인 6을 제외한 1, 2, 3이고 진약수들의 합은 1 + 2 + 3 = 6, 즉 자기 자신이므로 6은 완전수인 것이다. 당시 6의 완전수에 대한 근거는 오늘날의 개념과 다소 차이가 있으나, 알베르티의 설명은 어떤 면에서 더 정교하다고 할 수도 있을 것이다. 당시에 이 원리를 발견한 사람이 누군지는 모르겠으나 아마도 아르키메데스가 유레카를 외친 것 이상으로 좋아했을 것 같다.

6.3. 관계^{finitio}

건축에서 관계는 인간관계가 아니다

이어지는 구절은 앞서 언급한 아름다움의 세 가지 기준 중 관계^{finitio}에 대한 설명이다. 비트루비우스의 이론과 비교를 하자면, 대략적으로 조화symmetria나 미적 구성eurythmia에 해당하는 관계는 현대의 비례개념과 유사하지만 좀 더 넓은 의미를 가지고 있다. 알베르티는 관계를 다음과 같이 정의한다.

> 나에게 관계란 치수를 측정하는 선들 간의 특정한 상호대응을 의미한다. 그중 하나는 길이이고 두 번째는 너비이고 세 번째는 높이다.

앞서 필자가 관계란 건물 간의 정량적, 수치적 비례관계, 즉 개별 건축물들의 높이, 너비, 깊이 등을 통해 나타나는 비례관계를 의미한다고 설명했던 것을 기억할 것이다. 그 근거가 바로 여기 설명된 알베르티의 주장이며, 이는 오늘날에도 분명 유효한 주장으로 필자는 판단하고 있다. 알베르티는 비례는 자연법칙과 같이 불변하는 것이라고 믿었던 것으로 추정된다. 이어지는 구절에서 그는 피타고라스의 말을 인용하고 있다.

> 자연은 모든 면에서 일관되게 움직이며, 모든 활동에 지속적인 유사성이 있다는 것은 매우 확실하다.

또한 그는 건축에서 조화로운 비례를 찾아내기 위해 음악의 비례를 도입하면서, 음악에서의 조화Hamonia와 건축에서의 관계finitio는 동일한 자연법칙의 적용을 받는다고 주장한다. 이에 대한 근거로 알베르티는 다양한 음악적 비례에 대해 언급한다. 다음은 조화로운 소리가 나는 현의 길이에 따라 도출된 다양한 수치적 비례관계이다.

1과 1/2을 의미하는 Diapente (0.667, sesquialtera라고도 함),
1과 1/3을 의미하는 Diatessaron (0.75, sesquitertia라고도 함),
1/2은 Diapason (0.5, dupla),
1/3은 Diapasondiapente (0.33, tripla),
1/4은 Dysdiapason (0.25, quadrupla)

이 외에도 다양한 비례관계에 대해 언급하지만 크게 중요하지는 않으니, 필요하신 분들은 가볍게 읽고 넘어가도 괜찮다고 생각된다. 어렵게 설명하고 있지만, 기본수들을 적절히 잘 조합하면 조화로운 건축적 비례가 나온다는 주장으로 이해하면 된다. 결국 이 또한 조화로운 비례에 대한 적절성에 관한 언급이며, 실제로는 반드시 그렇지만은 않다는 것이 사실이다. 얼핏 보면 알베르티의 방법론과 논증 방식은 분명 논리적으로 보이기는 한다. 하지만 이 논리를 통해 알베르티는 건축적 조화에 대한 나름의 완벽한 규범에 대한 강박을 보여준다고 오해할 정도로 수치에 집착하고 있다. 이런 태도는 앞서 조화와 아름다움에 대해 개인차를 인정한 것과는 모순이 되고 있다. 따라서 여기서 언급된 수치들은 조화로운 비례에 대한 원론적 설명 정도로 이해하자.

그러니 이 부분을 읽고 건축과 음악의 원리는 수학에 기반을 두고 있으니, 그 결과물 또한 같거나 유사할 것이라는 오류를 범해서는 안 된다. 어디까지나 기본 원리에 관한 이야기로 받아들여야 한다. 하나는 보이는 것이고, 다른 하나는 들리는 것이다. 적어도 필자의 상식으로 서로 다른 감각을 동일하게 취급할 수 있는 논리적 근거는 없다. 기본 원리가 같다고 결과물이 같다는 식의 논리를 너무 과도하게 확대해석한다면, 결국 세상은 하나라는 결론에 도달할 수밖에 없으며, 그런 세상에서는 무엇이 건축이고 무엇이 음악인지 구별하는 것이 무의미해질 수밖에 없다.

6.4. 배치 collocatio

결국은 조화

이어지는 제9권 7장은 배치collocatio에 대한 설명이다. 여기서 배치collocatio란 각 부재 또는 공간 상호 간의 조화로운 배치에 대한 설명이다. 다시 말해 다양한 부재들이 어떻게 배치collocatio되어야 조화롭게 보일 수 있는지에 대한 설명으로 이해하면 된다. 즉, 배치collocatio를 통해서 (좋은, 아름다운) 건축의 원리란 무엇인가를 찾아내려는 시도 정도로 이해하자. 이를 위해 알베르티는 이미 수많은 숫자를 통해 관찰한 원리를 바탕으로 건축적 조화Symmetria란 개념을 도출한다. 여기서 알베르티가 언급한 건축적 조화Symmetria는 일종의 자연법칙, 즉 규범으로서의 조화 Symmetria를 의미하는 것으로 해석되어야 한다.

6.5. 미학의 확장

분명 멀리 간 것 같지만 그래도 중요하다

앞서 잠깐 언급했듯이, 알베르티가 주장한 미의 개념은 일반적인 미학의 범주를 넘어서고 있다. 아래는 제6권 2장의 구절이다.

> 아름다움은 위험한 적이라도 분노를 억제하고 무사히 남겨두도록 할 것이다. 그렇다, 나는 인간의 폭력 때문에 작품이 가진 형식의 존엄성과 우아함이 침해되지 않을 것이라고 감히 주장하고 싶다.

여기서 그는 아름다움은 감정을 유발시키며, 이로 인해 의사결정에 영향을 줄 수 있다는 대담한 주장을 하고 있다. 알베르티가 당시 개인적 감정과 선호 등의 문제에 관심이 있었는지는 알 수 없다. 하지만 이러한 주장은 현대의 의사결정론에서도 중요하게 생각되지만, 제대로 다루기 힘들며 논란이 있는 영역이다. 비록 짧은 문장으로 끝나긴 했으나, 필자는 개인적으로 분명 시사하는 바가 크다고 생각한다. 여기서 심도 깊게 다루기는 무리가 있으니 다음을 기약하자.

이어서 알베르티는 장식Ornamenta에 대해 설명한다. 하지만 여기서 장식이란 개념은 비트루비우스의 그것과는 크게 다르다. 비트루비우스에게 장식은 형식과 내용의 적절성을 판단하는 기준이었다. 하지만 알베르티에게 장식은 장식품의 의미로 이해되며, 반드시 필요한 요소가 아닌 추가적이고 인공적인 것으로 판단된다.

> 장식은 아름다움을 뒷받침하고 보완하는 것이 될 것이다. 내 생각에는 아름다움은 아름다운 몸에 내재해 있고 몸에 완전히 스며들지만, 장식은 내적 본성이라기보다는 가상의 외양이자 외적 요소에 가깝다는 것이 분명해진다.

알베르티는 장식을 건축의 필수적인 요소가 아닌 부가적인 그 무언가로 이해하고 있으며, 이 점은 건축이론에서 중대한 의미를 담고 있다. 왜냐하면 비트루비우스의 건축이론에서 장식은 건축의 정체성을 부여하는 요소이기 때문이다. 하지만 알베르티는 아름다움을 내재적 요소로, 장식을 부가적 요소로 정의하고 있다. 비트루비우스의 관점에서 보면 장식을 부가적 요소로 정의한다는 것은 건축의 정체성을 표현할 수 있는 방법을 무시하는 것이다. 하지만 우리가 알베르티의 의견을 제대로 이해하기 위해서는 다음과 같은 전제가 필요하다.

알베르티는 장식이 건축에서 언젠가는 불필요해질 수도 있을 것이라고 믿었다.

이 전제의 근거는 바로 건축의 여섯 가지 기본 요소이다. 앞서 필자는 건축의 여섯 가지 요소를 설명하면서, 이들 중 건축물을 구성하는 물리적 요소, 즉 paries벽, tectum지붕, apertio개구부는 초기 근대건축의 미니멀리즘적 요소와 유사하다고 언급했다. 다시 말해, 이 세 가지 요소만으로 건축물은 물리적으로 완성되며, 기능이 부여될 수 있다는 의미이다. 따라서 본질적 측면에서 더 이상 장식은 필요하지 않다. 이 논리는 알베르티에게 건축을 구성하는 물리적 요소에서 장식을 배제할 수 있는 근거가 된다.

여기서 논의를 조금 더 확대해 보자. 보는 관점에 따라서 다소 과도한 해석이라고 생각할 수도 있으나, 미니멀리즘에 장식의 불필요성까지 더해진다면, 이는 근대건축이론과 거의 유사하다는 것이 필자의 해석이다. 알베르티가 집필 당시 어떤 의도를 가지고 위의 내용을 언급했는지는 정확히 알 길이 없지만, 필자의 추론이 틀리지 않았다면 이는 이미 수백 년 후에나 나타날 건축의 발전 방향에 대한 예측으로 보아도 무방할 것이다.

그런데 무슨 심경의 변화가 있었는지 알 수는 없으나, 알베르티는 갑자기 장식에 대한 입장을 180도 전환한다. 제9권 9장의 내용을 살펴보자.

> 도시에 거주하는 사람들을 위한 집의 장식은 매우 진지해
> 야 하며, 시골집은 쾌활하고 시각적으로 우아해야 한다.

장식의 사용과 관련하여 알베르티가 건물의 기능이나 건물의 거주자에 대한 적절성을 기준으로 판단한 것으로 보아 적어도 이 부분은 비트루비우스의 의견을 따른 것으로 판단된다. 다시 말해 각 거주자의 지위에 적절한 장식이 이루어져야 한다고 주장하고 있다. 앞서 필자가 해석했던 장식의 불필요성과는 정면으로 대치되는 내용이다. 필자의 추정으로는 아마도 알베르티 또한 건물이 사용자의 품격이나 특성을 반영하여 디자인되어야 한다는 비트루비우스의 생각에 어느 정도 동의를 한 것으로 보인다. 그러면서 다른 한편으론 굳이 장식이 필요하지 않다는 자신의 생각 사이에서 갈등했던 것으로 보인다.

7. 건축론은…

조심스럽게 해석해야 한다

알베르티의 건축이론을 제대로 해석하고 평가하기는 쉽지 않은 일이다. 이미 살펴보았듯이 르네상스를 어떻게 평가하느냐에 따라 그의 학문적, 정치적 입장에 대한 해석이 달라질 수 있으며 그의 건축이론이 다르게 평가받을 수 있기 때문이다. 고

대부터 르네상스 초기까지의 사상들에 대한 전반적인 이해와 그의 건축이론의 관계가 바탕이 되어야겠지만, 아직은 이러한 작업이 만족스럽게 이루어지진 않은 것으로 보인다. 또한 비트루비우스의 영향을 받았다는 점은 분명하며, 그의 이론이 과연 독자적인 이론인지에 대한 논란도 여전히 남아있다. 게다가 그가 『건축론』 집필을 시작했을 당시, 그는 건축가로서의 경험이 거의 전무했으며 그의 이론과 실제 작업 사이의 관계를 찾기가 힘들다는, 즉 이론과 실천 사이의 괴리가 너무도 크다는 비판 또한 꼬리표처럼 따라다니고 있다. 일부에서는 그의 이론과 작업 사이의 평가는 별개로 이루어져야 한다고 주장하지만, 과연 이러한 사실들이 이론과 실천 사이의 괴리가 원칙적 미양립성이란 이유로 정당화될 수 있을지는 의문이다.

물론 그렇다고 알베르티의 건축이 그의 이론과 전혀 무관하다고 이야기하기도 힘들다. 또한 알베르티가 이론가이자 건축가로서 고대 건축에 관한 연구와 이론적 원리에 대한 새로운 관점을 개척한 것은 분명한 사실이다. 『건축십서』 이후의 닫혀있던 시간을 극복하기 위한 노력은 인정받아야 마땅할 것이다. 하지만 알베르티의 이론은 비트루비우스의 『건축십서』와는 달리 큰 주목을 얻지 못하였고, 널리 알려진 것도 아니었다. 『건축론』은 『건축십서』에 비해 (원론적인 관점에서) 분명 수준 높은 이론적 기준을 제시하고 있지만, 당대의 건축물에 대해 다루지 않았고 삽화나 그림들의 부재로 인해 건축가를 위한 실용적인 지침서로는 거의 사용되지 않았던 것으로 보인다. 따라서 여전히 이해하기 힘들다. 이해하기 힘드니, 결국 많은 주목을 받지 못했던 것이다. 하지만 그럼에도 불구하고 필자는 알베르티의 『건축론』은 지금까지의 건축이론사에서 이루어진 중요한 학문적 업적 중 하나로 평가받을만한 가치가 있다고 본다.

건축에 시대정신을 도입하였으며, 집착에 가까울 정도로 실증적 관점을 유지하며, 거의 모든 설명에 이에 해당하는 사례를 제시하려 노력했다는 점은 단순히 건축을 떠나 학문을 하는 분들이라면 분명 높이 평가할 수밖에 없을 것이다. 물론 필자도 개인적으로 알베르티의 『건축론』이 비트루비우스의 『건축십서』의 그늘에서 제대로 벗어나지 못했으며, 일부는 이해하기 힘들다고 판단하고 있다. 또한 지난 1400년간의 이론적 공백기를 극복했다고 보기도 힘들다. 하지만 이러한 한계에도 불구하고, 건축이론에 관한 관심을 불러일으켰고, 건축에 대한 새로운 이론적 관점을 제시했으며, 근대건축이론에 대한 기반을 마련했다는 사실만으로 분명 그 가치를 되새겨볼 필요가 있을 것이다.

제4장

1400~1500년대의 건축이론

제4장 1400~1500년대의 건축이론

중세 동안 침체(?)되었던 유럽 건축은 르네상스의 등장으로 전환기를 맞게 된다. 하지만 어디에나 예외는 있는 법이다. 건축이론 분야에서는 알베르티의 『건축론』이 등장했음에도 불구하고, 극적인 변화가 일어났다고 평가하기는 무리가 있는 것으로 판단된다. 앞서 언급했듯이 알베르티는 그의 저서를 통해 건축에 관한 관심을 불러일으켰으며 거의 1400년 동안 닫혀있던 건축이론의 문을 다시 열었으며, 건축에 대한 새로운 이론적 관점을 제시했다. 쉽게 말해, 건축가들과 건축이론가들이 다시 앞으로 나아갈 수 있는 기반이 마련된 것이다. 물론 알베르티 또한 그의 건축과 이론 사이의 괴리, 용어의 사용, 이론적 일관성에 대한 문제 등의 비판에서 자유롭지는 못하지만, 이런 문제들이 『건축론』의 가치를 평가절하시킬 요인이 될 수는 없다고 본다.

비트루비우스와 마찬가지로 알베르티의 저서와 이론 또한

약점을 가지고 있다. 필자는 이 약점들이 가리키는 사실은 아주 명확하다고 본다. 쉽게 정리하면, 결국 현실에 적용할 수 있는 건축의 이론적, 실천적 기반을 만들어 내지 못했다는 것이다. 다시 말해, 건축이라는 실천적 학문의 보편성이 아직 확보되지 못했다는 것이다. 하지만 1400년의 공백기를 채우는 것이 결코 혼자서 할 수 있는 만만한 일은 아니다. 당시 우후죽순으로 생겨나던 건축 사조들을 제대로 파악하고 정리하는 것조차 어려운 일이었을 것이다. 그 와중에 건축에 대한 이론적 관점을 새롭게 제시하려는 시도를 했다는 것만으로도 높이 평가받을 가치가 있다고 본다.

알베르티 덕분에 당대의, 그리고 후대의 건축가와 이론가에게는 건축이론의 새로운 기반이 생긴 셈이다. 하지만 이 기반 위에 아무거나 세울 수는 없는 일이다. 무엇을 어떻게 할 것인지에 대한 방향이 필요했다. 지금부터 알베르티 이후의 건축가들과 이론가들은 새로운 방향을 찾아야 한다. 누가 먼저 시작했는지, 어떻게 시작되었는지는 명확히 알 수 없으나, 서서히 새로운 방향이 정립되기 시작했던 것으로 보인다.

비트루비우스와 알베르티를 거치면서 발생한 건축이론의 공통된 문제점은 용어 사용이 모호하고 내용을 이해하기 어렵다는 것이다. 이론이란 모름지기 해당 분야의 정체성을 확립하고, 정당성을 규정하는 것일진대, 이론 자체가 너무 어렵거나 모호해서 이해하기 어렵다는 것은 두고두고 문제가 될 것이다. 따라서 알베르티 이후의 건축가와 이론가들은 이런 문제를 해결하는 것에 초점을 맞추었던 것으로 보인다. 게다가 인본주의의 시대가 아니던가? 이전까지는 아무리 어렵게 설명하고, 이해하기 힘들어도 신神의 뜻이라는 말 한마디로 넘어갈 수 있었겠지만, 이젠 그런 방식이 더는 설득력이 없다는 것을 다들 알고 있었을 것이다. 따라서 이 당시 출판된 건축 관련 서적들은 거의 예외 없이 이해하기 힘든 용어의 사용을 지양하고 있으며, 저자들 또한 최대한 쉽게 쓰려고 노력했다는 사실을 직간접적으로 언급하고 있다. 거기에 이해를 돕기 위해 삽화를 넣기 시작했다. 글씨만 빼곡한 책들만 보다가, 설명에 맞는 그림이 들어간 책을 보니 당연히 가독성은 좋아지게 된다. 이러한 노력의 결과는 이후 팔라디오 Andrea Palladio, 1508~1580 의 『건축사서 I quattro libri dell'architettura』에서 정점을 찍게 된다.

이 장章에서는 언급하는 처음 세 권, 필라레테의 『건축론 Trattato d'architettura』, 콜로냐의 『폴리필루스의 꿈 Hypnerotomachia Poliphili』, 그리고 파치올리의 『신성한 비례 De Divina Proportione』는 건축이론에서 반드시 필요하다거나, 큰 이론적 가치가 있다고 말하기는 힘들다. 하지만 『세를리오의 건축에 관한 7권의 책 I sette libri dell'architettura』과 비뇰라의 『건축의 5대 주범양식에 대한 규칙 Regola delli cinque ordini d'architettura』은 이후 16세기 유럽의 건축에 많은 영향을 준 중요한 문헌들이다. 이 두 책에 대해서는 나중에 자세히 언급할 기회가 있을 것으로 생각한다.

이 장*에서 필자가 주목하는 부분은 이론적 내용보다는 저자들의 표현방식에 대한 다양한 시도이다. 따라서 언급된 저서들을 당장 한 권씩 찾아서 꼼꼼하게 읽을 필요까지는 없다고 생각되며, 전체적으로 건축이론의 맥락을 파악한 후에 혹시라도 나중에 궁금해지면 그때 천천히 찾아서 읽어보기를 권한다. 지금은 자세한 내용보다는 제목과 저자, 전체적인 맥락 정도만 알고 있어도 충분할 것으로 생각된다.

앞서 제2장에서 다루었던 비트루비우스 이후 등장했던 중세 건축이론처럼 몇 명의 저자들과 저서들이 소개될 것이다. 가볍게 읽어보기 바란다.

1. 건축론 Trattato d'architettura

건축책인가? 소설책인가?

1400년경 이탈리아 피렌체에서 태어난 안토니오 아베를리노 Antonio Averlino, c.1400~ c.1469는 스스로 필라레테 FILARETE, Φιλάρετις = 미덕을 사랑하는 사람라고 칭했다고 한다. 드물긴 하지만, 요즘도 본인 이름 앞에 호를 붙이는 분들이 가끔은 있으니 그 정도로 이해하자.

필라레테의 『건축론Trattato d'architettura』은 대화 형식의 소설로, 가상의 도시 스포르진다Sforzinda의 계획과 건설에 대해 다루고 있다. 이 책은 프란체스코 스포르차Francesco Sforza와 피에로 데 메디치Piero de' Medici에게 헌정되었다. 아마도 다른 이론가들과 마찬가지로 필라레테 역시 건축론을 집필할 때 금전적 지원을 받지 않았을까 추정이 된다. 왜냐하면 책에 나오는 도시의 이름 스포르진다Sforzinda는 프란체스코 스포르차Francesco Sforza의 이름을 참고하여 지어낸 것으로 보이기 때문이다. 당시 책을 쓴 대부분의 저자들처럼 아마 필라레테 역시 지원에 대한 감사의 표시로 책을 헌정했을 것이다.

『건축론』은 25권의 책으로 구성되어 있다. 여기서도 역시 책이란 용어는 오늘날의 장章에 해당하며, 설명이 필요한 분들은 비트루비우스 편을 다시 참고하기 바란다. 이 책은 가상의 도시를 다루는 소설의 형식을 취하고 있어 딱딱한 이론서보다는 다소 편하게 읽을 수 있다. 물론 번역하면서 읽어야 하는 우리 입장에서야 이러나저러나 어렵긴 마찬가지지만.

이론과 관련된 기본적인 내용은 비트루비우스의 『건축십서』를 바탕으로 했으며, 대화 형식의 서술을 선택한 것으로 보아, 그는 플라톤의 대화편을 참고한 것으로 추정된다. 필라레테의 『건축론』에서 가장 중요한 부분은 내용보다는 건축에 관한 내용을 소설의 형식을 빌려 서술한 표현방식이란 점이다. 우선 전체적인 내용을 살펴보자.

『건축론Trattato d'architettura』은 건축가가 한 무리의 사람들에게 건축의 기본에 대해 알려주는 대화로 시작하여, 가상의 도시 스포르진다Sforzinda의 기원과 설명으로 이어진다. 스포르진다 항구 도시의 기초를 발굴하면서, 발굴 장소에 있었던 고대 도시 플루스시아폴리스Plusiapolis에 대한 설명이 포함된 황금 책 libro d'oro이 발견된다. 황금 책에 언급된 플루스시아폴리스의 건축가는 'Onitoan Nolivera'로 이는 필라레테의 본명인 'Antonio Averlino'의 철자를 사용하여 재구성한 이름이다. 플루스시아폴리스의 건물은 황금 책의 삽화를 기반으로 재구성되었으며 그 중 일부는 황금 책이 발견되기 이전의 스포르진다 디자인과 대부분 일치한다. 이러한 방식을 통해 필라레테 두 도시의 디자인이 고대 그리스의 기준에 부합한다는 주장을 은유적으로 하고 있다. 건축과 도시에 관한 내용은 제1권에서 제21권까지 다루고 있으며, 22~24권은 그림, 회화, 조각을 다루고, 25권은 후원자였던 메디치 가문에 대한 감사와 피렌체와 밀라노에 건설된 건물을 설명하고 있다.

건축과 도시를 다루는 제1권에서 21권까지의 내용을 자세히 살펴보면, 전반적으로 체계가 없다는 느낌을 받는다. 그럼에도 불구하고, 크게 세 부분 정도로 구분할 수 있다. 1권과 2권에서 필라레테는 건축이론의 핵심 요소를 제시하고, 3권부터 11권까지는 이상도시인 스포르진다의 계획과 확장을 설명하며, 12권에서 21권까지는 고대로부터 전해오는 실제 건물과 허구의 건물을 설명하고 있다.

비를 피하는 아담

이 책에서 가장 흥미로운 부분은 건축에 대한 기독교적 해석이다. 그는 건축의 기원을 기독교적 전통과 연결해 설명하고 있다. 제1권에서 필라레테는 에덴동산에서 추방된 아담이 최초의 원시 오두막The Primitive Hut을 지었다고 서술한다. 다시 말해, 아담이 최초의 건축가라는 주장이다. 그는 아담이 비를 피하려고 팔

원시 오두막을 짓는 사람들

을 들어서 막는 모습을 삽화로 보여준다. 이어서 원시 오두막의 구조와 당시 사람들이 짓고 있는 모습을 묘사하고 있다. 그의 종교적 성향에 대한 정확한 자료가 없어 단정하기는 힘들지만, 필자는 필라레테가 중세 사상의 영향을 많이 받았으며 기독교적 전통을 여전히 고수하고 있었던 것으로 생각한다. 왜냐하면 이러한 경향이 책 전체에 엿보이고 있기 때문이다. 하긴 초기 르네상스까지는 중세의 영향이 어느 정도 남아있던 시기였으니, 충분히 가능한 이야기로 보아도 무리는 없을 것이다. 그리고 이 부분은 앞서 설명했던 건축의 기원에 관한 비트루비우스와 알베르티의 주장과 비교해서 읽어볼 만하다.

그의 이론에 따르면 원시 오두막 기둥의 길이는 인간의 신체 치수를 고려하여 결정되었다. 이는 최초의 건축가인 아담이 원시 오두막을 지을 당시 이미 건물과 인체의 비례관계에 대해 이해하고 있었다는 것을 의미한다. 원시 오두막은 건축에서 중요한 의미를 가지는 대전제다. 모든 건축의 시작이 되는 원시 오두막이 인체의 비례를 고려하여 지어졌으니, 그 이후의 건물들도 이 규칙을 따라 짓는 것에 타당성이 부여되었기 때문이다. 다시 말해, 필라레테는 인체의 비례를 고려한 건축, 즉 신인동형론을 기반으로 한 건축을 명시적으로 주장한 건축이론가라고 할 수 있을 것이다. 신인동형론에 대한 설명은 비트루비우스 편을 참고하기 바란다. 다음의 구절은 주범양식의 기원을 인체에 비유한 제1권의 내용이다.

> 인간의 신체를 구성하는 요소들이 비례관계가 있다는 것을 알았기 때문에, 건물의 치수 또한 이와 같이 얻어내었다 … 신체는 전체적인 형태에 따라 다섯 계급으로 나뉜다. 이들 중 가장 큰 거인족과 가장 작은 난쟁이족의 신체는 불균형적이다 … 나머지 일반적인 신체는 다시 세 개의 계급, 즉 (그중 가장) 크고, 중간이며, 작은 계급으로 나누어지는데, 이들은 (나름의) 비례관계를 가지고 있다. 우리는 이 세 계급의 신체를 기준으로 치수를 도출하고, 비트루비우스는 이들을 각각 도리스 양식, 코린토스 양식, 이오니아 양식이라고 불렀다 … 첫 번째는 머리 길이의 9배이고, 두 번째는 8배이고, 세 번째는 7배이다(각 기둥의 길이가 지름의 7배, 8배, 9배라는 의미). 여기서 우리는 신체 비례의 결정은 아담에게서 시작되어야 한다고 주장할 수 있다. 왜냐하면 아담은 의심할 여지 없이 가장 아름다운 신체를 가지고 있었기 때문이다. 혹은 아담이 이러한 비례를 만들어 냈을 수도 있으나, 이는 증명될 수 없다. 하지만 그의 머리가 측정 단위로 인식되었을 것이라고 추정할 수는 있다.

필라레테는 건물을 구성하는 요소들의 크기는 인체의 비례를 참고하여 도출되었다고 주장한다. 이 주장은 비트루비우스와 동일하다고 보아도 무방할 것이다. 그는 인체의 비례관계에 따라 인간을 다섯 등급으로 구분했으며, 이는 사회계급과 다섯 가지 주범양식을 의식한 것으로 보인다. 조금 더 해석을 덧붙이자면, 위의 구절은 인체의 비례를 두 가지 방식으로 설명한다고 해석할 수도 있다. 첫째는 기둥의 치수가 인체에서 도출되었다는 점과 둘째는 기둥의 종류는 사회계층을 반영한다는 점이다.

하지만 필라레테는 그 중 도리스 양식, 코린토스 양식, 이오니아 양식만 언급하고 있는데, 왜 굳이 인체의 비례를 다섯 등급으로 구분했는지에 대한 자세한 설명은 없다. 아마도 필라레테는 다섯 가지의 주범양식을 모두 알고 있었기 때문에, 인체를 다섯 등급으로 구분했다고 추정하는 것이 합리적일 것이다. 이 중 세 가지 주범양식만 언급한 이유는 일반적인 인체가 세 가지 등급으로 나누어지기 때문으로 추정된다. 필라레테의 설명에서 흥미로운 부분은 사람의 머리가 기본모듈이 된다는 점이다. 기존의 주범양식에서는 기둥의 반지름이 모듈로 사용되었으나, 필라레테는 신인동형론의 관점에서 설명하고 있다. 즉 기둥을 인체로 보고, 인체에서 가장 중요한 부분인 머리가 기준이 된다. 원래 신인동형론은 인체를 하나의 전체로 보고, 수학과 기하학을 접목한 것이니, 논리적으로는 필라레테의 설명방식이 틀렸다고 할 수는 없을 것이다.

필라레테가 가정한 주범양식은 비트루비우스의 양식과는 차이가 있다. 비트루비우스는 도리스 양식의 비례를 1:6, 이오니아 양식은 1:8로 정의했으며, 후에 도리스 양식을 1:7로 수정했다. 그러나 주범양식에 대한 제8권의 그림에서 나타나듯이 그가 도리스 양식으로 묘사한 기둥은 컴포지트 양식에 가깝다. 반면 코린토스 양식은 홈이 없는 기둥과 다소 단순한 주두로 묘사되고 있다. 그림에서 보여주는 각 주범양식은 비트루비우스가 제시한 비례, 그리고 형태와는 많은 차이를 보여준다.

도리스 양식　　코린토스 양식　　이오니아 양식

필라레테의 주범양식

비례뿐 아니라, 기존에 알고 있던 주범양식들을 해체해서 재조합한 듯 완전히 다른 기둥의 형태를 보여주고 있다. 분명 고전적 주범양식에 대해 모르지는 않았을 것인데, 저자가 여기에 대해 특별한 언급이 없으니 답답할 뿐이다. 하지만 이러한 형태만 보고 필라레테가 주범양식을 제대로 몰랐다는 주장은 다소 무리가 있을 것으로 보인다. 비례에만 초점을 맞추어 보면, 주범양식의 왜곡은 기독교적 가치를 표현하기 위한 의도였을 것으로 추정이 된다. 필라레테는 일반적으로 고대 사원 비례를 살펴보면 높이가 낮다고 이야기하면서 이는 신들 앞에서 인간의 굴욕을 표현한 것으로 해석하는 반면, 기독교 교회는 더 높고, 날카로운 비례를 가지고 있으며, 이는 하나님을 무상하면서 인간의 영혼을 고양하려는 의도였다고 주장한다.

따라서 필라레테의 주범양식은 그가 고대 건축양식을 기독교적 가치와 연결하려는 장치로 보는 것이 타당하며, 여기서 그는 분명히 고딕양식을 지향하고 있는 것으로 추정된다. 하지만 여전히 형태의 왜곡에 대해서는 의문이 남을 뿐이다. 물론 소설의 형식을 빌려 썼고, 어느 정도 문학적 허구를 감안하더라도 여전히 이해하기 힘들다.

또한 필라레테는 건축이 살아있는 생명체와 같다는 알베르티의 주장을 더욱 발전시킨다. 그는 건축이 인간과 유사하다는 전제를 하고 있었으니, 건축에서 사용되는 치수와 차원 또한 인간으로부터 파생되었다는 주장은 논리적으로 타당해진다. 여기서 더 나아가 필라레테는 건축을 다음과 같이 묘사한다. 앞서 알베르티 또한 건축을 유기체에 비유하였으나, 필라레테는 이를 더 정교한 주장으로 발전시켰다고 볼 수 있다.

> 내가 살아있는 사람의 구조를 네게 보이리니, 사람은 사람답게 먹어야 살 것이다. 그리한다면 사람은 병에 걸리고 죽고, 쓰러지더라도 훌륭한 의사 덕분에 여러 번 회복된다 … 이를 건물에 대입하면 다음과 같이 말할 수 있다. 건물은 사람처럼 아프거나, 죽는 것이 아니다. 나는 이것이 사람과 건물의 가장 큰 차이점이라고 말한다. 사람은 먹지 않을 때, 즉 도움을 받지 못할 때 병에 걸리고, 마치 사람이 음식을 먹지 않으면 죽는 것과 마찬가지로 점차 쇠약해진다. 건물 또한 마찬가지로 건물이 병이 들었을 때 의사, 즉 고치는 주인이 있으면 오랫동안 좋은 상태를 유지하는데…

이렇게 필라레테가 건축 유기체론을 주장할 수 있었던 근거로 앞서 주범양식을 설명하기 위해 인체를 다섯 등급으로 분류하고, 건축을 인간과 비유한 점을 들 수 있을 것이다. 이러한 유기체론은 일종의 사회적 계급주의까지 그 의미를 확대할 수 있다. 앞서 알베르티는 기술자의 손은 건축가의 도구라는 주장을 통해 건축가의 우월성을 확보하려 했으며, 필라레테 또한 이러한 주장을 이어받았던 것으로 추정된다. 디자인과 시공의 명확한 분리, 디자인의 직업적 우월성에 관한 주장을 통해 건축가의

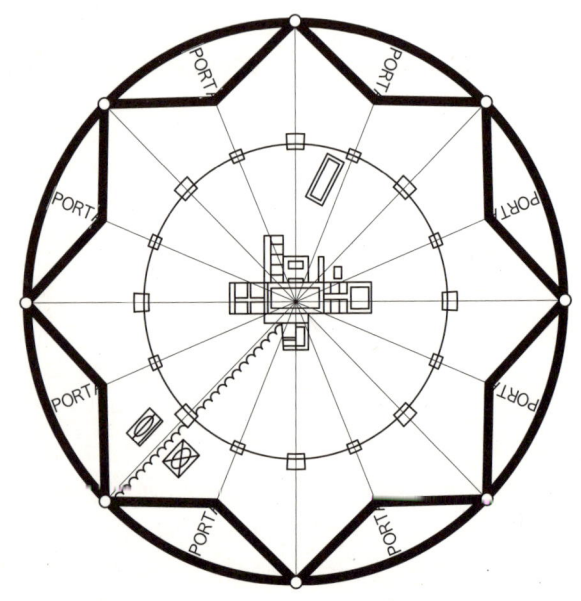

스포르진다 평면

사회적 지위와 명성을 높이려 시도했다는 사실은 책 속에서 이상도시 스포르진다Sforzinda를 계획하고 건설하는 과정을 통해 직간접적으로 드러나고 있다.

필라레테의 『건축론』에 묘사된 스포르진다는 건축가에 의해 계획된 이상도시다. 책 속에서 스포르진다는 불확실한 미래에 건설되는 것이 아니라 현재에 건설되는 것으로 묘사된다. 초석은 1460년 4월 15일에 놓였고, 형태와 배치뿐만 아니라 풍경까지 반영하여, 그림으로 구현되었다.

그는 책 속의 그림들을 계속해서 강조하고 설명한다. 왜냐하면 엄밀히 말해 이 그림들은 독자를 위해 그려진 그림들이 아니기 때문이다. 이 그림들은 책 속에서 건축가가 발견한 내용을 시각적으로 옮겨 놓은 것이다. 다시 말해, 건축가가 없었다면, 유적의 재구성이 불가능했던 것이다. 따라서 그의 『건축론』에 나온 그림들은 설명보다 더 중요한 역할을 하고 있다고 보아야 한다. 여기서 그림과 삽화의 역할은 후기 건축이론의 표현방식에 대한 새로운 가능성을 열어 주며, 이로 인해 문자를 통한 설명의 중요성이 점점 약해져 가고 있다고 해석할 수 있다.

스포르진다 배치도

하지만 필라레테의 『건축론』은 어디까지나 건축을 기반으로 한 소설로 많은 모순점이 발견된다. 그는 자신을 르네상스 건축의 대표자라 말하지만, 그의 사상과 형식은 여전히 주로 중세 사상, 특히 기독교적 전통과 밀접하게 연결되어 있다. 반면에 그가 묘사하고 있는 유토피아에는 여전히 전체적인 하향식 계획이 반영되고 있다. 그의 책은 건축이론이나 학술적 관점으로 접근하기에는 분명 무리가 있다고 판단된다. 하지만 건축적 아이디어를 독특한 표현방식을 사용한 문학작품으로서의 가치는 분명히 있다고 생각된다. 왜냐하면 소설의 형식을 빌리지 않고서는 건축적 아이디어를 이 정도로 극단적으로 표현하기 힘들었을 것이기 때문이다. 분명 이견이 있을 수 있으나, 이런 극단적 표현을 통해 필라레테는 르네상스 시대의 건축에 대한 새로운 관점을 도입했다고 평가할 수 있다. 비록 소설의 형식을 빌려오긴 했으나, 중요한 점은 글과 그림을 동시에 사용하여 독자들의 이해를 도왔다는 점이다. 그리고 이러한 노력은 분명 이후 건축이론의 표현양식에 영향을 미쳤다고 판단된다.

2. 폴리필루스의 꿈^{Hypnerotomachia Poliphili}

꿈은 이루어진다?

1499년 출판된 『폴리필루스의 꿈Hypnerotomachia Poliphili』은 소설과 건축이론의 경계에 있는 작품으로 평가된다. 이 책에는 저자의 이름이 명확하게 나와 있지 않아 오늘날까지 논란이 계속되고 있다. 도미니크회 수도사였던 프란체스코 콜로나Fancesco Colonna, 1433~1527가 가장 유력한 후보로 추정되고 있으나, 다른 동명이인이 집필했다는 주장도 있다. 이 책은 신화적인 로맨스 소설 정도로 보면 될 것 같다. 전체적인 내용은 다음과 같이 요약된다.

이 이야기는 주인공 폴리필루스가 자신을 계속 외면하는 연인 폴리아에 대해 꿈을 꾸는 것으로 시작한다. 그는 꿈속에서 그녀를 만나기 위해 전설에 나오는 사랑의 섬, 키테라를 찾아 떠난다. 그는 길을 가다가 숲에서 길을 잃고 잠이 들어 꿈을 꾼다. 꿈속에서 다시 꿈을 꾸는 것이다. 폴리필루스는 키테라를 향한 여행에서 마법의 숲, 동굴, 유적, 개선문, 피라미드, 호화로운 목욕탕, 원형극장 등을 지나며 신화 속의 생물, 님프, 신, 여신을 만나고 웅장한 궁전과 천국의 정원을 거닐어 본다. 마침내 그는 님프의 여왕을 만나고, 그녀에게 폴리아에 대한 사랑을 고백해 달라고 부탁한다. 님프들은 그를 세 개의 문으로 인도하면서, 그중 하나를 선택하라고 한다. 그는 세 번째 문을 선택하고 폴리아를 만나게 된다. 폴리필루스와 폴리아는 님프의 인도로 아름다운 사원으로 가서 서로의 사랑을 약속하고, 그들의 사랑을 축하하는 웅장한 행렬을 만난다. 마지막으로, 큐피드는 두 사람을 키테라로 데려가는데, 키테라에 도착한 폴리필루스가 폴리아를 껴안으려는 순간, 그녀는 안개처럼 사라지고 모든 것이 꿈으로 끝난다.

『폴리필루스의 꿈』에서 중요한 것은 내용이 아니다. 소설의 내용은 다양한 장소와 건물들을 방문하는 과정을 기술한 일종의 장치로 이해해야 한다. 여기서 중요한 부분은 건물에 대한 묘사와 삽화들이다. 이를 통해 저자가 건축에 대해 어떠한 태도를 가지고 있었는지 추정하는 것이 더 중요하다고 생각된다. 218쪽의 그림 '계단식 피라미드와 오벨리스크'를 묘사하고 있는 다

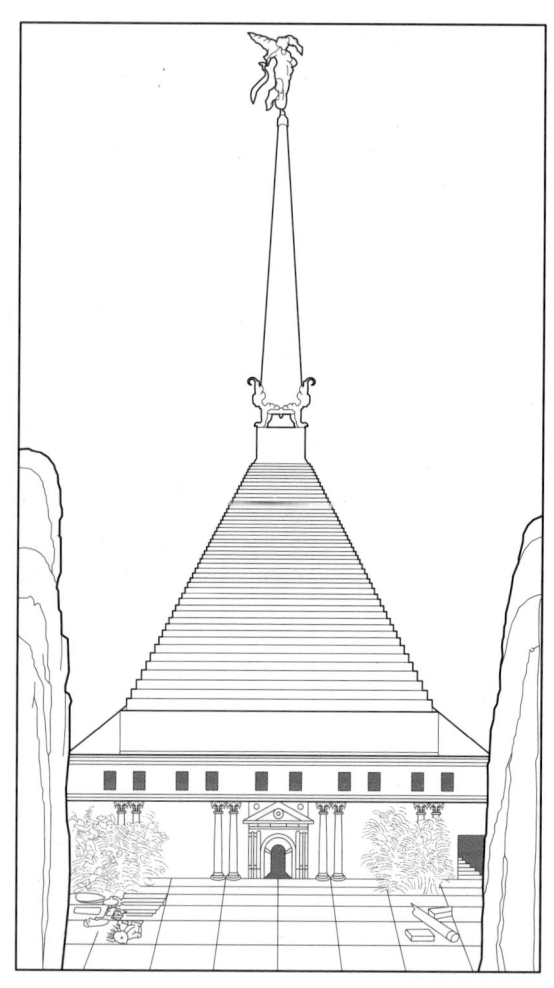

계단식 피라미드와 오벨리스크

음의 내용을 살펴보자.

> 높은 산 사이의 계곡에서 폴리필루스는 갑자기 엄청난 높이의 탑과 같은 건물 앞에 서 있는 자신을 발견한다. 이 건물은 꼭대기에 오벨리스크가 있는 거대한 계단식 피라미드로 묘사되며, 그 꼭대기에는 포르투나Fortuna, 로마신화의 운명의 여신의 동상이 회전하고 있다. 이 건물은 올림포스산이나 코카서스산보다 높으며, 훌륭하고 절묘한 대칭을 지닌 거대하고 피라미드 한 변의 길이는 경기장 여섯 개의 길이(약 900m)이다. 1,410개의 계단을 거쳐 오벨리스크에 이르는데, 그 크기는 다른 것들과 비교할 바가 아니다.

이 정도의 정교한 묘사는 건축에 관한 관심과 지식이 없이는 힘들 것이며, 따라서 저자는 당시 피라미드나 오벨리스크 등의 고대 건축에 대한 지식을 갖추고 있었음을 추정할 수 있다. 물론 묘사 자체가 상당히 과장되어 있기는 하며, 이 책에 나온 다른 건물에 대한 묘사들도 거의 유사하다. 하긴 소설이니 큰 제약 없이 과장된 표현을 사용할 수 있었을 것이다. 이어지는 221쪽의 '코끼리와 오벨리스크'를 묘사한 구절 또한 눈여겨볼 만하다.

> 그것은 흑요석보다 더 검은 돌로 된 거대한 코끼리였다. 작은 금빛 반점과 은빛 가루가 햇빛에 반짝이는 먼지처럼 두껍게 덮여 있었다. 극도로 단단하게 보이는 코끼리는 맑고 빛나는 광채를 드러냈고, 그 자체로 존재감을 나타냈다. 코끼리의 넓은 등에는 황동으로 된 안장같은 것이 놓여 있었

고, 넓은 배 아랫쪽으로 두 개의 띠로 고정되어 있었다 …
오벨리스크의 세 면에는 이집트 문자가 새겨져 있었다.

재미있게도 이 코끼리와 오벨리스크는 실제로 볼 수 있다. 로마의 판테온 옆에 있는 미네르바 광장 Piazza della Minerva에는 이 탈리아의 예술가 잔 로렌초 베르니니 Gian Lorenzo Bernini가 디자인한 코끼리와 오벨리스크 조각상이 자리 잡고 있다. 베르니니는 다양한 작품들을 참고하여 이 조각상을 디자인한 것으로 알려져 있으나, 『폴리필루스의 꿈』을 참고했다는 주장이 가장 설득력을 얻고 있다.

전체 작품에서 나타나는 건물에 대한 묘사들로 미루어볼 때, 저자는 이미 건축에 대한 지식이 있었던 것으로 보이며, 이는 그가 건축에 대한 나름의 독특한 세계관을 가지고 있었다는 증거로 보아도 무방할 것이다. 『폴리필루스의 꿈』이 건축 이론적으로 중요한 가치를 가지고 있다고 이야기하기는 힘들다. 오히려 이 책은 르네상스 문학사에서 더 중요한 가치가 있다고 보는 것이 올바른 평가일 것이다. 다만 건축에 관한 이야기를 특별한 형식을 빌려 자유롭게 표현한 점, 그리고 건물과 풍경에 정밀한 묘사, 삽화를 사용한 점은 이후 나타날 건축이론의 표현양식에 영향을 미쳤다고 평가된다. 물론 판타지 로맨스를 좋아하시는 분들은 한 번 정도 재미 삼아 읽어볼 만한 책이다.

코끼리와 오벨리스크

3. 신성한 비례 De Divina Proportione

중요하긴 하지만 뭔가 부족하다

1400년대 Quattrocento 말기, 프란체스코 수도사이자 수학자인 루카 파치올리 Lucs Pacioli, c.1445~1514? 는 1509년 『신성한 비례 De Divina Proportione』를 출판했다. 이 책은 철학, 원근법, 회화, 조각, 건축, 음악 및 수학 등을 다루고 있어 많은 사람의 관심을 끌었다고 알려져 있다.

책의 첫 부분은 책의 제목처럼 신성한 비례인 황금비를 다루고 있다. 두 번째 부분은 황금비와는 관계가 없는 건축의 규범과 양식에 대한 개요이며, 세 번째 부분에는 피에로 델라 프란체스카 Piero della Francesca, c.1415~1492 의 오정다면체론 Libellus de quinque corporibus Regularibus 을 수록해 놓았다. 하지만 파치올리는 오정다면체론의 저자가 누구인지 언급하지 않아 표절 의혹을 불러일으켰다고 한다. 확실하진 않지만, 당시 파치올리는 다른 사람의 작품을 자신만의 스타일로 재해석하는데 타고난 재능이 있었다고 한다.

하지만 실제로 르네상스 시대에는 산술적인 정수 비례가 더 선호되었다. 그 또한 이 사실을 알고 있었을 것이며, 따라서 파치올리가 왜 책의 첫 부분에서 황금비를 언급했는지는 여전히 의문이 남는다. 그 이유에 대해서는 정확히 알려지지 않았지만, 아마도 수학자라는 그의 직업이 큰 작용을 했을 것이다. 수학적 관점에서 황금비는 분명 미학의 인지적 요건을 완벽하게 충족시키는 비례이기 때문이다.

이 책에서 다루고 있는 건축의 핵심 개념은 비례와 비례의 성질이다. 비트루비우스Vitruvius와 프란체스코Francesco di Giorgio Martini의 이론을 적당히 결합하여, 인체에서 모든 차원과 모든 건축 형태를 파생시킨다. 앞서 프란체스코가 도시의 가장 중요한 부분이 인간의 머리에 해당한다는 개념이 다시 나타나며, 주요

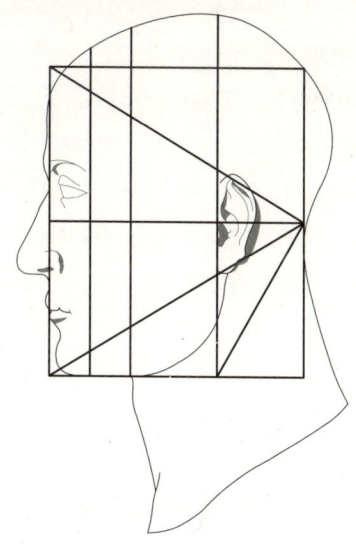

인간 머리의 비례와 기하학

한 도형은 원형과 사각형이며 비트루비우스의 인체비례도와 같이 인간의 비례에서 파생된다. 파치올리는 빌라르 드 오네쿠르 Villard de Honnecourt 와 마찬가지로 정삼각형에서 인간 머리의 비례를 도출한다. 또한 그는 비합리적인 수치 관계의 비례에는 합당한 이유가 필요하며, 이를 결정하는 중요한 요소는 우아함이라고 주장한다.

주범양식에 관한 설명은 대체로 비트루비우스의 설명과 유사하니 굳이 살펴볼 필요는 없다고 본다. 한 가지 특이한 점은 파치올리는 주범양식에 인간의 심리상태를 반영했다는 것이다. 그는 이오니아 양식은 우울함의 표현이고, 코린토스 양식은 기쁨의 표현이라는 주장을 한다. 또한 그는 주범양식을 설명하는 이론들이 문제가 있다는 비판을 이어나가지만, 정작 어떻게 수정되고, 어떻게 건축물에 적용되어야 하는지는 언급하지 않았다. 이러한 점으로 미루어 볼 때, 파치올리는 다양한 이론과 책들을 조합하는 것까지는 성공했으나, 정작 자신만의 이론을 만들어 내지는 못했다고 평가된다.

『신성한 비례』라는 제목에서 풍기는 분위기처럼, 파치올리는 고대 건축에 대해 당시의 일반적인 해석과는 다른 교조적이고 규범적인 태도를 취하고 있다. 일부에서는 이러한 사실을 근거로 약 1500년경을 기점으로 고대 건축에 대한 관점이 바뀌는 경향이 나타난다고 주장한다. 물론 이 시기를 기점으로 매너리즘 건축양식이 등장하긴 하지만, 파치올리의 이론과 직접적 관계를 찾기는 어렵다고 생각된다. 어쨌든 파치올리의 신성한 비례는 르네상스 시기의 많은 학자나 이론가들이 객관적이고 실증적인 태도를 유지한 것과는 다소 대조적이라 평가할 수 있을 것이다.

4. 건축에 관한 7권의 책 I sette libri dell'architettura

전공 책이라면 이 정도는 되어야 한다

르네상스 시대 이탈리아 건축가이자 이론가인 세바스티아노 세를리오 Sebastiano Serlio, 1475~1554는 『건축에 관한 7권의 책 I sette libri dell'architettura』을 출판했다.

세를리오는 어려서부터 회화와 원근법을 배웠고, 1514년부터 건축가이자 화가였던 발다사레 페루치 Baldassare Peruzzi와 함께 일을 하면서 건축에 입문했다. 페루치는 고대 로마건축에 대해 삽화를 중심으로 한 기록을 남겼으며, 세를리오는 이 기록에 들어갈 삽화를 담당했다. 이 기록은 세를리오가 건축에 관한 7권의 책을 집필할 때 기초자료로 사용되었다고 알려져 있다. 이로 인해 한때 세를리오가 페루치의 자료를 표절했다는 주장도 있었다. 하지만, 이후 그가 페루치의 작업을 참고한 것은 분명하나

이를 바탕으로 다른 이론서를 완성했다는 의견이 더 설득력을 얻고 있다. 이런 논란에도 불구하고 세를리오는 서유럽 전역에 이탈리아 르네상스 건축양식을 전파한 대표적 건축가로 언급된다.

세를리오는 페루치의 작업을 바탕으로 고전 건축에 대한 포괄적인 이론서를 계획했다. 순서대로 내용을 살펴보면, 제1권은 기하학, 제2권은 원근법을 다루고 있다. 제3권은 고대 로마 건축의 우수한 사례를 제4권은 건축의 일반규칙에 관한 설명이다. 제5권에서는 사원 건축, 제6권은 주거에 대해서 다루고 있다. 마지막 제7권은 건축가가 마주칠 수 있는 특별한 상황에 관해 설명하고 있다

이 책들은 이상하게도 출판순서가 뒤죽박죽으로 섞여 있다. 4권, 3권, 1권과 2권, 5권 등의 순서로 출판되었으며, 심지어 출판된 장소도 다 제각각이다. 어쨌든 단행본으로 출판이 되었으니 어떻게 읽든 큰 문제는 없어 보인다. 세를리오는 제1권에서 순서대로 출판하지 않은 이유에 대해 언급하는데, 기하학이나 원근법은 일반 독자들이 그다지 흥미를 느낄 주제가 아니었기 때문이라고 한다. 나름대로는 책을 판매할 전략을 세웠던 것이 아닌가 추정된다. 세를리오는 이 외에도 두 권의 책을 더해, 총 9권을 썼다. 이 중 제6권과 제8권은 20세기에 편집되어 출판되었다. 16세기에 출판된 책은 7권이라, 세를리오의 작품을 『건축에 관한 7권의 책』이라 한다.

이 장에서 필자는 책의 구성방식과 형식적 문제에 초점을 맞추고 있으나, 세를리오의 저서에 대해서는 이 후에 좀 더 알아볼 기회가 있을 것이다. 여기서는 우선 책의 구성방식에 대해 알아보자. 미국의 건축사학자이자 고고학자였던 윌리엄 벨 딘스무어William Bell Dinsmoor, 1886~1973는 세바스티아노 세를리오의 문학적 유물The literary remains of Sebastiano Serlio 에서 책의 구성방식에 대해 다음과 같이 설명한다.

> 건축적 내용을 기술하는 방법에서는 새로운 개념이었지만, 그 이후로 광범위하게 퍼졌기 때문에 그러한 방식이 그(세를리노)에게서 나온 혁신적인 방법이었다는 사실을 잊기 쉽다. 그는 그림을 첨부한 논문을 쓰는 것이 아닌, 그림을 주요 부분으로 삼고 각 그림에 필요한 간략한 해설을 첨부하는 방식을 계획했다. 이상적으로는 각 그림의 맞은편이나 옆에 텍스트 페이지를 첨부하는 방식이었을 것이다.

말 그대로 글 반, 그림 반이다. 한쪽은 그림, 한쪽은 설명을 배치하였고, 심지어 그림들도 한쪽 전체를 차지하고 있어 가독성을 최대치로 끌어올렸다. 지금이야 이렇게 편집된 책들이 워낙 많아 별것도 아니다 싶지만, 당시 전공 서적들은 주로 글씨만 빼곡하게 적혀있었으니, 책 읽기 싫어하는 사람들에게 이보다 더한 희소식이 있었을까? 심지어 그림들도 한쪽 전체에 큼지막하게 들어가 있으니, 책 읽기 싫어하는 사람들에게는 혁신적인 일이었을 것이다.

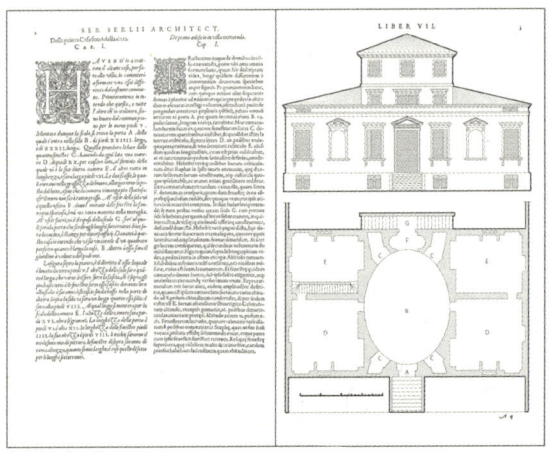

제7권에서 발췌

이 책의 글과 그림들은 건축을 다루는 규칙을 보여주며, 이 규칙을 도출하기 위해 실제 사례에 기반을 두고 있다. 건물의 분석과 측정에 실증적인 방법을 사용하여 나름의 규칙을 도출하려 노력했다는 점은 당시의 시대정신을 그대로 반영한 것으로 평가해야 할 것이다. 필자는 개인적으로 대중성이란 면을 배제하고 내용만 고려한다면, 세를리오의 책이 팔라디오의 『건축사서 I quattro libri dell'architettura』보다 더 뛰어나다고 생각한다. 세를리오는 실제 건축에 기반한 이론을 만들어 내고, 독자들의 이해를 위한 노력을 하였고, 이는 분명 당시 건축이론에 지대한 영향을 미쳤다. 이러한 노력에 대해 독일의 미술사가 하노-발터 크루프트 Hanno-Walter Kruft, 1938~1993는 다음과 같이 평가했다.

세를리오는 그의 책을 통해 그 전이나 그 후의 어떤 이론가
보다 실제 건축에 더 큰 영향을 미쳤다.

5. 건축의 5대 주범양식에 대한 규칙 Regola delli cinque ordini d'architettura

집착을 하려면 이 정도는 되어야 한다

지아코모 바로치 다 비뇰라Giacomo Barozzi da Vignola, Jacopo Barozzi da Vignola, 1507 - 1573는 16세기 이탈리아 건축가이자 건축이론가이다. 그는 당시 매너리즘 건축의 대표주자이자 로마에서 가장 중요한 건축가 중 한 명으로 여겨지고 있다. 비뇰라 역시 당시 이탈리아 르네상스 건축양식을 전파한 당대를 대표하는 건축가로 손꼽히고 있다. 가장 대표적인 작품으로 빌라 파르네제Villa Farnese와 예수회 교회Chiesa del Gesù를 비롯하여, 수많은 작품을 남겼다. 목록을 일일이 적는 것이 힘들 정도로 많은 작품을 남겼으니, 매너리즘 건축에 관심이 있는 분들은 한 번 정도 그의 작품들을 찾아서 살펴보기 바란다.

그는 1562년 『건축의 5대 주범양식에 대한 규칙 Regola delli cinque ordini d'architettura』를 출판했는데, 이 책 또한 세를리오의 책과 유사한 형식을 취하고 있다. 하지만 글 반, 그림 반이라고 해도

세를리오처럼 한쪽을 다 설명으로 채워 넣은 것이 아니라, 주로 그림을 넣고 남은 여백에 설명을 짧게 적어 놓았다. 231쪽의 그림은 이 책 본문의 첫 번째 그림을 필자가 이해하기 편하게 재구성해 그려 놓은 것이다.

그림의 이해를 돕기 위해 약간의 설명이 필요할 것 같다. 그림에 적힌 알파벳 대문자 M은 기둥의 모듈Module을 의미한다. 주범양식에서 모듈 M은 기둥의 가장 아랫부분의 반지름이다. 소문자 p는 모듈을 다시 분할 한 단위이다. 여기서 주의할 점은 토스카나 양식과 도리스 양식은 1M = 12p로 M을 12등분 한 길이가 p이다, 나머지 세 가지 양식, 이오니아, 코린토스, 컴포지트 양식은 1M= 18p로 M을 18등분 하여 사용하니 헷갈리지 말노록 하자. 그림에 나온 단위를 해석하는 방법은 간단히 예시를 통해 살펴보면 이해하기 쉽다. 그림에서 코린토스 양식 기둥의 길이는 16M 12p로, 이는 (16 x 반지름) + (12 x 반지름의 18등분)의 길이를 의미한다.

책 제목 그대로 비뇰라는 주범양식에 대해 자세히 설명하고 있다. 가장 먼저 다섯 가지의 주범양식을 보여주고, 토스카나, 도리스, 이오니아, 코린토스, 컴포지트 양식 순서로 설명하고 있으며, 각 양식은 다시 기단, 주두, 처마장식, 기둥 간의 간격 순으로 상세한 치수를 기입한 그림을 통해 설명하고 있다. 비뇰라의 주범양식에 관한 연구는 이후 팔라디오가 거의 그대로 자신

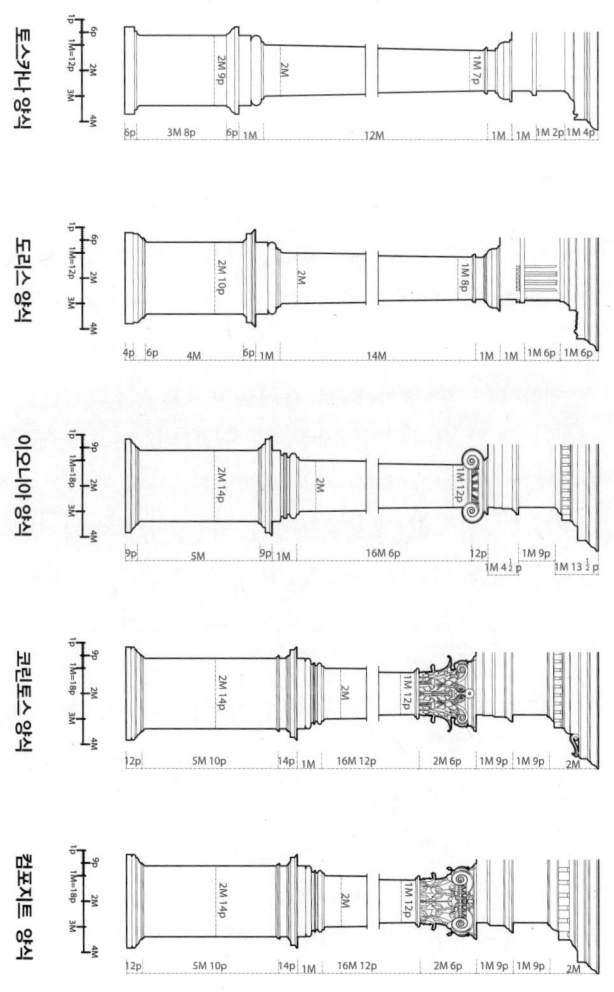

제4장   1400~1500년대의 건축이론

의 책 건축사서에 사용할 정도였으니, 이 시기를 기점으로 주범 양식에 관한 초기 연구는 만족할만한 완성도에 이르렀다고 보아도 무방할 것이다.

참고로 엔타시스 양식 기둥을 만드는 방법에 대해 잠시 언급을 해야 할 것 같다. 이 부분은 다음 5장에 나올 팔라디오의 설명을 읽을 때, 참고하는 것이 좋다. 왜냐하면 팔라디오의 설명은 다소 부실하여 이해하기 힘들기 때문이다.

엔타시스Entasis 양식은 기둥의 가운데 부분 지름을 약간 크게 하여, 기둥 위, 아래가 가늘게 보이도록 만든 방식이다. 주로 기둥 아래의 1/3 지점까지는 거의 지름의 변화가 없으며, 이 지점부터 2/3 지점까지는 완만한 곡선을, 최상부 1/3 지점은 좀 더 급격한 곡률의 변화를 사용한다. 각 주범양식에 따라 곡률을 만드는 방식에는 차이가 있으며, 시대에 따라 조금씩 변화해 왔다.

비뇰라는 엔타시스 양식을 만드는 방법을 두 가지로 설명한다. 233쪽의 그림은 일반적으로 알려진 방법이며, 상대적으로 짧고 기둥 하부 지름의 변화가 거의 없는 토스카나 양식과 도리스 양식 기둥에 사용된다. 먼저 전체 기둥을 3등분 한다. 바닥으로부터 1/3 지점에서 기둥의 중심선을 가로지르는 수평선을 그린다. 이 경우에는 지름과 같은 2M의 길이를 가진 선분 AB가 그려진다. 선분 AB와 기둥의 중심선이 교차하는 지점을 중심으로 반원

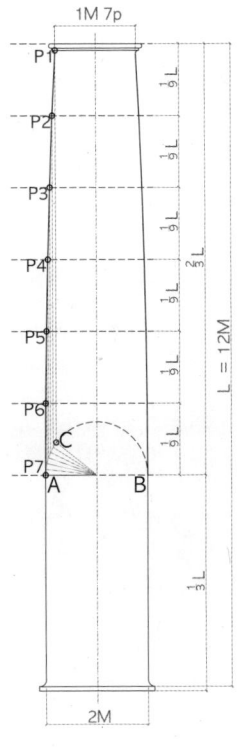

토스카나 & 도리스 양식

AB를 그린다. 기둥 상부 2/3 부분을 6등분하고 수평선을 그린다. 기둥의 상단 지름(이 경우 상단 지름은 1M 7p)의 왼쪽 끝점에서 아래의 반원 AB로 수직선을 그리게 되면, 수직선과 반원의 교차점 C가 생겨난다. 여기서 생성된 호 AC를 기둥 상부의 분할과 같이 6등분하고, 각 지점에서 차례대로 앞서 기둥을 분할 한 수평선으로 수직선을 그려준다. 이렇게 하면 각 수평선에 교차점 P1부터 P7까지 생성된다. 이 점들이 기둥 표면을 지나는 지점으로 각 교차점을 부드러운 곡선으로 연결하면 기둥의 외곽선이 정의된다. 다만 이 방법으로는 기둥 하부 1/3은 곡률이 없으며, 거의 직선으로 기단까지 내려오게 된다.

234쪽의 그림은 이오니아, 코린토스, 컴포지트 양식의 기둥에 적합한 방식이다. 이전과 마찬가지로 기둥의 하부 1/3 지점에서 기둥의 중심선을 가로지르는 수평선을 그린다. 이 경우 2M의 길이를 가진 직선 AB가 중심선과 교차하게 된다. 직선의

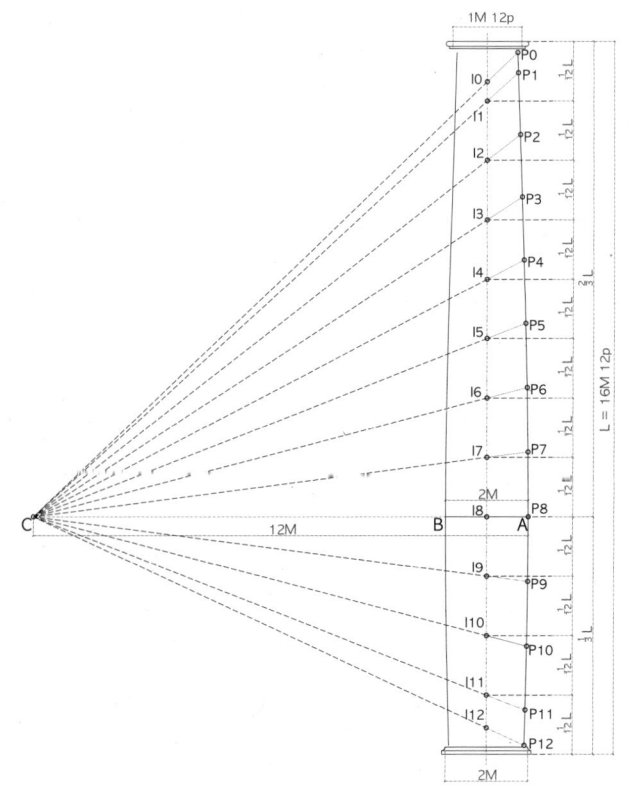

이오니아 & 코린토스 & 컴포지트 양식

오른쪽 끝점 A에서 왼쪽으로 직선 AB 길이의 6배를 연장하면, 점 C가 생성된다. 전체 기둥을 12등분 하여 각 점에서 수평선을 그린다. 점 C에서 각 수평선과 중심선의 교차점 I1에서 I11로 직선을 그린다. 각 교차점에서 길이 1M만큼 연장선을 그리면, 점

P1에서 P11까지 생성된다. I0는 점 C에서 상단부 지름의 끝점을 연결한 직선과의 교차점이며, I12는 하단부 지름의 끝점에 대응하는 직선과의 교차점이다. 이 두 점 역시 1M만큼 연장하면, P0와 P12가 생성된다. P0부터 P12까지를 부드러운 곡선으로 연결하면 기둥의 곡률이 정의된다.

한편으로는 기둥 하나 만드는 데 이 정도까지 해야 하나라는 생각도 든다. 숫자 하나, 선 하나에 집착하여 아주 정교한 공식을 만들어 내고 있다. 하지만 주범양식은 단순하게 완벽함에 대한 집착이 아니다. 이미 『건축십서』에서 언급되었던 주범양식은 1400여 년의 시간을 거쳐 드디어 수학과 기하학을 사용해 설명이 가능한 학문이 된 것이다. 이는 아름다움과 상징성을 학문적으로 설명하려는 노력이다.

또한 비뇰라의 이론은 기둥을 신전 건축에서 분리하여, 신전의 성격을 규정하는 요소가 아닌 독자적인 요소로 다루었다는 점에 그 의미가 크다. 왜냐하면 이러한 이론을 통해 주범 양식이 신전에서 벗어나서, 다양한 유형의 건물에서 자유롭게 사용되는 계기가 마련되었기 때문이다. 이는 단순히 기둥과 신전의 분리라는 문제를 넘어서, 건축이론에 새로운 흐름을 도입한 것으로 평가해야 한다. 이러한 흐름은 이후 건축 미학의 기반이 된다는 점에서 주의 깊게 지켜봐야 할 필요가 있다. 주범 양식과 건축 미학의 관계에 대해서는 차후에 논의할 기회가 있을 것이다.

물론 비뇰라뿐만 아니라 르네상스 이후 주범양식을 다룸에 있어 과도할 정도로 수치에 집착하는 면은 건축의 교조화로 인한 영향이라는 의견도 있다. 이러한 현상을 단순히 교조화의 영향으로 해석해야 할지는 차후에 다룰 기회가 있을 것으로 생각된다. 하지만 필자가 이미 수 차례 강조한 바와 같이, 학문의 기본은 보편타당성이며, 따라서 주범양식에 대한 비뇰라의 설명은 이러한 보편타당성을 확보하기 위한 노력으로 보아야 할 것이다.

6. 다시 시작하는 것은....

처음보다 더 어렵다

다양한 저서들이 출판되었음에도 불구하고, 새로운 이론적 관점에 대한 제시는 이루어지지 않았다. 기존의 저서들, 특히 비트루비우스의 『건축십서』와 알베르티의 『건축론』에 대한 보충 설명이나, 부분적인 설명에 지나지 않았다고 해도 과언은 아니다. 하지만 필자가 서두에서 언급했듯이, 정확한 이론적 기반이 확보되지 않은 상황에서 1400년이란 시간이 흘렀으며 당시 생겨났던 다양한 건축 양식들로 인해 혼란스러웠던 시기였다.

르네상스를 통해 다시 고대 그리스, 로마를 기반으로 한 건축양식과 이론을 정립하려는 시도는 좋았으나 그렇게 쉬운 일은 아니었을 것이다. 당연히 현실적인 어려움도 많았을 것이고, 몰랐던 부분도 많았을 것이다. 그에 비해 가지고 있는 문헌들은 터무니없이 조악했을 것이고. 알베르티는 겨우 기반을 만든 것에 지나지 않으며 기반을 만들었다고 해서 모든 것이 물 흐르듯이 진행될 것이라는 기대는 분명 성급하다. 과거의 문헌을 재해석하는 것부터, 이런저런 다양한 시도들이 필요했을 것이다. 물론 이 모든 것들이 충족되었다고 해서 변화가 한 번에 오는 것도 아니었다.

더 많은 이론가와 다양한 저서들이 있으나, 모두를 언급하는 것은 무리가 있다. 하지만 필자가 선택한 저서들은 한결같이 새로운 표현방식을 통한 이해의 편의성이라는 하나의 흐름을 형성하고 있다. 이 부분에 크게 의미를 두지 않는 분들도 있을 것이다. 의미를 두지 않는 것이 잘못된 것도 아니다. 하지만 학문의 정당성을 확보하기 위해서는 보편타당성이란 조건이 어느 정도는 충족되어야 한다. 보편타당성을 확보하기 위해서 다수의 대중에게 널리 알려지는 것이 유리할 것이고. 물론 앞서 언급된 저자들이 이 부분을 의식하고 저술을 했다는 직접적 증거는 없다. 오히려 책을 쓰는 입장에서는 후원자들과의 관계나 판매를 더 염두에 두었을지도 모를 일이다. 하지만 목적과는 별개로 결과적으로 하나의 흐름에 수렴한다면, 이 또한 무시할 수 없는 일이라고 생각한다.

개인적으로는 여기서 다룬 모든 책들이 이론적 가치를 가진다고 생각하지 않는다. 다만 건축이론의 전체적 흐름에서 한 번 정도 언급해야 할 부분임은 분명하다. 또한 필자는 그들 나름의 역할을 충실히 했다고 판단하고 있다. 원래 어느 분야든지 한 번 단절되고 나면, 다시 이어나가는 것이 쉬운 일은 아니다. 특히 건축이론은 너무나 오랫동안 단절되어 있었던지라, 이 흐름을 다시 이어간다는 것은 어떻게 보면 아예 처음부터 시작하는 것보다 더 어려울 수 있기 때문이다. 이 과정에서 다양한 시도와 변화가 나타나는 것은 오히려 당연한 일이다. 이 장에서 다룬 내용은 끊어진 흐름을 이어가기 위한 과정에서 발생하는 현상 정도로 이해하고 넘어가도 좋을 것이다.

제5장

팔라디오와 건축사서

제5장 팔라디오와 건축사서

토머스 제퍼슨Thomas Jefferson은 미국 건국의 아버지 중 한 명이자, 미국의 제3대 대통령이다. 하지만 그가 프렌치프라이를 미국에 소개했다는 사실을 아는 사람은 많지 않다. 그리고 그가 르네상스 시대의 이탈리아 건축가 팔라디오의 열렬한 팬이었다는 사실도. 제퍼슨은 팔라디오의 『건축사서I quattro libri dell'architettura』를 자신의 성경이라고 부를 정도였다고 한다. 정치가였던 그에게 건축적 상상력을 불러일으킨 건축가 팔라디오는 누구이며, 『건축사서』는 어떤 책일까?

사람 사는 세상이 다 그렇듯이 좋을 때도 있고, 나쁠 때도 있다. 마냥 좋은 일만 일어나지도, 마냥 나쁜 일만 일어나지도 않는다. 이와 마찬가지로 중세를 거치는 동안 침체했던 건축이론은 르네상스의 시작과 함께 성장하며, 서서히 전성기를 맞을 준비를 하는 듯했다.

알베르티 이후 필라레테를 비롯하여, 프란체스코 디 마티니, 브라만테, 세를리오 등은 초기 르네상스를 대표하는 건축과 관련된 다양한 저서들을 출판했다. 알베르티의 『건축론』에서도 지적되었던 다소 모호한 용어의 사용, 과격한 표현에 대한 반작용이었을까? 당대의 건축 관련 저서들은 일반 독자를 염두에 두고 보다 현실적으로 쓰였다고 평가된다. 위에 언급한 저자들의 저서에 대해서는 앞에서 어느 정도 살펴보았으니 궁금한 분들은 앞부분을 참고하기 바란다. 어쨌든 건축이론이 양적으로는 분명 성장기에 접어든 것으로 보였으니, 일단은 긍정적 신호로 받아들여도 좋을 것이다. 하지만 양적 성장이 질적 성장을 담보한다는 보장은 어디에도 없는 법이다. 우리가 양적 성장에서 기대할 수 있는 유일한 희망(고무)은 양적 성장을 통해 질적 성장이 달성될 수 있을지도 모른다는 가능성 이외에는 없다.

필자는 개인적으로 1400년대의 건축을 평가할 때, 전성기보다는 과도기란 표현이 더 어울린다고 생각한다. 앞서 살펴보았지만, 알베르티 이후 나온 건축 관련 저서들은 형식적으로는 르네상스 문학의 특징이 다소 과도하게 반영되었으며, 적어도 (건축이론과 관련된) 내용상으로는 비트루비우스의 『건축십서』를 뛰어넘지 못했다고 평가하고 있다. 그렇다고 이 시기에 나온 저서들이 전혀 학술적 의미가 없다는 말은 아니다.
일반적으로 르네상스가 최절정에 올랐던 시기를 16세기 초반으로 보고 있다. 소위 말하는 성기 르네상스 High Renaissance이다. 건축에서도 이때를 기점으로 새로운 움직임이 일어난 것으로 보인다. 이탈리아 북부에서 몇 명의 인본주의자들이 모여 건축에 관한 근본적 연구를 시작했던 것이다. 르네상스 건축하면 바로 떠오르는 이탈리아의 천재 건축가 안드레아 팔라디오 Andrea Palladio, 1508-1580, 본명 Andrea di Pietro della Gondola는 바로 이들 중 한 명이었다.

1. 주변 인물들이 팔라디오에게 미친 영향에 관하여

천재는 타고나는 것일까? 길러지는 것일까?

필자는 팔라디오의 건축과 건축이론에 대해 알아보기 전에, 그의 주변 인물들에 대해 먼저 알아보는 것이 필요하다고 생각한다. 왜냐하면 팔라디오의 건축과 이론은 결코 그가 혼자서 만들어 낸 독자적인 것으로 보기는 힘들기 때문이다. 필자의 의견부터 피력하자면, 팔라디오의 건축과 이론은 그와 그를 둘러싼 주변 인물들과의 관계 속에서 완성되었다고 보는 것이 타당하다. 따라서 팔라디오의 『건축사서 I quattro libri dell'architettura』는 이러한 관계의 결과물로 보아야 한다는 것이 필자의 판단이다.

다양한 주변 인물들이 있으나, 가장 중요한 세 명에 대해서만 알아보자. 사실 팔라디오의 주변 인물들도 당시 유명했던 인본주의자들이라, 그들 개인에 대해서도 충분히 책을 몇 권씩은 쓸 정도로 할 말이 많다. 하지만, 여기서는 어디까지나 팔라디오의 건축과 그의 이론에 관한 이야기에 초점을 맞추도록 하자. 그리 길지는 않으니, 약간의 인내심을 부탁드린다.

팔라디오는 그의 저서 『건축사서』 제1권의 독자들에게 드리는 서문에서 당대의 다양한 인본주의자들에 대해 언급하고 있다. 이들 중, 초창기 팔라디오를 지원했던 대표적인 후원자들로 당시 시인이자 언어학자였던 지안 조르지오 트리시노 Gian Giorgio Trissino, 1478~1550 와 베네치아의 귀족으로 예술가들을 후원했던 알비제 코르나로 Alvise Cornaro, 혹은 Luigi Cornaro, 1484,1467,1464~1566 를 들 수 있다. 이후 베네치아 공화국의 외교관이자 추기경이었던 다니엘레 바르바로 Daniele Barbaro, 1514~1570 의 후원을 통해 팔라디오는 로마와 여러 고대 유적지를 여행하고 자신만의 건축적 개념을 발전시킬 수 있었던 것으로 보인다. 팔라디오는 그의 후원자들이 머릿속으로 상상만 하던 것들을 구체적으로 만들어 낼 수 있는 예술적 감각과 창의성이 있었고, 이러한 재능은 훗날 그를 북부 이탈리아 인본주의자들의 대표자로 자리매김할 수 있게 하는 중요한 원천이 되었던 것으로 보인다. 보통은 천재가 어려움을 극복해서 성공해야 드라마가 되는 법인데, 아무래도 팔라디오는 그런 경우는 아닌 것 같다. 어린 시절부터 석공 도제 생활을 시작했으며, 그의 천재성을 알아본 트리시노의 눈에 띄어 후원을 받았다고 한다, 오늘날로 치면, 어려서부터 영재교육을 받은 셈이다. 여러 주장이 있긴 하지만, 팔라디오 Palladio 란 이름도 트리시노가 지어주었다고 하니 얼마나 그의 총애를 받았는지 상상이 간다. 어쨌거나 한 명은 재능이 있고, 나머지는 돈이 있다. 좋은 일을 하든, 나쁜 일을 하던 완벽한 조합이 아닌가?

우선 팔라디오를 지원했던 세 명의 후원자들에 대해 간단히 알아보고, 그들이 팔라디오의 건축과 이론에 미친 영향을 살펴보자.

1.1. 지안 조르지오 트리시노 GIAN GIORGIO TRISSINO, 1478-1550

천재를 알아보는 안목

트리시노는 고대문학 형식의 부활을 시도한 뛰어난 시인이자, 언어학자로 평가된다. 그에 대해서 팔라디오는 그의 저서 『건축사서』 제1권 독자들을 위한 서문에서 그를 '우리 시대의 영광 splendore de' tempi nostri'이라고 묘사하고 있다. 좀 낯 간지러운 표현이긴 하지만, 한 인간이 받을 수 있는 최고의 찬사가 아닌가? 물론 당시에는 이러한 표현방식이 일반적으로 수용되는 예의 바른 표현방식이었을 수도 있다. 트리시노는 『고트족으로부터 해방된 이탈리아 L'Italia liberata dai Goti』를 집필했는데, 이 서사시에서 궁전의 중정中庭에 대해 다음과 같이 묘사하고 있다.

기둥 위로 빛이 들어오는 아치가 있는
회랑이 사각형 중정을 둘러싸고 있다.
기둥의 높이는 통로의 너비와 완전히 동일하다.
기둥의 지름은 높이의 8분의 1이며,
은색 주두의 높이 또한 그렇다.
금속으로 된 기둥의 기단은 이 높이의 절반이다.

비록 시^詩적인 묘사이긴 하지만, 이러한 표현은 건축 이론적 관점에서 볼 때 부재의 치수와 모듈의 관계에서 발생하는 조화에 대한 묘사로 볼 수 있다. 전문성 여부를 떠나서, 트리시노는 이미 기둥 높이와 직경을 기반으로 하는 모듈을 설명하는 건축적 지식을 가지고 있었다고 보는 것이 맞을 것이다. 하긴 이후, 자신이 직접 빌라 트리시노 Villa Trissino를 설계했다고 하니, 트리시노는 완성된 건축가라고 해도 큰 무리는 없다고 판단된다.

『고트족으로부터 해방된 이탈리아』와 관련해 재미있는 사실이 또 하나 있다. 앞서 언급했던 팔라디오 Palladio란 이름에 대한 이야기다. 이 책에서 위에서 살펴본 중정의 묘사에 대한 구절은 천사 팔라디오가 낭송했다. 명확하게 밝힐 수는 없으나, 트리시노는 이 천사의 이름 팔라디오 Palladio를 안드레아 디 피에트로 델라 곤돌라 Andrea di Pietro della Gondola, 건축가 팔라디오의 본명에게 주었다는 설이 있다. 하지만 팔라디오라는 이름에 대해서는 다양한 가설과 추측들이 있으니, 이 부분은 하나의 야사^{野史} 정도로 받아들이는 것이 좋을 듯하다.

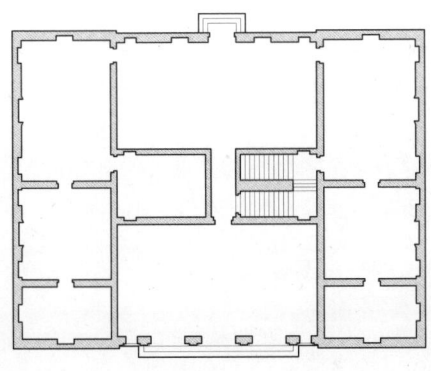

Villa Trissino (빌라 트리시노) 평면 및 입면

트리시노와 팔라디오의 만남은 1530년대 경으로 알려져 있으며, 이 시기에 트리시노는 비첸자^{Vicenza, 이탈리아 북부 베네토주에 있는 도시} 외곽에 자신이 직접 설계한 빌라 트리시노^{Villa Trissino}를 지었다. 이 저택은 팔라디오를 비롯한 인본주의자들의 모임을 위한 아카데미로 사용되었던 것으로 추정된다. 빌라 트리시노의 평면은 완전히 대칭이며 로마식 로지아가 설치되어 있다. 이러한 평면 구성은 이후 팔라디오가 설계한 건축물의 평면과 굉장히 유사해 보이며, 적어도 이 부분만큼은 확실하게 트리시노가 이후 팔라디오의 건축에 영향을 미친 것으로 생각해도 무리가 없을 것이다.

그뿐만 아니라, 트리시노는 고대의 건축이론에 대해 관심이 많았던 것으로 보인다. 이탈리아의 미술사가 리오넬로 푸피^{Lionello Puppi, 1931~2018}의 저서 『Scrittori vicentini d'architettura del secolo XVI^{16세기 비첸자의 건축가들}』에 따르면, 트리시노는 고대 건축과 인간의 거주방식에 대한 관심이 많았던 것으로 추정된다. 아래의 문장은 푸피의 책을 참고한 것이다.

건축은 인간의 거주와 관련된 인공물로, 그 안에 유용함과 즐거움이 준비되어야 한다.

이 문장은 인간의 삶은 중요하며, 건축가는 사용자에게 utilità(유용함, 비트루비우스의 utilitas 개념에 해당)와 dilettazione

즐거움, 쾌락을 제공할 수 있어야 한다는 점을 암시하고 있다. 이 문장을 통해 추론할 수 있는 사실은 트리시노가 구조나 시공, 미적인 범주보다 건축의 사용가치에 더 관심이 있다는 것을 보여주고 있으며, 이러한 생각 또한 팔라디오에게 지대한 영향을 미친 것으로 평가된다.

1.2. 알비제 코르나로^{Alvise Cornaro / Luigi Cornaro, 1467, 1475, 1484-1566}

금수저가 공부에 취미를 가지면?

1538년 팔라디오는 트리시노를 통해 파도바에 살고 있던 부호 알비제 코르나로와 친분을 맺게 된다. 역시 사람 사는 세상에 중요한 것이 인맥이란 것은 동서고금을 막론하고 사실인 것 같다. 코르나로는 인본주의자이자 농업경제학자, 작가로 알려져 있다. 코르나로의 가문은 원래 그다지 부유하지 않았으나, 그의 어머니가 시집올 때 가지고 온 지참금이 엄청난 것으로 알려져 있다. 재산을 물려받은 코르나로는 파도바의 부동산에 많은 관심을 보였고, 이를 통해 재산을 관리했다고 한다. 이어서 1517년 베로니카 디 지오반니 아구기아^{Veronica di Giovanni Agugia}와의 결혼으로 얻은 지참금으로 재산이 더 늘어났다고 한다.

재산이 많은 덕분에 그는 큰 걱정 없이 다양한 분야에 관심을 기울일 수 있었을 것이다. 그는 농업, 수리학 및 건축학 연구에 전념했으며 주택과 다른 건물들을 건설했고, 토지 개간에도 심혈을 기울였던 것으로 알려져 있다. 특히 경작 가능한 지역을 넓히기 위해 물을 조절하는 댐을 건설했던 것으로 보아 재산이 꽤나 많았던 것으로 추정된다. 하지만 젊어서 돈 많은 사람들이 꼭 한 번은 겪는 문제가 있다. 그는 젊은 시절 방탕한 생활로 건강이 크게 나빴다고 한다. 40세 전후로 다시 건강을 회복하고, 그는 장수식長壽食, macrobiotic에 관한 책인『술을 끊고 사는 것에 대한 이야기Discorsi intorno alla vita sobria』를 통해 이름을 알렸다. 쉽게 이야기하면, 술 마시지 말고, 식이요법 잘하면 오래 산다는 본인의 경험담에 관한 책이다. 지금도 마찬가지지만 오래 사는데 특별한 비법이 있는 것이 아닌 듯싶다. 그의 출생연도에 대해서는 출처에 따라 조금씩 다르나 가장 늦은 연도를 반영해도 82세의 나이에 세상을 떠난 것으로 알려져 있다. 당시 평균수명이 30세 정도였다고 하니 이 정도면 꽤나 성공한 편인 것 같다. 물론 오래만 산다고 다 좋은 것만은 아니지만.

돈 많은 사람들의 또 다른 특징 중 하나가 예술에 관한 관심이라는 것은 예나 지금이나 비슷한가 보다. 투자였는지, 투기였는지, 후원이었는지는 본인만 알고 있겠지만, 어쨌든 코르나로는 당시 그가 살던 파도바의 예술가들과 친밀한 관계를 맺은 것으로 알려져 있다. 그는 희극작가였던 루짠테Ruzzante, c.1496~1541와 건축가이자 화가였던 지오반니 마리아 팔코네토Giovanni Maria

Falconetto, c.1468~1535와 같은 예술가들과 친밀한 관계를 맺었다고 한다. 그리고 1524년 팔코네토는 '로지아와 오데오 코르나로 Loggia e Odeo Cornaro'를 지었는데, 이 건물은 초기 르네상스에 지어진 로마양식의 건물 중 하나이다. 코르나로 자신 또한 건축가로서 일을 했으며, '로지아와 오데오 코르나로Logia e Odeo Cornaro'와 루빌리아노Luvigliano에 지어진 '빌라 데이 비스코비Villa dei Vescovi'에 참여한 것으로 보아, 건축가로 자질은 충분히 갖추었던 것으로 생각된다.

팔라디오는 『건축사서』 제1권 28장에서 알비제 코르나로 Alvise Cornaro를 아름다운 로지아와 그가 파도바에 거주하기 위해 지은 매우 화려한 방에서 볼 수 있듯이 뛰어난 판단력을 지닌 귀족이다, 라고 묘사했다. 코르나로 또한 건축에 관한 연구 두 편을 남겼으며 이 연구들은 아마도 1555년경에 완성되었을 것으로 추정된다. 아래의 인용문들은 이탈리아의 미술사가 주세페 피오코Giuseppe Fiocco, 1884~1971의 『알비제 코르나로, 그의 시대와 그의 작품Alvise Cornaro, il suo tempo e le sue opere』을 참고한 내용이다.

코르나로의 연구는 건축가가 아니라 사용자인 도시 거주자들에 초점을 맞추고 있다. 그는 주거용 건물에 대해 중점적으로 다루고 있는데, 주거용 건물은 대량으로 필요하고 실제로 도시를 구성하기 때문이다. 따라서 그는 극장, 원형극장, 목욕탕, 주범양식에 대해서는 다루지 않았다. 코르나로는 기존의 건축이론에 대해 실용적이면서 다소 거리를 두는 입장을 취하고 있다. 이러한 입장은 당시의 미학적 원리에 의문과 비판을 제기하면서 더욱 분명하게 나타난다.

> 비록 도리아식이나 다른 양식에 속하지 않더라도 건물은 아름답고 편안할 수 있다

하지만 그는 도시에 대해서 직접적으로 다루지는 않았으며, 더 이상 사용되지 않는 건물 유형에 관해서도 다루지 않았다. 하긴 이러한 내용은 비트루비우스나 알베르티를 비롯하여 이전의 건축가나 이론가들이 너무 많이 다루었으니 그냥 넘어가는 것도 충분히 이해된다. 그는 새집을 짓는 방법과 오래된 집을 어떻게 개선할 수 있는지에 대해 초점을 맞추었으며, 이는 건축이론 최초로 보수나 수리의 개념을 제대로 다룬 것으로 평가된다. 코르나로는 미적 가치보다 편리함commodità이 더 중요하다고 생각했으며, 그에게 편리함은 건축의 가치를 결정짓는 중요한 기준이 되었던 것으로 보인다. 건축에 대한 아주 현실적인 접근방법이기도 하며, 이 역시 당대의 패러다임이 반영된 주장으로 보아도 무방하다.

> 솔직하게 이야기하자면 나는 항상 아름답고 불편한 건물보다 완벽하게 편안한 건물을 더 좋아할 것이다

그리고 코르나로 또한 비트루비우스가 『건축십서』에서 사용한 용어에 대해 불만이 있었던 것으로 보인다. 그래서 일상적인 언어를 사용하여 글을 썼던 것으로 추정된다.

그리고 현재 사용되는 단어와 어휘를 사용할 것이다

『건축십서』의 용어 사용에 대해서는 팔라디오 또한 『건축사서』 제1권 책 서문에서 동일한 문제를 지적하고 있다. 시대를 막론하고 비트루비우스의 『건축십서』는 내용적 면에서는 칭찬을, 용어 사용에 대해서는 비난을 받는 모순적 현상이 계속해서 일어나게 된다.

코르나로는 독자들에게 기술적, 경제적, 미학적 측면에 따라 집을 짓는 실용적인 측면을 조언한 것으로 알려져 있다. 그리고 건축의 가장 중요한 형태를 일반적인 집으로 제한했다는 점은 팔라디오에게 많은 영향을 미친 것으로 보인다. 팔라디오 역시 『건축사서』 제2권에서 집Villa을 모든 건물 유형의 근원으로 보고 건축을 다루었기 때문이다.

1.3. 다니엘레 바르바로 DANIELE BARBARO, 1513-1570

친구는 역시 중요하다

다니엘레 바르바로는 팔라디오의 동료였으며, 팔라디오에게 가장 많은 영향을 미친 인물이다. 바르바로와 팔라디오는 트리시노가 사망한 1550년경에 만났으며, 당시 바르바로는 1500년대Cinquecento 중반 이탈리아 북부의 주요 인본주의자 중 한 명이었다. 그는 파도바에 식물원을 세웠고 1548년부터 1550년까지 영국 궁정에서 베니스 특사로 근무했다. 영국에서 돌아온 후 그는 아퀼레이아 총대주교로부터 공적을 인정을 받았고, 편하게 학자로서의 나머지 삶을 누릴 수 있었던 것으로 알려져 있다. 역시 공부하려면 돈이 좀 있는 것이 없는 것보다는 좋은가 보다. 1544년 아리스토텔레스의 『수사학』과 『니코마코스 윤리학』을 출판한 것으로 보아, 그는 아리스토텔레스의 철학에 매료되었던 것으로 보인다.

그는 팔라디오를 만나기 전인 1547년경에 비트루비우스의 『건축십서』를 새롭게 번역하기 시작했는데, 이 작업은 약 9년에 걸쳐 진행되었다. 이 작업을 위해 바르바로는 팔라디오와 『건축십서』 원본의 내용을 자세히 논의하였고, 이러한 논의를 바탕으로 팔라디오는 삽화를 만들었다. 이렇게 만들어진 책이 1556년 출판된 『건축십서 해설서 I dieci libri dell'architettura di M. Vitruvio tradutti et commentati da monsignor Barbaro eletto patriarca d'aquileggia』이다.

바르바로는 해설서를 통해 건축에 대한 자신의 생각을 설명했다. 하지만 그의 해설서는 비트루비우스의 원문과는 차이가 있다는 평가를 받고 있다. 그의 생각에 따르면 예술과 건축은 자연을 움직이는 원리에 따라 창조되고 합리적으로 이해된다. 따라서 예술 작품과 자연의 관계와 마찬가지로, 인간의 지성은 자연의 원리와 관계를 맺는다.

> 예술의 원리는 인간의 지성이며, 자연을 움직이는 원리와 매우 유사하다.

쉽게 말해서, 건축은 자연을 모방하는 것이 아니라 자연의 원리를 적용하는 것이다. 예술과 건축은 이성ragione에 의해 결정된 결과물이다. 예술과 건축은 과학이다. 그렇다면 문제는 어떤 과학이냐는 것이다. 이에 대해 바르바로는 건축은 비례의 과학이란 대답을 내어놓았다. 앞서 살펴본 바에 따르면, 비트루비우스는 『건축십서』에서 비례에 대한 체계적인 설명을 하지는 않았다. 바르바로는 자신의 독자적인 비례체계를 만들어 내었고, 수많은 건축의 원리를 비례체계로부터 도출했다.

건축은 디자인Disegno으로 구체화되며, 이는 개별 건물의 속성과 (장인의) 머릿속에서 있던 형태로 표현된다. 따라서 바르

『건축사서』 표지

바로에게 비례에 기반을 둔 기하학은 모든 건축 규칙의 기초와 같은 것이었다고 할 수 있을 것이다. 다시 말해, 그에게 형태란 이성의 적용, 즉 비례를 적용한 결과물이었다. 그에게 물질은 단순한 존재lo essere이고, 건축은 이성을 통한 물질의 질서를 비례를 통해 구현하는 더 좋은 존재il bene essere였다. 결국 바르바로는 철저한 이성주의자였던 것으로 생각된다. 물론 공부하는 입장에서는 이런 입장을 취하는 것이 좋긴 하다. 어느 순간 이성으로 설명할 수 없는 부분을 만나기까지는.

이렇게 이성을 추구하던 바르바로에게 건축은 절대적 진리를 목표로 하는 과학이었을 것으로 생각된다. 필자는 다소 과도한 해석이라고 생각하지만, 건축을 과학으로 보는 견해와 건축과 진리와 절대선善, 절대미美를 추구한다는 점에서 플라톤의 사상과 접점을 가진다는 견해도 있긴 하다. 이러한 해석은 과학과 윤리의 가치가 동일하게 중요하다는 사상적 배경을 기반으로 가능하며, 산업혁명 이후 급속하게 대두된 근대적 생각이다. 만약 바르바로가 당시 이러한 생각을 가지고 있었다면, 이미 시대를 뛰어넘은 근대적 사고를 했다는 의미가 될 수 있으나, 정확히 증명할 길은 없다. 어쨌거나 이러한 생각의 영향이었을까? 이후 팔라디오의 저서 건축사서 표지를 보면 미덕의 여왕Regina Virtus이 가장 높은 자리를 차지하고 있다. 이러한 표지의 배치가 바르바로의 영향을 받았다는 주장이 있으나, 정말 그랬던 것인지, 혹은 후일에 호사가들이 만들어 낸 말인지에 대해서는 알 길은 없다.

그리고 앞서 언급했던 바르바로의 『건축십서 해설서』에 수록된 삽화를 팔라디오가 그렸기 때문에, 『건축사서』의 삽화들은 팔라디오가 바르바로에게 받은 영향이 있다고 보는 것이 타당할 것이다.

특히 개인주택의 입면에 팔라디오는 마치 신전건축과 같은 코린토스식 열주를 그려 넣었다. 여기서 알 수 있는 사실은 당시 개인주택의 유형이 신전과 유사했다는 것이다. 고대에는 이러한 유형이 신성한 건물에서만 사용되었지만, 바르바로와 팔라디오가 살았던 시대에는 개인적인 용도로 사용되는 것이 허용되었다는 증거로 보아야 할 것이다. 물론 팔라디오의 삽화와 바르바로의 설명 사이에 어떤 관계가 있는지는 확신하기는 힘드나, 필자는 개인적으로 분명 어느 정도의 영향이 있었다고 보고 있다.

더 많은 이야기가 남아있으나, 앞서 기술한 내용만으로도 팔라디오가 자신의 주변 인물들로부터 많은 영향을 받았다는 것은 충분히 검증된 것으로 생각된다. 다시 한번 강조하지만, 팔라디오의 건축과 이론은 젊은 시절부터 주변의 영향을 받아 형성되었다는 점을 미리 알고 『건축사서』를 읽어보면, 이해하기가 쉬울 것이다. 또한 그에게 영향을 준 인본주의자들이 비트루비우스의 『건축십서』에 지대한 관심이 있었다는 사실도 중요하다. 나중에 설명하겠지만, 『건축사서』를 읽다 보면 비트루비우

개인주택 부분 입면

스에 대한 언급이 꽤 많이 나오니, 참고하고 읽기 바란다.

팔라디오 개인에 대해서는 앞서 어느 정도 언급이 된 것 같으니, 굳이 따로 설명할 필요는 없을 것으로 생각된다. 그리고 팔라디오의 작품들에 대해서도 굳이 따로 언급하지는 않겠다. 왜냐하면 『건축사서』에 이미 그의 작품들과 해설이 수록되어 있기 때문이다. 지금부터 천천히 그의 저서 『건축사서』와 건축이론에 대해 알아보자.

2. 건축사서 I quattro libri dell'architettura 와 팔라디오의 건축이론

괴테가 칭찬한 책

말 그대로 『건축사서建築四書』의 원래 제목 'I quattro libri dell'architettura'는 '건축에 관한 네 권의 책'이라는 의미이다. 비트루비우스의 『건축십서』나 알베르티의 『건축론』처럼 굳이 제목에 대해 따로 설명할 필요는 없으니 다행이다 싶다. 팔라디오의 『건축사서』는 건축 이론사에서 빠질 수 없는 중요한 필독서 중 하나임은 분명하다. 요즘이야 건축을 전공하는 사람들도 잘 읽지 않지만, 당대에는 건축가나 예술가들뿐만 아니라, 일반 대중들에게도 꽤나 유명했던 책으로 알려져 있다. 나중에 언급되겠지만, 독일의 대문호 괴테Johann Wolfgang von Goethe, 1749~1832 또한 이 책에 대해 엄청난 칭찬을 남겼으니, 『건축사서』는 건축이론을 넘어 문학사에서도 남다른 의미를 갖는다고 할 수 있을 것이다.

하지만 (김이 빠질 수도 있으나) 『건축사서』에 대한 필자의 평가는 글쎄요? 이다. 필자는 건축 이론적 관점에서 볼 때, 『건축사서』 또한 『건축십서』의 한계를 뛰어넘지는 못했다고 평가하고 있다. 아마도 많은 분이 이렇게 반문하실 것으로 생각된다.

그렇게 중요한 책이 거의 1500년 전에 나온 이론서를 뛰어넘지 못했다고?

『건축사서』를 읽어본 사람들은 다들 좋은 책이라고 하던데?

하지만 필자는 이런 긍정적 평가가 나올 수밖에 없는 이유 중 하나로 이 책의 등장 배경에 대해서 잘 모르기 때문 아닐까라고 생각하고 있다. 앞서 언급한 바와 같이, 『건축사서』를 쓰기 전 팔라디오는 바르바로와 함께 『건축십서』 해설서를 작업했으며, 이는 분명히 『건축사서』에 영향을 미친 것으로 추정된다. 이 책을 제대로 읽어본 분들은 알겠지만, 비트루비우스와 알베르티의 이론을 알고 읽는 것과 모르고 읽는 것은 책을 이해하는 데 있어, 엄청난 차이가 있다. 특히 비트루비우스는 『건축사서』 곳곳에 등장한다. 이론적 관점에서 『건축사서』는 비트루비우스의 『건축십서』와 알베르티의 『건축론』을 기반으로 했다는 점은 누구도 부인할 수 없는 사실이다. 하지만 알베르티의 이론이 결국 비트루비우스를 뛰어넘지 못했듯이, 팔라디오 역시 비트루비우스의 이론을 뛰어넘을 독자적인 무언가를 제시하지는 못했다. 따라서 『건축사서』를 독자적인 이론서로 보는 것은 분명 무리가 있으며, 『건축사서』 역시 건축의 규범적 역할을 하기에는 다소 부족하다고 판단된다. 확신컨대, 『건축십서』와 『건축론』, 그리고 『건축사서』를 나란히 놓고 비교하며 읽어보면 필자의 의견에 동의할 것으로 믿는다. 만약 팔라디오나 『건축사서』에 대해 이야기하면서 비트루비우스와 알베르티의 영향에 관해 이야기하지 않는다면, 『건축사서』를 제대로 읽지 않은 것으로 생각해도 좋다.

하지만 (병 주고 약 주는 것은 아니나) 필자가 『건축사서』를 부정적으로 평가한다는 의미는 아니니, 오해는 말아주시길. 이론적 깊이의 부재라는 약점에도 불구하고, 이 책은 분명 한 번쯤 제대로 읽을 가치가 있다. 앞서 필자는 비트루비우스의 이론이 너무 포괄적이고 모호하다는 설명을 한 바 있다. 이러한 포괄성과 모호성이 장점이 될 수도 있고, 단점이 될 수도 있다는 언급을 한 것에 대해 기억하실 것이다. 그리고 알베르티 또한 포괄성과 모호성이라는 함정에 빠져 허우적거리다 시대상을 반영한 관점의 전환을 제시하는 것으로 겨우 탈출을 시도했을 뿐이다. 필자는 알베르티와 마찬가지로 팔라디오 또한 같은 문제로 어려움을 겪었을 것으로 생각한다. 물론 이는 오늘날에도 여전히 해결하기 힘든 문제이다. 마치 앞으로 나갔다고 생각하는 순간, 다시 원점으로 돌아오는 빠져나올 수 없는 악순환 같다고나 할까? 팔라디오 또한 이 문제에서 결코 자유롭지 못했을 것이며, 심사숙고 끝에 본인의 과업을 스스로 제한하여 이 문제를 회피한 것이라고 필자는 생각한다. 새로운 이론을 만들어 낼 수도 있었을 것이나, 본인 스스로 해야 할 일의 범위를 이성을 바탕으로 고대의 건축에 대해 쉽고 합리적으로 설명하는 것으로 결정한 것이다. 물론 이러한 결정에는 당대의 사상과 분위기도 한몫을 했을 것이며, 이 부분에 관해서는 제1권의 독자들을 위한 서문에 언급되어 있다. 또한 알베르티 이후 이론서들을 쉽게 쓰려고 노력하는 분위기가 형성되었으며, 이러한 분위기가 팔라디오에 이르러 절정을 맞이한 것도 무시할 수 없는 원인이었을 것으로 판단된다.

이론적 깊이의 부재라는 약점에도 불구하고, 『건축사서』에 사용된 철저한 고증과 과학적 방법론의 적용, 그리고 이론을 적용한 수많은 실제 사례들과 이에 대한 분석과 정밀 묘사에 가까운 목판화 삽화 등은 감히 『건축십서』와 『건축론』이 따라잡을 수 없는 수준임은 확실하다. 그렇지만 역시 『건축사서』의 기저에 놓인 건축에 대한 고찰과 이론은 앞의 두 권과 거의 유사하다고 평가된다. 그럼에도 불구하고 르네상스 시대에 출판된 수많은 『건축십서』 해설서들을 제치고, 『건축사서』가 단연 군계일학이라는 평가를 받는 것은 분명 이유가 있지 않겠는가?

그 이유 중 가장 중요한 하나를 필자는 『건축사서』의 체계와 쉬운 설명과 삽화라고 생각한다. 주제들이 명확하게 나누어져 있으며, 굉장히 단순하고 짧게, 그리고 체계적으로 구성되어 있어, 다른 이론서들에 비해 상대적으로 읽기가 쉽다. 게다가 각 주제에 대한 삽화를 첨부하였다. 그냥 글 반, 그림 반으로 생각하면 될 것이다. 조금 과장해서 이야기하면, 비트루비우스의 『건축십서』나 알베르티의 『건축론』을 제대로 읽고 이해하는 데 각각 1년이 걸린다면, 팔라디오의 『건축사서』는 (마음만 먹는다면) 특별한 전문지식이 없이도 두 달 정도면 제대로 읽을 수 있다. 이런 이유로 『건축사서』는 최초의 대중적인 건축서로 인정 받고 있는 것이다. 본인이 스스로 공부하고, 이해하는 것은 중요한 능력이다. 하지만, 이를 제대로 전달할 수 있는 능력은 별개의 문제이다. 어려운 내용을 어렵게 설명하는 것은 누구나 할 수 있으나, 쉽고 이해할 수 있게 설명하는 것은 아무나 할 수 있는 일은 아니지 않는가? 『건축십서 De Architectura』가 건축의 기본과 규범을 만들었고, 『건축론 De Re Aedificatoria』이 건축에 대한 관점을 새롭게 정립했다면, 『건축사서 I quattro libri dell'architettura』는 이러한 내용을 정제하고, 쉬운 말로 압축한 요약본 정도로 이해하면 될 것이다. 그리고 예나 지금이나 어려운 책들보다는 쉬운 요약본들이 많이 팔리는 법이다.

독일의 대문호 괴테의 『폰 슈타인 부인과 헤르데에게 보내는 이탈리아에서 쓴 일기와 편지 Tagebücher und Briefe Goethes aus Italien an Frau von Stein und Herde』에 나오는 구절을 잠시 살펴보자. 파도바에서 『건축사서』를 읽은 괴테는 폰 슈타인 Charlotte Albertine Ernestine Freifrau von Stein, 1742-1827 부인에게 다음과 같은 편지를 썼다고 한다.

> 파도바에서 처음으로 책을 발견했고 지금은 공부하고 있는데 눈에서 비늘이 떨어지고 안개가 사라지고 사물을 인식하게 됩니다. 책으로도 좋은 정말 좋은 작품입니다.

필자의 인문학적 소양이 일천하여, 『건축사서』의 문학적 의미에 대해서는 감히 평가할 수 없으나, 이 편지의 한 구절만으로도 『건축사서』는 전공 서적으로, 그리고 문학작품이나 교양서로도 남다른 의미가 있다고 평가할 수 있을 것이다. 그렇다고 내용적 측면에서 필자가 괴테의 의견에 전적으로 동의하는 것은 아니지만. 이제 본격적으로 『건축사서』의 내용에 대해 알아보자.

바르바로의 『건축십서 해설서』에 실을 삽화 작업을 하고 있을 무렵, 팔라디오는 자신의 건축이론을 출판할 계획을 세웠던 것으로 추정된다. 그는 1570년 『건축사서』를 두 권으로 나누어 출판했다. 첫 번째는, 『건축에 관한 처음 두 권의 책I due primi libri dell'architettura』이고, 두 번째는, 『고대 건축에 관한 두 권의 책I due libri dell'antichità』이다. 이 두 권은 헌정사와 독자들을 위한 서문으로 시작한다. 요즘 출판되는 단행본은 이 두 권을 합쳐서 출판하여, 제1권과 제3권 앞에 각각 헌정사가 있으며, 제1권, 제3권, 제4권에는 독자들을 위한 서문이 있다. 제2권에 서문이 빠져있는 것은 인쇄 오류가 아니니 걱정 말고 읽어도 된다. 그리고 팔라디오가 원래는 비트루비우스나 알베르티와 비슷하게 총 10권의 책을 기획했다는 주장도 있으나, 어디까지나 추측에 지나지 않는다.

우선 목차를 보면서 전체적인 내용에 대해 파악해보자.

제1권	건축에서 기본적으로 고려해야 할 사항, 재료공학, 기초부터 지붕까지 집을 짓는 방법, 공공 및 민간건축 모두에 적용되는 일반적인 규칙, 다섯 가지 주범양식
제2권	도시와 시골의 전원주택(빌라)

| 제3권 | 도로, 다리, 광장, 바실리카 |

| 제4권 | 이탈리아 로마와 이탈리아 외부의 고대 신전 |

앞서 필자는 『건축십서』와 『건축론』을 설명하면서 굳이 읽지 않아도 될 부분에 대해서는 과감히 넘어가도 좋다고 했다. 『건축사서』 또한 마찬가지로 이론 부분만 공부한다면, 제1권의 1장, 12장, 13장, 20장, 제2권의 1장, 2장, 3장, 12장, 제4권의 1장과 2장 정도는 꼼꼼하게 읽으라고 권하고 싶다. 나머지 부분과 제3권은 거의 예시들이니 관심 있는 분들을 제외하고는 그냥 가볍게 읽고 넘어가도 될 것이다. 사실 책의 나머지 부분들도 건축 이론적 관점에서 볼 때, 비트루비우스의 이론을 거의 그대로 답습했으니, 따지고 보면 팔라디오 자신만의 건축이론은 거의 없다고 해도 과언은 아니다. 예시들을 제외하면, 『건축사서』 전체에서 순수하게 건축이론에 관한 내용은 얼마 되지도 않으니 편하게 읽기에 좋은 책이다.

물론 『건축사서』가 상대적으로 읽기 쉽다는 말은 다른 이론서에 비해 읽기 쉽다는 의미이다. 외국어로 된 두꺼운 전공 서적 한 권의 책장을 처음부터 끝까지 넘기는 일이 절대 쉽지만은 않다. 하지만 다행스럽게도 『건축사서』는 책의 구성이 굉장히 단순하고 쉬운 편이다. 각 장은 개별 주제에 대해 길면 서너 쪽,

짧으면 반쪽 정도의 설명으로 끝이 나며, 앞서 언급한 이론적 부분을 제외하고는 거의 다 삽화들이 첨부되어 있다. 우선 전체적인 내용을 어느 정도 이해한 다음 나머지는 가볍게 훑으면서 전체적인 내용을 파악하는 것을 추천한다. 정말 부득이한(?) 사정으로 이 책을 다 읽지 못한다면, 필자가 중요하다고 언급한 부분만 발췌해서 읽어도 충분할 것으로 생각된다.

앞서 『건축십서』와 『건축론』의 경우, 각 권의 내용을 요약 후, 따로 저자들의 건축이론에 관한 설명을 했으나, 『건축사서』는 굳이 그렇게 할 필요까지는 없을 것 같다. 목차에 적어 놓은 내용 그 이상도, 그 이하도 아니기 때문이다. 따라서 바로 책의 내용을 살펴보면서, 필요한 부분을 설명하겠다.

2.1. 건축사서 제1권

합리적이긴 한데

앞서 언급했듯이, 제1권과 제3권에는 각각 헌정사와 독자들을 위한 서문이 있다. 제1권의 헌정사는 그의 절친이었던 자코모 안가라노 Giacomo Angarano 백작에게 바치는 글로, 팔라디오는 다음과 같이 시작한다.

관대하신 백작님, 당신이 저에게 수년 동안 계속해서 베푸

신 무한한 선하심을 (바탕으로 한) 큰 공덕으로 인한 독특한
혜택은 (이제) 너무나 커졌습니다.

안가라노 백작과 팔라디오는 친밀한 관계를 유지했다는 것
정도 외에는 자세히 알려진 바가 없다. 하지만, 헌정사의 첫 문
장으로 보아 아마 팔라디오가 『건축사서』를 집필할 때, 경제적
인 지원을 하지 않았을까 추정된다. 이어지는 헌정사의 일부는
다음과 같다.

이 작품(건축사서)을 만드는 데 있어서, 고백하자면, 운명의
은총을 너무나 많이 받았기 때문에, 엄청난 고민과 적지 않
은 어려움을 극복한 끝에, 마침내 가능한 한 가장 완벽하게
만들어 낼 수 있었습니다. 그리고 그 안에 담긴 모든 것이
오랜 경험의 결실로서 타당하다는 것이 증명된 후에, 저는
이러한 경험을 통해 건축의 몇 가지 문제점을 명확히 밝혔
기 때문에 후대의 사람들은 저를 모범으로 하여 다음과 같
은 것을 배울 것이라고 감히 말하고 싶습니다. 그들은 자신
들의 예리한 정신을 사용하여 고대 건물의 진정한 아름다
움과 우아함을 본받아 (그들이 지은) 건물의 웅장함을 쉽게
이끌어낼 수 있을 것입니다.

좋게 보면 자신감의 표출이고, 나쁘게 보면 오만하게 해석될
수도 있는 문장이다. 바르바로와 함께 『건축십서 해설서』를 준
비했던 터라, 팔라디오 역시 『건축십서』의 내용에 대해 이미 잘

알고 있는 상태였고, 아마도 바르바로의 해설서보다 더 나은 책을 쓸 수 있다고 확신을 했던 것으로 보인다. 이러한 확신은 『건축사서』 곳곳에서 팔라디오의 자신감으로 드러나고 있다. 그는 마치 독자에게 연설을 하듯이 글을 쓰고 있으며, 자신의 여행과 고대 건축에 대한 실측과 연구를 언급하고 자신의 경험을 바탕으로 동시대인과 후손을 위한 건축적 규범을 제시할 수 있다고 주장한다. 개인적으로 판단할 문제이긴 하지만, 책의 저자가 자신감이 있으면 독자들의 신뢰는 강해지는 법이다. 과도한 자신감은 거부감을 불러일으킬 수도 있으나, 적당한 자신감은 필요한 법이다. 이어지는 독자들을 위한 서문은 이렇게 시작한다.

> 나는 타고난 재능의 축복으로 어려서부터 건축 연구에 전념했다. 그리고 건축을 포함한 다른 많은 것들과 마찬가지로 고대 로마인들이 그 이후의 모든 사람보다 훨씬 앞서 있다고 항상 생각했기 때문에 비트루비우스를 나의 스승이자 안내자로 선택했다. 그는 이 분야(건축)에 대해 글을 쓴 유일한 고대의 건축가였다. 나는 혹독한 날씨와 야만인의 잔혹함에도 불구하고 살아남은 고대 건물의 유적을 연구하기 시작했다. 나는 그것이 처음에 생각했던 것보다 더 자세히 연구할 가치가 있다는 것을 알았고, 그래서 모든 부분을 매우 자세하게 측정하기 위해 최선을 다했다. 그 결과 나는 아름다운 비율로 창조된 건물은 이성적으로 이해할 수 있다는 사실을 발견했다.

독자들에게 보내는 서문에서 로마인들의 예술적 감각이 후대 사람들에 비해 뛰어나다는 것을 전제하고 있으며, 이를 통해 자신이 고대 건축을 연구한 사실에 대한 정당성을 확보하고 있다. 필자는 이 구절을 상당히 흥미롭게 보고 있다. 이 구절은 좀 직설적으로 표현하면, 동시대의 사람들이 고대 로마인들보다 못하다는 비판으로 해석할 수 있기 때문이다. 팔라디오가 성격 파탄자가 아닌 이상에야, 분명 나름의 이유가 있었을 것이다. 그렇지 않고서야 독자들도 동시대 사람들일 터인데 감히 이런 문장으로 글을 시작했겠는가? 필자는 아마도 팔라디오는 당시 유행하던 건축 사조, 즉 매너리즘에 대해 심한 거부감을 가지고 있었던 것이 그 이유가 아니었을까라고 조심스럽게 추정해 본다. 매너리즘에 대한 비판은 제1권 20장을 참고하기 바란다.

그리고 연구를 진행하면서 아름다운 비율로 창조된 건물, 즉 좋은 건축은 이성적으로 이해 가능하다는 사실을 발견했다는 구절에 필자는 무게를 두고 있다. 이 문장을 제대로 이해하기 위해서는 당시의 시대상을 배경에 두고 이해해야 한다. 당시, 즉 르네상스는 인본주의의 시대라는 사실을 기반에 두어야 제대로 해석이 된다. 인간이 중심이 되는 시대니, 인간의 (올바른) 이성은 판단의 절대적인 기준이 되어야만 한다. 따라서 이러한 이성의 법칙을 따르는 건축이 좋은 건축이라는 주장이다. 물론 이 주장 또한 알베르티와 큰 차이가 없긴 하다.

필자는 알베르티 편에서 르네상스의 핵심은 근대적 시대정신Zeitgeist의 등장이며, 이러한 시대정신을 실현하기 위한 방법론이 고대 그리스, 로마의 인간중심 사상으로 회귀하는 것이라는 설명을 한 바 있다. 따라서 팔라디오가 인본주의를 실현하기 위한 방법론 또한 고대로의 회귀와 크게 다르지 않았을 것이다. 그러니 고대 건축을 실측하고 연구하는 것은 현재와 미래 건축의 중요한 기초가 된다. 따라서 이 전제를 따르자면, 비트루비우스의 이론은 고대 건축을 설명하기 위한 기반이 되어야만 한다.

더 나아가 비트루비우스의 이론을 지지하고 따른다는 말은 팔라디오가 스스로를 고대 건축의 계승자로 생각했다는 의미로 해석된다. 이 부분은 필자의 독자적인 의견이 아니다. 이미 서문에서 팔라디오는 비트루비우스를 자신의 스승이자 안내자로 선택했다고 적어 놓았다. 그리고 『건축사서』를 읽다 보면, 중요한 부분마다 어김없이 비트루비우스가 등장하며, 팔라디오는 비트루비우스의 이론을 따를 것이라고 언급하고 있다. 이 책에서 비트루비우스의 존재는 데우스 엑스 마키나deus ex machina 정도로 이해하는 것이 편할 것이다. 다소 억지스럽긴 하지만, 스스로를 비트루비우스의 제자로 자처했으니 자신의 건축은 고대 건축의 연장선에 있다는 논리가 성립한다. 따라서 당시 남아있는 고대의 건축물이나 비트루비우스가 언급한 예시들이 충분하지 않은 경우, 팔라디오는 자신의 건축물을 예로 활용했다. 스스로 고대 그리스, 로마건축의 계승자로 여겼기 때문에, 그는 자신의 건축물을 당대의 건축적 문제에 대한 가능한 해결책일 뿐만 아니라, 다른 이들의 이해를 돕기 위해서 책에 수록하는 것이 큰 문제가 없다고 생각했을 것이다. 물론 이러한 주장의 기저에는 앞서 언급한 매너리즘 건축에 대한 거부감이 작용을 한 것으로 보인다. 사람은 원래 현재에서 해답을 찾아내지 못하면, 과거로 회귀하기 마련이지 않는가? 이러한 관점에서 보면, 팔라디오가 당시에 유행하던 건축 사조(매너리즘)에 적응하지 못하고, 이를 수용하지 못했기 때문에, 자연스럽게 고전주의에 관심을 가지게 되었다는 일부의 평가 또한 틀리지만은 않을 것이다.

이어지는 서문의 내용에서 팔라디오는 다음과 같이 언급한다.

> 그리고 이 모든 책에서 나는 장황한 내용을 피하고 가장 필요하다고 생각되는 실마리만 제공할 것이며, 오늘날 건축업자들이 일반적으로 사용하는 표현을 할 것이다.

이 문장에서 팔라디오는 『건축사서』를 쉽게 쓰겠다는 의지를 명확하게 보여주고 있다. 알베르티 이후 이어져 오던 이론을 설명하는 전문적이고 어려운 용어들을 일상의 용어로 전환하겠다는 의미로 이해하면 된다. 하지만 얼핏 보면 그냥 책을 짧고 간결하며 이해하기 쉽게 쓰겠다는 말처럼 보이나, 필자는 이 짧은 문장을 조금은 다르게 해석을 하고 있다. 아마도 팔라디오는 당대의 사람들에게 당시 유행하던 건축 사조를 비판하고 올바른 건축관을 제시하는 것이 필요하다고 믿었던 것으로 생각된다. 따라서 과거의 자료를 기반으로 하여, 간결하게 이성적으로 설명하는 것이 가장 효과적이라고 믿었을 것이다. 물론 이 문장은 전공자가 아닌 일반인들을 위한 배려로도 해석이 가능하다. 그러나 이 짧은 문장을 통해 팔라디오는 자신이 믿고 있던 올바른 건축에 대해, 가능하면 많은 사람에게 가르치고자 하는 약간은 교조주의적이면서, 계몽주의적 성향을 드러내고 있다는 것이 필자의 해석이다. 일부에서는 팔라디오의 이러한 성향을 바탕으로 그가 단지 건축 지상주의를 지향한 독단적인 이상주의자였다는 해석도 하고 있다. 물론 팔라디오가 설계한 일부 건물에서는 자신만의 형식미학에 집착하는 면이 드러나긴 하지만, 이러한 경향만으로 팔라디오가 건축 지상주의자라는 판단을 내리는 것은 과도한 확대해석으로 보인다. 필자는 개인적으로 팔라디오가 아슬아슬하게 경계선상에 걸쳐있다고 보고 있긴 하지만. 어쨌든 이 문제에 관한 판단은 읽는 분들이 하는 것이 좋을 듯하다.

서문의 마지막 구절에서 그는 첫 번째 책, 즉 『건축사서』 제1권과 제2권의 구성과 내용에 대해 간략하게 언급하면서 마무리하고 있다. 지금부터 제1권 본문의 내용을 살펴보자. 제1권 1장에서 팔라디오는 건축의 기본적 개념을 설명하기 위해 비트루비우스와 알베르티의 개념을 빌려와 사용하고 있다.

건축을 시작하기 전에 건축할 건물의 평면과 입면의 모든 부분을 주의 깊게 조사해야 한다. 비트루비우스가 가르쳐 준 것처럼, 모든 건물에서는 세 가지 사항을 고려해야 하며, 이 조건이 충족되지 않는 건물은 칭찬받을 가치가 없다. 이 세 가지는 유용함$^{utilità, 기능}$, 영속성$^{perpetuità, 구조}$, 그리고 아름다움$^{bellezza, 미}$이다. 유용하지만 수명이 짧은 건물, 튼튼하지만 편안하지 않은 건물, 처음 두 가지 조건을 충족하지만 아름다움이 부족한 건물은 완벽하다고 할 수 없다.

그는 건축에서 고려해야 할 세 가지 요소를 유용함^{utilità}, 구조적 영속성^{perpetuità} 및 아름다움^{bellezza}으로 정의했으며, 이는 논란의 여지 없이 비트루비우스의 건축 요소와 같다.

아름다움은 아름다운 형태를 의미하며, 전체와 개별 부분의 (조화로운) 대응, 부분과 부분의 (조화로운) 대응을 통해 나타난다. 이렇게 될 때, 건물은 통일성 있는, 완전한 형태를 구성한다. 부분적인 조화와 일치가 아니라, 우리가 원하는 건물을 완성하려면 모든 부분이 (모든 부분의 조화와 일치가) 절대적으로 필요하다.

여기서 그는 아름다움은 전체와 개별 부분의 (조화로운) 대응, 부분과 부분의 (조화로운) 대응에서 발생하는 것으로 정의했다. 이는 비트루비우스나 알베르티의 이론과 거의 같다고 해도 과언이 아니다. 이 논리에 따르면, (좋은) 건축물의 형태는 그 자체로 완전하게 정의되어야 한다. 여기까지 그냥 별생각 없이 읽는다면, 팔라디오가 건축이나 미학에 대한 자신만의 개념을 새롭게 제시하지 않은 이유에 대해서, 그가 비트루비우스나 알베르티의 이론을 완벽하다고 믿었기 때문이라고 오해할 수 있다. 그러나 필자는 팔라디오가 굳이 비트루비우스와 알베르티의 용어를 그대로 사용했다는 점이 다른 것을 시사하고 있다고 본다. 여기서 그의 관심은 사실 용어나 개념이 아니라 직관에 기반한 인식에 있다고 보아야 한다. 조금 이해하기 어려울 수 있으니, 약간의 부가 설명을 덧붙이도록 하겠다.

앞서 비트루비우스와 알베르티는 미학에 관한 부분을 집필할 때, 상대적으로 많은 공을 들였다. 개념이 어떻게 구성되고, 어떻게 이해되어야 하는지에 대한 이론적 설명을 너무나 복잡하고, 장황하게 해 놓았기 때문에 후대의 건축가들이나 이론가들은 이를 해석하기 위해 많은 어려움을 겪었고, 그 와중에 오역이나 잘못된 해석들도 나오게 되었다. 앞의 두 건축이론가의 방식이 틀렸다는 것은 아니나 절대적으로 옳다고 주장하기 어려운 것도 사실이다. 여기에 만약 아름다움에 대한 개인적 의견 차이까지 고려한다면, 미학은 학문으로서 성립조건을 갖출 수 없게 된다. 왜냐하면 학문은 근본적으로 사유의 통일성을 전제로 하고 있기 때문이다. 팔라디오 또한 이 부분에 대한 많은 고민을 했을 것이다. 그리고 그가 찾아낸 방법은 문제에 대한 회피(?)와 실증주의이다. 과거에 있던 개념을 차용한다면, 본인이 스스로 어려운 개념에 대한 논란을 만들 필요가 없다. 그리고 어차피 무엇을 하더라도 논란이 발생한다면, 이 논란을 잠재울 수 있는 가장 확실한 방법은 실증, 즉 눈에 보이는 것에 의존하는 것이다. 눈에 보이는 것을 믿지 않는다면 무엇을 믿는다는 말인가? 따라서 설명에 부합하는 그림들을 보여주는 것이 가장 효과적인 방법이다. 나름대로 어려운 문제를 잘 피한 것처럼 보이나, 결국 팔라디오 본인이 스스로 이론적 한계를 인정한 것으로 평가할 수밖에 없다.

이어지는 12장과 13장은 주범양식에 대한 설명이다.

팔라디오는 앞서 언급했던 비뇰라Vignola가 정립한 다섯 가지의 주범양식을 거의 그대로 받아들인 것으로 보인다. 그에게 중요한 것은 아마도 본인이 실제로 관찰하고, 측정하고 연구한 결과였던 것으로 생각된다. 따라서 비트루비우스의 『건축십서』에 나온 주범양식을 그대로 수용하는 대신, 시간을 거치면서 변화된 양식과 자신이 실제로 경험한 내용을 기술했다. 이러한 경험과 관찰을 바탕으로 팔라디오는 비뇰라보다 더 세부적으로 모듈 체계를 만들고 양식, 기둥의 비율 및 기둥 간격 사이의 비례를 설정했다. 여기서도 역시 팔라디오의 실증주의적 성향이 드러나고 있다. 다음은 12장의 내용이다.

선조들이 사용한 기둥의 양식에는 토스카나 양식, 도리스 양식, 이오니아 양식, 코린토스 양식, 컴포지트 양식의 5가지가 있다. 이러한 기둥들은 가장 튼튼한 기둥이 건물의 가장 아랫부분에 오도록 배치해야 한다. 그렇게 해야 전체 하중을 견디는 데 가장 적합하며 건물을 지지하는 매우 견고한 기초가 형성되기 때문이다. 따라서 도리스 양식은 항상 이오니아 양식 아래에, 이오니아 양식은 코린토스 양식 아래에, 코린토스 양식은 컴포지트 양식 아래에 배치되어야 한다. 토스카나 양식은 빌라의 현관과 같이 하나의 주범양식을 사용하는 건물이나 원형극장과 같이 다양한 주범양식을 섞어서 사용하는 대규모 건축물에 사용된다. 이런 대규모 건축물에서 토스카나 양식은 도리스 양식 대신에 이오니아 양식 아래에 배치된다. 따라서 토스카나 양식은 명확한 주범양식이라고 하기는 힘들다. 만약 주범양식 중 하나를 예외적으로 사용하고 싶다면, 예를 들어 코린토스 양식 기둥을 도리아 양식 기둥 바로 위에 두고 싶다면, 그렇게 할 수는 있다. 하지만, 위에서 언급한 이유로 항상 가장 튼튼한 기둥이 맨 아래에 오도록 해야 한다.

앞서 주범양식은 건물의 목적과 사용자에 맞추어서 사용되어야 한다고 했다. 따라서 위의 구절은 일반적인 주범양식에 대한 설명으로 볼 수 있다. 하지만 시간의 흐름에 따라 변화는 발생하고, 사람들은 새로운 것을 원하기 마련이다. 팔라디오 자신도 산타 소피아에 위치한 빌라 사레고 Villa Sarego의 기둥을 설계할 때 주두 capital는 이오니아 양식을, 기둥 자체는 가공되지 않은 돌을 사용하였다. 『건축사서』에서 그는 빌라 사레고에는 이오니아 양식을 사용했으며, 섬세한 기둥보다는 수수하고 단순한 디

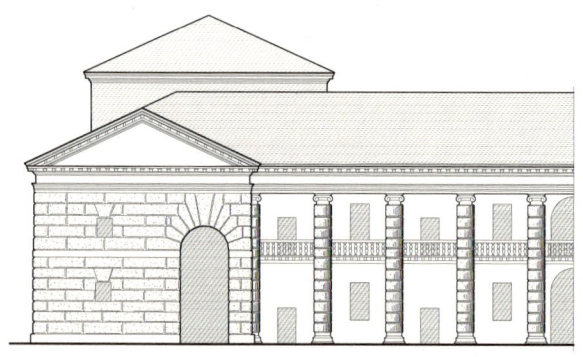

빌라 사레고(Villa Sarego) 부분 입면

자인이 적합하기 때문이라는 설명을 하고 있으나 잘 이해되지는 않는다. 이러한 일탈이 개인적 성향이지, 건축주의 압박이었는지, 혹은 당대의 흐름을 따른 것인지는 명확하지 않다. 하지만 제1권 20장에서 당시에 유행하던 매너리즘 건축에 대해 날 선 비판을 하면서, 스스로 자신의 말과 어긋나는 행동을 했다는 점은, 어떤 이유에서든지 비판을 피하기 어려워 보인다. 아마 이 때문이었을까? 팔라디오는 제2권 1장에 나름 자신의 행동을 정당화시키기 위해 군색하게 변명했으나, 이론의 일관성이 지켜지지 않은 것만큼은 사실로 보인다. 이 부분에 대해서는 제2권에서 다시 설명하겠다.

이어지는 13장에서는 다음과 같은 설명을 하고 있다.

모든 주범양식에서 각 기둥은 윗부분이 가늘고, 중앙은 약간

부풀어 오르도록 만들어야 한다. 윗부분을 가늘게 할 때 주의할 점은, 기둥이 높을수록 덜 가늘어지게 만들어야 한다는 것이다. 왜냐하면, 멀리서 볼 때 높게 위치한 부분은 자연적으로 가늘게 보이기 때문이다.

13장에서는 엔타시스 양식과 주범양식에 따른 기둥 높이와 지름의 비례에 관해 설명한다. 오늘날 흔히 알고 있듯이, 기둥의 중앙이 약간 볼록해야 특정 시점에서 기둥이 곧게 보인다는 착시현상에 대한 설명은 보이지 않는다. 착시현상과 관련해서는 단지 기둥 하부의 지름과 상부 지름의 비례 관계에 대해서만 설명하고 있다. 어쨌든 필자의 눈에는 한 번도 엔타시스 양식 기둥이 곧게 보인 적이 없어, 뭐라 판단하기는 힘들다. 하지만 적어도 팔라디오가 엔타시스 양식을 사용하여 기둥을 곧게 보이게 했다는 내용은 어디에도 나오지 않는다.

나는 기둥의 엔타시스 양식을 위해 다음과 같은 방식을 사용한다. 기둥의 몸통을 세 부분으로 나누고 세 번째, 즉 가장 아래쪽 부분을 바닥에 완전히 수직으로 배치한다. 이 부분의 바깥쪽(가장 볼록한 부분, 그림의 B)에 기둥 길이와 같거나 조금 더 긴 좁은 띠를 놓는다. 그런 다음 아래의 1/3을 위로 넘겨서 기둥의 주두 아래 부분(즉, 기둥 몸통의 윗부분이 줄어드는 지점)에 닿을 때까지 구부린다. 그런 다음 이 곡률에 따라 그림을 그린다. 이렇게 그리면 기둥의 중앙이 약간 부풀어 오르고 매우 우아하게 가늘어지는 것처럼 보인다.

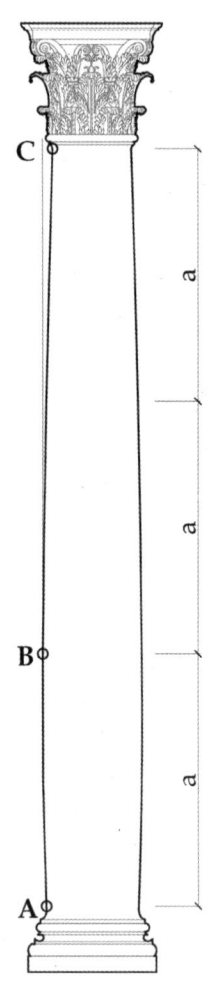

엔타시스 양식 기둥과 곡률

비트루비우스 또한 엔타시스 방식에 대해서 제대로 설명하지 않았으며, 팔라디오 또한 이 방식을 설명할 때, 착시현상과 연관해서 설명하지는 않고 있다. 단지 그는 이런 방식으로 만드는 것이 기둥의 미학적 측면을 고려한 것이라고만 언급하고 있다. 여기서 팔라디오의 설명과 그림만으로는 어떻게 엔타시스 방식의 기둥을 만들어 내는지 제대로 알기 어렵다. 아마도 팔라디오는 비뇰라의 설명방식과 이론을 수용하고, 이를 간략하게 적어 놓은 것으로 추정된다. 따라서 팔라디오는 주범양식의 이론적인 부분에 대해 굳이 자세한 설명이 필요하지 않았다고 생각했을 것이다. 주범양식에 관한 설명은 제4장의 비뇰라 편을 참고하기 바란다. 주범양식과 엔타시스 양식의 곡률을 구성하는 방식, 그리고 세부적인 수치에 대해서는 다양한 설명과 논쟁이 있으나, 기둥을 시각적으로 아름답게 만드는 방법이라는 팔라디오의 설명이 가장 단순하고 깔끔하다고 필자는 판단하고 있다.

이어서 제1권 20장을 살펴보자.

> (앞서) 건축의 장식, 즉 다섯 가지 주범양식을 제시하고 그것들이 어떻게 만들어져야 하는지 보여주었다 … 따라서 나는 건축을 비롯한 모든 예술(기술)이 자연을 모방한 것이기 때문에, 자연(의 법칙)에 어울리는 것에서 벗어나는 것은 용납될 수 없다고 생각한다 … 그렇다면 자연이 이런 문제에 대해 가르쳐 주는 것과는 다른 건축 방식을 취하고, 자연이 창조한 모든 것에서 볼 수 있는 단순한 태도를 포기한 것은 (무조건) 비난받을 일이다. 이런 건축 방식은 다른 성격을 띠게 되며, 따라서 참되고 좋고 아름다운 건축 방식에서 벗어나게 된다.

이 구절을 통해 팔라디오는 매너리즘 양식에 대해 심한 거부감을 여과 없이 나타내고 있다. 이후의 구절에서 그는 기둥의 형태를 변화시켜 사용하는 것, 하중을 받아야 할 기둥이 가볍게 보이도록 디자인한 것, 박공의 형태를 변화시키는 것 등의 예를 들며, 날카로운 비판을 이어나간다. 이러한 비판의 기저에 있는 논리는 다음과 같이 요약될 수 있다.

자연은 보편적이고 필연적인 법칙으로 구성된다.
건축은 자연의 모방이다.

모방의 주체는 인간이며, 자연의 보편적이고 필연적인 원리는 인간의 이성과 대응한다.
따라서 자연의 법칙에 어긋나는 건축은 보편법칙과 필연성에 어긋나며, 이성에도 어긋난다.

건축은 자연의 모방이란 말은 자연을 있는 그대로 옮긴다는 의미가 아니다. 모방에는 추상화와 단순화가 필요하며, 이를 가능하게 하는 것이 인간의 이성이다. 이성을 활용하여 제대로 모방된 건축은 아름답다. 여기서 팔라디오는 참되고 선하며 아름다운 것이 존재한다는 절대주의적 전제를 받아들이고 있다. 그리고 참되고 선하며 아름다운 것이 하나라는 통일성에 대한 신플라톤주의적 입장을 분명히 표명하고 있다. 동시에 자연의 절대적 법칙이 인간의 합리적 이성과 대응한다는 르네상스의 시대정신을 나타내고 있다. 이 주장을 통해 그는 건축이란 합리적이고 단순해야 한다는 고전적 입장을 취하고 있는 것이다.

2.2. 건축사서 제2권

빌라 로톤다는 사람을 위한 집이 아니다

제2권은 도시의 주택과 전원주택(빌라)에 대한 설명이다. 여기서 팔라디오는 대부분 자신의 건물을 사례로 인용하고 설명하고 있다. 이는 앞서 언급한 자신감의 표출로 보아도 좋을 것이다.

2권 1장에서 팔라디오는 주거용 건물의 기준으로 편안함 commodità을 내세우고 있다.

> 그리고 집이란 거주할 사람의 품격에 부합하고 모든 부분이 전체와 서로 부합할 때 편안하다고 할 수 있으므로, 건축가는 (비트루비우스가 건축십서 제1권과 제6권에서 말한 것과 같이) 다음의 사실에 특히 주의를 기울여야 한다. 상위 귀족, 특히 공직에 있는 사람들에게는 로지아와 넓고 장식된 홀이 있는 집이 필요하다는 사실을 알아야 한다. 그런 큰 공간이 있어야 주인이 손님들을 맞이하거나, 주인에게 도움을 바라거나 부탁을 하고 싶어 하는 사람들이 만족하며 (편하게) 머물 수 있기 때문이다. 하지만 하위 귀족들은 비용이 적게 들고 장식이 적은 작은 건물에 만족할 것이다. 판사와 변호사를 위한 집의 경우, 사람들이 거닐기에 편하고 고객이 지루함 없이 머물 수 있는 아름답고 꾸며진 방을 갖춰야 한다. 상인들을 위한 집에는 물건을 보관할 수 있는 방이 북쪽을 향해 있으며, 주인이 강도를 두려워할 필요가 없도록 안전하게 설계되어야 한다.

이러한 주장은 트리시노와 코르나로의 영향을 받았다고 추정된다. 하지만 팔라디오의 편안함은 다른 이들의 그것과는 다소 차이가 있다. 트리시노와 코르나로의 편안함은 단어 그대로 해석이 가능하다. 하지만 필자는 팔라디오의 편안함은 완벽한 건축을 위한 최상위 개념으로 해석하고 있다. 아래의 구절을 천천히 읽어보면 이해될 것으로 믿는다.

> 건물의 각 부분이 전체와 조화롭고, 큰 건물에는 큰 부재들이, 작은 건물에는 작은 부재들이, 중간 크기의 건물에는 중간 크기의 부재들이 사용될 때, 장식은 건물 전체에 어울리게 된다. … 다음으로 각 부분을 서로 조화롭게 대응시키고 전체에 어울리도록 배치하고 적절하다고 생각되는 장식을 추가해야 한다.

팔라디오는 계속해서 건물의 부분과 전체 간의 유기적인 조화를 강조하고 있다. 다시 말해, 건물은 사용자의 목적에 따라 필요한 공간이 달라지며, 이러한 공간들은 서로 조화롭게 어울려야 아름답다는 점을 강조하고 있다. 그리고 이러한 아름다움이 충족될 때, 건물은 편안하다. 이 논리를 따르자면, 아름다움은 편안함의 하위개념으로 보는 것이 논리적으로 타당하다. 이어지는 제2권 2장의 내용을 살펴보자.

> 인체에는 고귀하고 아름다운 부분과 다소 천하고 추한 부분이 있는데, 이 모든 부분은 인체에 절대적으로 필요하며 이러한 부분들이 없이는 인체가 존재할 수 없다. 마찬가지로 건물에도 고귀하고 명예로운 부분이 있는가 하면, 그렇지 못한 부분들이 있다. … 그러나 신께서는 가장 아름다운 부분을 눈이 먼저 가는 곳에 두었고, 그렇지 않은 부분을 눈

에 띄지 않는 곳에 두었다. 이와 마찬가지로 우리는 집을 지을 때 건물의 가장 중요하고 매력적인 부분을 열린 곳(잘 보이는 곳)에 배치하고 덜 아름다운 부분은 우리 눈에 가장 띄지 않는 곳에 배치해야 한다. 이렇게 하면 집에서 추하고, 부끄러운 부분이 눈에 띄지 않게 된다. 그리고 아름다운 부분에 영향을 주는 추한 부분을 숨길 수 있다.

앞의 내용을 전체적으로 고려해 볼 때, 편안함을 단지 아름다움의 상위 개념으로 설명하는 것은 다소 편협한 해석이다. 왜냐하면, 팔라디오는 아름다운 부분과 추한 부분이 다 있어야 인체와 건물이 완성된다고 했기 때문이다. 팔라디오가 아름다운 부분과 추한 부분에 대해 구체적으로 정의를 하지 않았기 때문에 논란의 여지가 있으나, 필자는 여기서 추한 부분이 필연적으로 발생할 수밖에 없는 이유는 바로 구조와 기능, 그리고 비용 때문이라고 해석하고 있다. 다시 말해, 이미 구조와 기능은 기본적으로 전제되어 있다고 이해하면 될 것이다. 인체에 구조와 기능이 갖추어지고, 모든 요소가 필요한 곳에 적절히 배치되어야 아름다워진다. 물론 인체를 만드는 데는 큰 비용(?)이 들지 않으니, 인체 구성의 설명에서 비용 부분은 논외로 하자. 이렇게 구성이 될 때 비로소 인체는 아름답게 보이며, 이로 인해 완성된다. 그러니 건물 또한 이렇게 구조와 기능이 확보된 상태에서 각 요소가 적절하게 - 보일 부분은 보이고, 감출 부분은 감추어서 경제적으로 - 배치되어야 아름다워진다. 그리고 이렇게 완성된 건물은 편안하다는 논리로 이해해야 한다. 또한 사용자에 따른 건물의 장식이나 구성, 구조, 기능, 미, 비용에 관해서는 이미 오래전부터 언급되어왔던 내용이다. 팔라디오는 이 모든 개념이 적절하게 조화된 상태를 완벽한 건축으로 생각했으며, 건축적 완벽함을 편안함이란 개념으로 표현하고 있다.

제2권 1장은 아래의 문장으로 마무리되고 있다.

> 하지만 가끔씩은 건축가가 이러한 규칙보다, 많은 돈을 지불하는 사람들의 의지에 따라야 하는 경우가 발생한다.

팔라디오는 건축가의 아이디어가 고객의 요구 사항을 충족해야 한다는 것 또한 알고 있었다. 물론 돈에 관련된 문제는 어제오늘의 문제도 아니며, 건축디자인의 일관성과 건물의 정체성에 큰 영향을 미치는 요인이다. 여기서 팔라디오는 철저하게 실용적 입장을 취하고 있다. 비트루비우스에 따르면, 이미 고대 로마 시대부터 고객의 요구 사항과 건축가의 의견 사이에는 갈등이 있었으며, 현실적으로 최종 결정에 대한 권한은 돈을 지불하는 고객에게 있었던 것으로 추정된다. 필자가 앞서 주범양식을 다루면서 빌라 사레고 Villa Sarego의 기둥 디자인에 대해 언급했던 것을 기억하실 것이다. 아마도 팔라디오는 그러한 행동이 모순임을 알고 있었다고 생각된다. 따라서 스스로 야기한 모순이니 피하기도 애매하고, 변명하자니 자존심이 상하는 진퇴양난의 상황에 봉착했던 것이 아닐까 싶다. 그러니 나름 찾아낸 해결

책이 어느 한구석에 변명으로 이 문장을 넣어놓지 않았을까 상상해 본다. 그때나 지금이나 건축가와 건축주의 의견 조율은 여전히 힘든 문제이며, 돈 가진 사람이 결정권이 있다는 사실은 크게 변하지 않은 것 같다.

제2권 12장에서는 저택(빌라)의 위치 선정에 관해 기술하고 있다. 특히 여기서는 도시가 아닌 (전원) 지역에서 저택을 지을 때 필요한 대지의 조건을 설명하고 있다.

> 도시의 주택^{Villa}은 참으로 고귀하고 화려하며 기능적으로 꾸며져 있다. 귀족들은 공화국을 통치하거나 자신의 일을 돌볼 때마다 항상 그곳에서 거주해야 했기 때문이다. 하지만 그들은 아마도 그 외의 시간에 이익과 오락거리를 (도시에 위치하지 않은 혹은 전원) 주택에서 즐길 수도 있을 것이다. 그들은 그곳에서 여유 시간을 보내며 영지를 돌보고 개량하며, 농업과 근면함으로 재산을 늘릴 수 있을 것이다. 또한 이곳은 걷기나 승마를 통해 신체가 건강과 회복력을 보다 쉽게 유지할 수 있는 곳이며, 마지막으로 도시의 일상에 지친 영혼이 활력과 위안을 찾고 조용히 헌신할 수 있는 곳이며, 조용히 학문을 연구하거나 명상을 할 수 있는 곳이어야 한다.

여기서 팔라디오는 전원주택의 기능에 대해 간략하게 기술하고 있다. 전원주택에서는 농업을 통한 수익성이 확보되어야 하며 운동을 통한 건강 유지, 그리고 공부와 명상이 가능해야 한다고 주장한다. 다시 말해, 도시와 시골의 기능이 다르기 때문에, 집들의 기능 또한 거기에 상응해야 한다는 주장으로 이해하면 될 것이다.

이어지는 구절에서 팔라디오는 전원주택의 기능적, 미학적 고려 사항에 대해 언급하고 있다.

> 강변(물가)에 집을 지을 수 있다는 것은 매우 멋지고 좋은 일이다. 왜냐하면 비용이 거의 들지 않고도 언제든지 배를 타고 수확물을 도시로 가져올 수 있기 때문이다. 또한 이 강은 집에도 유용할 것이고, 가축에게도 유용할 것이다. 이뿐만 아니라, 여름에 시원하고 경치 또한 아름답다. 가장 큰 이익이 되는 점은 땅으로 물을 끌어올 수 있다는 점이며, 산만함을 막을 뿐 아니라, (아름다운 풍경은) 장식으로도 큰 효과가 있을 것이다.

여기서 그는 기능과 아름다움을 분리하는 것이 아니라, 상호 보완적으로 보고 있었다고 해석할 수 있다. 다만 여기서 아름다움의 개념은 다소 다르게 해석되어야 한다. 건물에 직접적으로 관계되는 장식이 아닌 자연과 풍경을 건축적 장식으로 활용할 수 있다는 의미로, 기존의 아름다움보다 확대된 개념으로 해석이 가능하다. 또한 이 구절이 내포하고 있는 것은 입지가 건물의 디자인을 결정하는 데 중요한 요인으로 작용할 수 있다는 점이다.

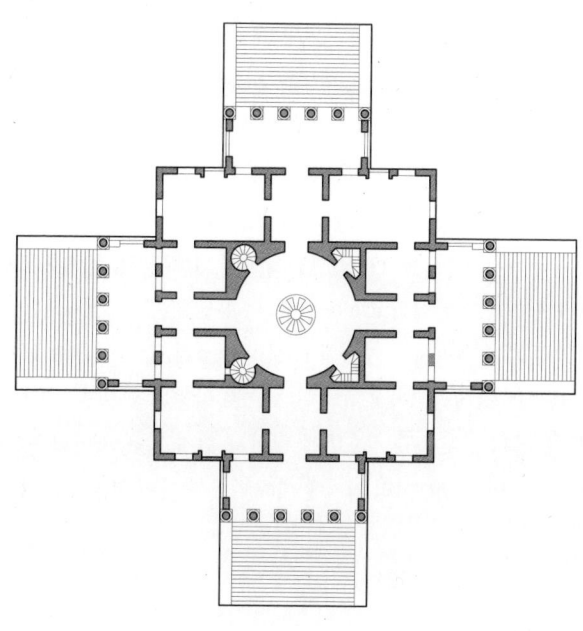

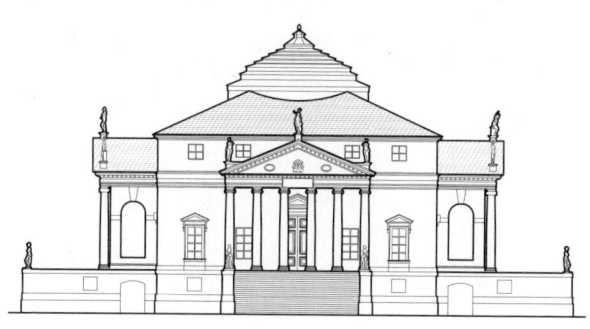

빌라 로톤다(Villa Rotonda) 평면 및 입면

이 부분을 제대로 이해하기 위해 보충 설명이 필요할 것 같으니, 제2권 3장에 나온 빌라 로톤다Villa Rotonda에 대한 설명을 한 번 살펴보자. 빌라 로톤다는 팔라디오하면 떠오르는 가장 대표적인 건축물이다. 이 건물은 실제 이름은 'Villa Almerico Capra Valmarana'이지만 'La Rotonda' 또는 'Villa Rotonda'라는 이름으로 알려져 있다. 팔라디오는 교황 비오 4세와 5세의 비서였던 성직자 파올로 알메리코Paolo Almerico의 휴양을 위해 1566년경 빌라 로톤다를 설계하고 지었다고 알려져 있다. 건물이 지어진 땅은 파올로 알메리코의 소유였던 것으로 알려져 있으며, 당시 도심으로부터 1/4 마일 정도밖에 떨어져 있지 않은 곳이었다. 팔라디오는 빌라 로톤다의 입지에 대해 다음과 같이 설명하고 있다.

> 이곳은 찾을 수 있는 가장 매력적이고 즐거운 곳 중 하나이다. 집은 쉽게 올라갈 수 있는 언덕에 있으며, 한쪽은 항해가 가능한 바킬리오네Bacchiglione 강으로 경계 지어졌고, 다른 한쪽은 큰 극장처럼 보이는 다른 아름다운 언덕으로 경계 지어졌으며, 모두 경작되어 풍부한 과일을 생산한다. 훌륭하고 좋은 포도나무. 주변 환경을 아우르는 일부 전망, 더 멀리 확장되는 전망, 수평선에서만 끝나는 전망 등 모든 면에서 아름다운 전망을 즐길 수 있기 때문에 메인 홀 아래와 마찬가지로 네면 모두에 로지아가 지어졌다.

간단하게 말하면, 풍경이 너무 좋으니 잘 감상하기 위해서 입구를 많이 설치했다는 말이다. 이는 입지가 디자인에 영향을 미친다는 팔라디오의 주장을 뒷받침하고 있다. 그리고 이런 영향을 고려해 지은 건물은 아름답고 편안하다는 결론으로 이어진다.

기왕 나온 김에 빌라 로톤다에 대해 조금 더 알아보는 것이 좋겠다. 위의 설명은 얼핏 보면, 충분히 이해할 수 있는 논리다. 그런데 여기서 궁금증이 발생한다. 왜 하필 네 개의 입구여야만 할까? 평면에 보이는 것처럼 정확히 90도의 각도를 가진 네 군데의 풍경만 보기가 좋은 것도 아닐 텐데, 그렇다면 다섯 개도 가능할 것 같고, 열 개, 스무 개도 가능하지 않을까? 사람이 거주하기 위한 저택의 평면이 저렇게 구성되는 것이 정말 좋을까?

아마도 빌라 로톤다를 직접 보신 분들은 과연 이 건물은 정말 좋은 집인가? 라는 의문을 한 번쯤은 가졌을 것으로 생각된다. 아무리 좋게 보려고 해도, 팔라디오가 주장한 편안함과는 거리가 멀어 보이기 때문이다. 외관은 마치 교회나 성당을 축소해 놓은 것처럼 보이며, 평면 중앙에 위치한 복도는 전형적인 그리스십자가의 형태이다. 원과 정사각형을 사용한 단순한 평면은 고대부터 내려오던 가장 기본적이면서 완벽한 기하학적 형태를 활용한 것이다. 눈치 빠른 분들은 지금쯤 필자가 무슨 말을 하고 싶은지 알아챘을 것으로 생각한다. 빌라 로톤다는 팔라디오가 비트루비우스의 신전건축, 즉 종교건축 방식을 정확히 따른 결과물이다. 여기서 잠깐 『건축십서』 제3권에 나온 구절을 다시 살펴보자.

신전의 디자인은 건축가가 꼼꼼하고 정확하게 준수해야 하는 법칙인 조화^{symmetra}에 기초한다. 여기서 조화^{symmetria}는 그리스인들이 유추^{analogia}라고 부르는 비례에 의해 만들어진다. 비례는 전체 구조를 이루는 부분들과 전체 구조가 공통적인 기본 차원을 기반으로 하며, 이로 인해 조화^{symmetria}가 나타나게 된다. 따라서 (신의 법칙에 따라) 잘 구성된 인체처럼 (건물의) 각 부분이 서로 일정한 관계를 맺고 있지 않으면(조화와 균형), 어떤 신전도 합리적인 형태를 가질 수 없다.

여기서 비트루비우스는 신성한 건물의 형태는 조화와 비례에 기초하며 이는 인체가 (전지전능한) 신의 법칙에 따라 구성되어 있기 때문이라고 주장한다. 그리고 비트루비우스는 인체의 개별 비율을 정하고 인체에서 원과 정사각형이 도출될 수 있음을 설명한다.

인체의 중심은 당연히 배꼽이다. 사람이 팔다리를 벌리고 누워서 컴퍼스를 배꼽에 꽂아 원을 그리면 양손의 손가락 끝과 발가락 끝이 원에 닿게 된다. 이와 마찬가지로 정사각형도 도출된다. 발바닥부터 정수리까지 길이와 양손을 뻗은 상태에서 너비는 같으며, 따라서 정사각형이 도출된다.

여기서 원과 정사각형은 엄밀하게 말하면 단순히 인체에서 도출되는 것이 아니라, 이상적인 인체의 비례, 즉 신의 비례에서 도출되는 도형이다. 완벽한 조화symmetria를 이루는, 완벽한 형태에서 도출된 도형이니, 원과 정사각형은 개념적으로 완벽하다. 이 부분이 잘 이해되지 않는 분들은 앞의 비트루비우스 편을 참고하기 바란다. 개념적으로 완벽한 도형을 사용하여 평면을 구성했고, 주변의 좋은 풍경을 담아냈다. 심지어 이 집을 사용할 사람은 성직자다. 모든 퍼즐이 개념적으로 정확히 맞아떨어지고 있지 않은가? 팔라디오는 비트루비우스로부터 물려받은 자신의 형식미학을 정확하게 빌라 로톤다에 투영하고 있는 것이다. 따라서 팔라디오에게 빌라 로톤다는 개념적으로 완벽하고 아름다워야만 한다. 하지만 필자는 종교건축에 기반한 형식미학이 과연 모든 규모의 계획에 일반적으로 적용되는 것이 적절한지에 대해서는 의문을 가지지 않을 수 없다.

이제 어느 정도 빌라 로톤다에 숨겨진 의미는 해석이 된 것 같다. 『건축사서』 제4권 2장의 내용을 참고하면 좀 더 이해가 쉬울 것으로 생각된다. 하지만 개념적으로 완벽한 건물이 - 만약 존재한다면 상상 속에서나 존재하겠지만- 실제로도, 기능적으로도 완벽하다는 보장은 없는 법이다.

제2권 16장에서 팔라디오는 저택의 현관은 거주자의 사회적 지위와 동시에 편안함을 나타낼 수 있도록 장식되어야 한다고 주장한다. 그는 장식은 건물의 위대함과 장엄함을 보여주는 필수적인 요소이며, 로마인들은 공공건물과 개인 건물에서도 장식을 사용했으므로, 장식을 적절히 사용하는 것에 대한 정당성을 주장한다. 그는 모든 건물 유형은 주거용 건물로부터 파생되었다는 믿음을 가지고 있었기 때문에, 장식을 주거용 건물에 적용하는 데 원칙적으로 문제가 없다고 판단했을 것이다.

2.3. 건축사서 제3권

기능주의의 서막

제3권에서 팔라디오는 공공건축 - 거리, 다리, 광장, 바실리카 등 - 에 대해 설명하고 있다. 앞서 설명했듯이, 제3권은 대부분이 예시로 구성되어 있다. 헌정사와 독자들을 위한 서문에도 그다지 큰 내용이 없으니 굳이 읽지 않아도 된다. 다만 독자들을 위한 서문에서 그는 공공건축이 모든 고대의 유적과 유물의 시작이며, 파편적으로 남아있는 고대 유적으로부터 전체적인 인상을 얻기 위해 열심히 노력했음을 언급하고 있다. 하지만 그에게 이런 작업들은 단지 개인적인 호기심을 충족시키는 것이 아니며 스스로 고대 건축의 계승자로서 당연히 해야 할 일을 하는 것이다. 팔라디오는 스스로의 과업을 남아있는 고대 그리스, 로마의 훌륭한 건축물을 연구하고 후대의 사람들에게 좋은 건축의 모범을 남기는 것으로 정했으니, 자신이 이러한 작업을 하고 책을 남기는 것은 올바른 일이라는 것에 대한 정당성을 확보할 필요도 있었을 것이다. 따라서 조금 확대해석을 하자면, 팔라디오는 자신의 작업과 책이 과거를 통해 현재와 미래를 연결하는 다리와 같은 역할을 함으로써 정당성을 확보했다는 해석도 가능할 것이다.

굳이 제3권에서 건축이론과 관련된 부분을 찾자면, 20장의 내용을 잠시 살펴보는 것이 좋을 것 같다.

> 오늘날의 바실리카는 고대의 바실리카처럼 바로 땅위에 지어지지 않고, 아치 위에 지어졌으며, 그 안에 도시의 다양한 장인과 상인들의 상점이 들어섰고, 교도소와 다른 공공장소도 들어섰다는 점에서 다르다. 또한 앞서 그림으로 보았듯이 과거의 바실리카에는 내부에 현관이 있었지만, 오늘날에는 현관이 전혀 없거나 광장 바깥에 현관이 있다.

팔라디오는 기본적으로 오래된 고대의 건물도 그 기능이 현재의 요구에 부합하는 한 지속적으로 사용할 수 있는 좋은 사례로 판단했다. 하지만 기능이 달라지면 그에 맞는 형태가 필요해진다. 위의 문장에서 알 수 있듯이, 로마 시대의 바실리카와 팔라디오가 살았던 당시의 바실리카는 유형이 완전히 다르다. 그는 바실리카의 기능이 달라졌기 때문에 유형이 달라졌다는 주장을 펼친다. 이러한 주장은 근대건축의 기능주의와 그 맥락을 같이하고 있다. 필자가 알베르티 편에서 이미 언급했듯이, 근대

건축은 이미 르네상스부터 시작되고 있었다.

제3권에서는 주로 공공건축의 예시를 보여주니 이론적 관점에서는 굳이 읽을 필요가 없는 부분이다. 하지만 관심 있는 분들은 한 번 정도 빠르게 훑어보는 것도 좋을 것이다. 글 반, 그림 반이니 그다지 오래 걸리지도 않는다.

2.4. 건축사서 제4권

어진히 비트루비우스

제4권은 고대 신전 건축을 다루고 있다. 독자들을 위한 서문에서 크게 중요한 내용은 없으나, 다음의 구절은 한 번 정도 눈여겨 볼만하다.

> 신전 (기둥의) 장식, 즉 기초, 기둥, 주두, 처마장식 및 이와 유사한 것들에 대해서는 나 자신만의 이론이나 설명을 배제하고, 원래 신전이 있던 곳에서 발견된 다양한 기존의 유적들을 최대한 주의 깊게 측정했다. 따라서 이 책을 읽고 그림을 주의 깊게 살펴보는 독자들은 누구나 비트루비우스가 아주 어렵게 쓴 (신전에 대한) 설명에 대해 이해할 수 있을 것이다.

신전 건축에 대한 자신의 이론을 배제했다는 말은, 비트루비우스의 이론을 그대로 따르겠다는 의미이다. 동시에 자신의 과업은 비트루비우스의 이론을 정리하고 그에 부합하는 사례를 보여주는 것을 가장 우선시하고 있다는 점을 다시 강조하고 있다. 제4권 전체에 걸쳐 비트루비우스는 꾸준히 소환되고 있으니, 읽다 보면 누구의 책을 읽는지 헷갈릴 때도 있을 정도다. 전체적인 내용도 일부를 제외하고, 『건축십서』 제3권과 제4권에 설명된 신전 건축 내용을 거의 그대로 가지고 왔다고 보면 될 것이다. 그래도 『건축십서』에서 잘 이해되지 않던 부분들을 그림을 통해 설명하니, 내용의 이해는 쉬운 편이다.

제4권에서 주의를 기울여야 할 부분은 신전의 형태에 대한 설명이다. 앞서 빌라 로톤다에서 사용된 원형과 정사각형이 신전에 사용된 이유가 여기서 설명되고 있다. 2장은 다음과 같이 시작한다.

> 신전은 둥글거나 정사각형으로 지어지며 모서리가 6개, 8개 또는 그 이상이다. 각 모서리는 원형, 십자가 모양 또는 여러 다른 모양과 형태로 둘러싸여 있으며, 이는 사람들이 고안해 낸 다양한 형태에 따른 것이다. 이러한 형태는 아름답고 적절한 비례에 따라 지어지고, 세련되게 장식되었을 때, 칭찬받을 가치가 있다. 하지만 다른 도형의 기준이 되는 가장 아름답고 규칙적인 모양은 원형이거나 정사각형이다. 그리고 이것이 비트루비우스가 이 두 가지 유형의 사원에

대해서만 언급하고 그것들을 어떻게 구분해야 하는지를 명
시한 이유이다.

원과 정사각형같이 가장 단순한 기하학적 도형을 사용하는
것이 신전에 적합한 이유는 이 도형들이 다른 도형들의 기준이
되기 때문이라고 설명한다. 기준이 될 수 있다는 의미는 이미 그
자체로 완벽함을 내포하고 있다는 의미로 해석 가능하다. 또한
비트루비우스의 설명에 따르면, 원과 정사각형은 신의 비례에
서 도출되었으니 완벽한 도형이다. 또한 우주의 모든 것들이 신
의 뜻에 따라 순환운동을 하니, 이 운동을 형상화 한 원은 신의
뜻을 따르는 도형이다. 이렇게 원의 경우, 기하학적 특성으로 인
해 많은 의미가 부여되는 도형이다. 팔라디오는 다음과 같은 설
명을 덧붙이고 있다.

> 원은 시작도 끝도 없는 형태이며, 다른 형태와 구별하기 특
> 히 쉬우며, 단 하나의 선으로만 구성되어 있다 … 원의 가장
> 바깥쪽에 위치한 점은 어디에 있든지 중심으로부터 같은
> 거리에 위치해있다. 따라서 원형은 신의 통일성, 무한한 본
> 질, 규칙적인 통일성, 신의 정의를 표현하는 데 이상적이다.

신은 전지, 전능, 전선한 완벽한 존재이므로 신을 위한 집, 즉
신전 또한 완벽한 존재에 부합하는 형태를 가져야 하니, 원형이
가장 적합하다는 논리이다. 예나 지금이나 건축가들이 곡선이
나 원에 매료되는 이유가 정말 이 때문인지는 알 수 없으나, 한

가지는 주의해야 할 것 같다. 제4권의 주제는 어디까지나 신전건축이라는 점이다. 여기까지 읽었다면, 왜 필자가 앞서 빌라 로톤다를 신전건축으로 해석했는지 이해가 될 것이다.

신전의 주범양식에 사용되는 장식에 관해서는 기본적으로 『건축십서』의 내용을 거의 그대로 옮겨왔다. 이어서 신전의 규모와 다른 부분들의 장식에 대해 설명하면서, 가장 좋은 자재를 사용하고 가장 아름답게 장식되어 방문하는 사람들을 감동시켜야 하며, 신전의 색상은 순수함을 상징하는 흰색이 가장 어울리며, 여기에 다른 그림들은 어울리지 않는다는 설명을 하고 있다. 여기서 한 가지 특이한 점이 발견된다. 4권 2장의 다음 구절을 살펴보자.

> 십자가 모양으로 지어진 성당도 칭찬받을 만하다. 십자가의 끝부분에 입구가 있으며, 맞은편에는 제단과 코어가 위치해 있다 ⋯ 이런 형태로 나는 베니스에 산 조르조 마조레 성당을 지었다.

당시의 시대상을 고려하면 팔라디오가 여기서 반종교개혁 Contrareformatio 사상을 반영했다는 주장도 제기되고 있긴 하나, 이 주장은 아직 논쟁의 여지가 있는 것으로 보인다. 이 부분의 자세한 설명에 대해서는 다음을 기약해야 할 것 같다.

3. 건축사서는...

오늘날에도 유효하다

『건축사서』를 통해 팔라디오는 고대 그리스, 로마건축에 대한 체계를 알리고, 이후에 나타날 건축의 규범을 제시하려 했다. 따라서 『건축사서』에서 그는 최대한 쉽게 건축에 관해 설명하고 체계를 강조했으며, 삽화를 통해 이해를 돕고자 노력했다. 이를 통해 건축과 건축이론의 대중화에 기여한 부분은 높이 평가를 받아야 할 것이다.

그리고 각 이론에 해당하는 삽화들을 제작하기 위해 고대 그리스, 로마의 건물들을 실측하여 재구성했을 뿐만 아니라, 직접 설계한 다양한 건축물들을 예시로 활용했다는 점은 비트루비우스가 강조한 건축가의 자질, 즉 이론과 실천의 조화를 갖추기 위한 노력으로 평가받는 것이 타당할 것이다. 어떤 의미에서, 팔라디오는 그 자신에게 가장 엄격한 건축의 잣대를 적용했던 것이다.

물론 어떤 이유에서든지, 이론적 깊이의 부재라는 약점은 두고두고 비판의 대상이 될 수밖에 없다. 굳이 필자가 팔라디오를 변호할 의도는 없다. 하지만 팔라디오는 어려운 내용을 누구나 이해할 수 있는 언어로 설명하는 것을 자신의 과업으로 삼았으니, 그 목적은 충분히 달성했다고 보아야 할 것이다. 그럼에도 불구하고, 『건축사서』는 『건축십서 해설서』 중 한 권에 지나지 않는다는 비판은 피하기 어려울 것이다. 하지만 당시 『건축사서』와 팔라디오의 건축이 대중과 사회에 미친 영향을 결코 간과해서는 안 될 것이다. 어느 한 분야에서 특정 인물의 이름이 들어간 양식이나 사조가 만들어지는 일이 흔한 일이던가? 팔라디오의 건축은 하나의 현상이 되었고, 이 현상은 오랜기간 동안 지속되고, 때로는 (정치적으로?) 이용되었다. 이 부분에 대해서는 다음에 설명할 기회가 있을것으로 본다. 평가를 떠나서 팔라디오의 건축과 이론이 당시와 이후 사회에 영향력이 있었다는 점은 사실이다. 그리고 이는 팔라디오의 건축과 이론이 어떤 방식 - 긍정적이든 부정적이든 - 으로든 당시 사회의 보편타당성에 부합했다는 의미로 해석 할 수 있다. 팔라디오주의Palladianism가 이후 근대건축 초기까지 영향을 미쳤고, 오늘날까지 연구의 주제가 되고 있다는 사실은 분명 시사하는 바가 크다.

세상 모든 것에 감탄하는
지혜로운 사람들의 공간
도서출판 호밀밭

건축 이론 이야기 1
A Story of Architectural Theory vol.1

초판 1쇄	2025년 11월 8일
지은이	차윤석
편집	생신리, 성농ㅠ
디자인	이보리, 남윤희 (뮤트스튜디오)
마케팅	최문섭
경영지원	김태희
펴낸곳	㈜호밀밭
등록	2008년 11월 12일(제338-2008-6호)
주소	부산광역시 수영구 연수로357번길 17-8
전화/팩스	051-751-8001/ 0505-510-4675
홈페이지	homilbooks.com
전자우편	homilbooks@naver.com
ISBN	979-11-6826-167-9 (03540)

※ 이 책 내용의 전부 또는 일부를 재사용하려면 반드시 저작권자와 출판사의 동의를 받아야 합니다.
※ 가격은 뒤표지에 표시되어 있습니다.

ⓒ 2025, 차윤석